Allitera Verlag

MICHAEL KUBITZA, Jahrgang 1969, hat in Regensburg und München Geschichte und Germanistik studiert und arbeitet seither als Journalist und freier Autor. Seit 2003 beschäftigt er sich als Online-Redakteur und Hörfunkautor beim Bayerischen Rundfunk mit dem Hier und Heute und seinen historischen Hintergründen.

MICHAEL KUBITZA

Das Bier, das Leuchten und der Grant

Münchner Alltagsleben um 1900

Allitera Verlag

Originalausgabe November 2019
Allitera Verlag
Ein Verlag der Buch&media GmbH, München

Redaktion: Dietlind Pedarnig
Layout, Satz und Umschlag: Johanna Conrad
Gesetzt aus der Adobe Garamond Pro und der Roboto
Umschlaggestaltung unter Verwendung des Gemäldes
»Münchner Biergarten«, 1884, von Max Liebermann
ISBN 978-3-96233-163-4 · Printed in Europe

Allitera Verlag
Merianstraße 24 · 80637 München
Fon 089 13 92 90 46 · Fax 089 13 92 90 65

Weitere Publikationen aus unserem Programm finden Sie auf
www.allitera.de
Kontakt und Bestellungen unter info@allitera.de

München befand sich gerade damals in dem hochgespannten, energiegeladenen Zustand des Überganges [...]. Und überall doch in den breiten marktähnlichen Straßen der Altstadt, in dem bachdurchzogenen Herbergengewimmel der Vorstädte guckte noch die Kleinstadt, guckte noch das Dorf in den neuen Aufbau der sich weitenden Großstadt.

MAX HALBE, JAHRHUNDERTWENDE
(LEBENSERINNERUNGEN, 1935)

Inhalt

Die Stadt

Das Bier

Das Leuchten

Der Grant

Die Stadt

Kapitel 1
Ankunft

München, Marienplatz. Ein Sommertag anno 1900. Die Zeitmaschine hält, ungefähr da, wo heute hinterm Fischbrunnen die U-Bahn ihre Passagiere an die Oberfläche spuckt. Alles aussteigen!

Schön ist es hier. So schön ruhig. Ein Bauer und seine Kuh spazieren zum Rindermarkt, ein paar Honoratioren in der Hirschledernen und Damen im Dirndl flanieren am altehrwürdigen Rathaus mit seinem Glockenspiel vorbei zum Biergarten auf dem Viktualienmarkt, wo bald alle einträchtig am selben Tisch sitzen, Schweinsbraten essen und zuschauen, wie die Sonne das Bier in ihren Krügen vergoldet …

… und die Nostalgie vergangene Gegenwart. Ungefähr so kann es ausschauen, wenn Tourismustexter, Vergangenheitsvermarkter oder Menschen mit zu viel (beziehungsweise zu wenig) Fantasie sich ein Bild vom München der guten alten Zeit um 1900 machen. Die »Zeitmaschine« ist dann ein Projektor für »Fake News«. Ein paar Dementis in Kürze: Der Kuhhandel auf dem Rindermarkt ist schon seit 1369 passé und Ruhe auf dem Marienplatz hat es seither auch nur noch selten gegeben. Die Innenstadt ist ein Wimmelbild voll dunkler Anzüge und Wespentaillen, fast alle

Das Herz Münchens vor 120 Jahren: der Marienplatz. Heute stehen hier Hugendubel, Kaufhof und Co.

chic mit Hut. Auch viele Uniformen; Hirschlederne tragen nur ein paar Hipster. Mittendurch rumpeln Pferdedroschken und Bierkutschen, kreischt funkenschlagend die Tramway, bimmeln Radfahrer – eine neue Landplage, sagen viele. Das gotische Rathaus ist, weil neugotisch, eine von 1867 an für mehr als vier Jahrzehnte stoisch ertragene Großbaustelle. Darüber, wie klassenverbindend das Münchner Bier seinerzeit war, wird noch zu diskutieren sein. Der Biergarten auf dem Viktualienmarkt war es jedenfalls nicht, den gibt's erst seit 1977. Um 1900 stand hier noch der Abverkauf von Kraut und Radi aus Bretterbuden oder von beschirmten Schragen im Zentrum und in den umliegenden Gaststätten wurde der Braten (fast immer vom Kalb) mit enorm viel Bier heruntergespült, was oft auch nötig gewesen zu sein scheint. Meist war es dunkles Bier, das in seinem Keferloher Steinkrug selbst bei bestem Wetter und Willen niemand leuchten gesehen hat.

1901: Fronleichnamshochamt vor der Mariensäule. Das Rathaus ist immer noch Großbaustelle, das Glockenspiel Zukunftsmusik.

Nicht alles leuchtete in der Prinzregentenzeit und ruhig, oder gar seelenruhig, war sie auch nicht, wie die Aufzeichnungen der Zeitgenossen belegen. Eher schon war es eine volle, oft drangvolle Epoche – auf den Straßen, in den Zweizimmerfürfünfwohnungen der kleinen Leute und den überdekorierten Wohnzimmern des besseren Bürgertums, den Büros und Fabriken mit ihren neuartigen Schreib- und sonstigen Maschinen, in den Köpfen. Auf engem Stadtraum drängten sich Schicksale und Schlagzeilen verschiedenster Herkunft, den Alltag umkrempelnde Erfindungen, revolutionäre Ideen und alte Stilepochen, Vergangenheit und Zukunft. Nur die größte selbst gemachte Bedrängnis der Menschen, der Krieg, hielt an diesem Ort für einige Jahrzehnte still – um danach unerwartet grausam zuzuschlagen.

Eine »liebe Zeit«, die »gute alte Zeit vor anno '14«, wie Georg Lohmeier im Vorspann seines »Königlich-Bayerischen Amtsgerichts« meint? »Es war halt noch vieles in Ordnung damals.« Vieles aber auch nicht. »Die Burschen schneidig, die Dirndl sittsam« – aber noch kaum ein Bursche und keines der Dirndl darf wählen, viele arbeiten zwölf Stunden am Tag, um über die Runden zu kommen. Die statistische Lebenserwartung ist nur gut halb so hoch wie die unsere. Und auch wenn, wie es im Drehbuchtext heißt, »unser Herr Rath« in der Kleinstadt »eh noch niemand« auf die Guillotine geschickt hat: In Betrieb ist sie nach wie vor und geht von München aus bei Bedarf bayernweit auf Reisen, etwa 1902 bei der Hinrichtung von Mathias Kneißl. Auch die Kombination aus Schneid und Sittsamkeit verliert an Glanz, wenn man weiß, dass in Bayern im Allgemeinen und in München im Speziellen die Zahl der Abtreibungen damals erheblich über dem Reichsdurchschnitt liegt, ebenso die Zahl der als »Bankert«, also unehelich und mit widrigen Chancen ins Leben startenden Kinder.

Der Föhn lügt. Der Watschentanz auch

Wie kommt es, dass unsere Vorstellungen über diese nicht allzuweit zurückliegende Zeit so vage und, wenn bildhaft, oft trügerisch sind? Der erste Grund ist trivial: Es ist niemand mehr da, den wir befragen können. Anders als die 1920er- und 1930er-Jahre, an welche die Ältesten zumindest noch Kindheitserinnerungen haben, ist die Zeit vor dem Ersten Weltkrieg mit ihren Zeitgenossen ausgestorben. An ihre Stelle tritt zunehmend jene tückisch verzerrte Perspektive, die sich einstellt, wenn der nervöse Wimpernschlag der Gegenwart versucht, über mehrere Generationen hinweg, die Flucht historischer Ereignisse entlang, einen bestimmten Punkt zu fokussieren: Die Zeiten schieben sich zusammen und überlagern sich. Da kann es passieren, dass man sich das erste Oktoberfest ausmalen will und vor dem inneren Auge Bierzeltpaläste und die Bavaria auftauchen – auch wenn man eigentlich weiß, dass die gusseiserne Lady ihren Löwen erstmals 1850 zum Bieseln hinter die Zelte geführt hat, welche überdies dem großen Hochzeitspferderennen des Jahres 1810 nur im Wege gestanden hätten und noch Jahrzehnte später kaum mehr als windige Saufbuden waren. Vielleicht liegt's an der Bildpostkarte, die als Kunstdruck, Heliografie oder Künstlerfotochrom ab 1890 massenhaft in Mode kommt und deren Bilder nachhaltiger sind als abstraktes Wissen. Ein Standardmotiv: das Oktoberfest. Ein anderes ist der Odeonsplatz von oben, genauer: die Bögen der Feldherrnhalle, gekrönt vom neuen Rathausturm und anderen Türmchen, eingekuschelt in ein königlich-katholisches Architekturensemble aus Residenz, Theatinerkirche und Frauendom, nur eine Handbreit dahinter die Alpen. Ein um 1910 erstmals zu sehendes und dann vielfach variiertes Luftbild im doppelten Sinn. Eine halb wahrhafte, halb wahnhafte und somit sehr Münchnerische Koproduktion von Föhn und Weitwinkel, Wunsch und Wirklichkeit.

Schwerer wiegt indes, dass auch die Mitteilungen der Zeitgenossen sich in der Causa München nicht selten widersprechen

München mit idealem Panorama, Ansichtskartencollage, um 1910.

wie die Aussagen föhngeschädigter oder bierbenebelter Zeugen eines Verkehrsunfalls: Ein jeder sieht, was er zu sehen glaubt, und das – ob alteingesessen, zugezogen oder auf der Durchreise – stets vor der Folie dessen, was er kennt. Protokoll geschlossen, Nachfragen nicht zugelassen. Für Thomas Mann zum Beispiel, den Sohn der protestantischen Kaufmannsstadt Lübeck (und Bewunderer südlicher Föhnhimmel), ist München die Stadt leichtfüßiger Kunstbohemiens und bäurischer Bierschädel. Den Kollegen Max Halbe, den es nach München zieht, wenn ihm Berlin über ist (und umgekehrt), faszinieren die verstreuten Reste alter Dörflichkeit im Großstadtgetriebe. Für das Heer der Arbeitssuchenden wiederum, die aus den Dörfern und Städtchen zuziehen, aus der Umgebung, dem Oberland, aus Franken und dem Bayerischen Wald und die die Mehrheit der Neuankömmlinge ausmachen (was man leicht vergisst, weil ihre Stimmen seltener auf Papier verewigt werden), ist München vor allem *die große Stadt*: ein unbekanntes Phänomen, dem sie mit einer Mischung aus Hoffnung und Angst, Verhaltensunsicherheit und Selbstbehauptungswillen gegenüberstehen. Die alten Münchner schließlich beobachten mal teilnahms-, mal fassungslos, wie der permanente Zustrom der Neuen und des Neuen das Gesicht ihrer Stadt verändert – manche glauben: ihre Seele zerstört.

Für sie alle ist das München ihrer Gegenwart zugleich auch Föhn, Futur und Konjunktiv. Und natürlich Geschichte. Eine weitere optische Täuschung, die weltweit verbreitet, aber auch sehr bayerisch ist, hat der britische Historiker Eric Hobsbawm untersucht und ihr den Namen »Erfundene Tradition« gegeben. Gemeint ist die Praxis, gemeinschaftsbildende und gesellschaftlich erwünschte »Verhaltenswerte und -weisen durch Wiederholung zu festigen, was von sich aus die Kontinuität mit der Vergangenheit beinhaltet«, auch wenn diese Vergangenheit »weithin künstlich« oder gleich ganz erfunden ist. Bestes Beispiel ist der Sirtaki: Nach verbreiteter Auffassung ein uralter griechischer Volkstanz, den schon die Truppen des bayerischen Griechenkönigs Otto getanzt haben könnten, stammte er nicht aus dem Jahr 1964. Für die Musik zeichnet Mikis Theodorakis verantwortlich, für die Choreografie aber der in Mexiko geborene Hollywoodstar Anthony Quinn, von dem zu lesen ist, dass eine Fußverletzung ihn in jener berühmten Szene aus »Alexis Sorbas« von ambitionierteren Tanzdarbietungen abhielt. Der Sirtaki ist damit ein naher Verwandter des archaischen bayerischen »Watschntanzes«, der erstmals 1907 in Bad Reichenhall auf die Bühne kam, weil den preußischen Sommergästen die bislang zur Aufführung gebrachten Formen des Schuhplattelns nicht urig genug waren.

Tracht und Macht: Markenkernbildung à la Wittelsbach

Zum Schuhplatteln wäre noch anzumerken, dass diese lokal im Alpenraum verwurzelte Tradition es wohl nie bis in die Stadt München geschafft hätte, wenn König Maximilian II. bei seinen Beamten nicht ein ganzes Bündel an »Maßnahmen zur Hebung des bayerischen Nationalgefühls« in Auftrag gegeben hätte. Dieses beinhaltete die landesweite Förderung von Volkstänzen, Sängerzirkeln und Schützenvereinen ebenso wie die Entwicklung eines neuen bayerischen »National-Costüms«, einer Universaltracht, die sich stark an der Miesbacher Tracht orientierte. Noch um 1850 konnte, wer auf dem Marienplatz Menschen mit Lederhose oder Dirndl begegnete, darauf wetten, dass er Besucher aus dem Alpenraum vor sich hatte. Eine »Münchner Tracht« jenseits altständischer Kleiderordnungen gab es schlicht nicht, allenfalls das schon zur Jahrhundertmitte aus der Mode geratene »Münchner Gwand« der besseren Bürger, bei dem die Frauen sich mit biedermeierlich steifem Mieder, Kropfkette und Riegelhaube ausstaffierten, während die Männer in den Stadtfarben schwarz (der Rock) und gelb (die Weste) sowie mit breitkrempigem Hut aufmarschierten. Dass es die Lederhose bis 1900 in der Landeshauptstadt zwar nie zum Alltagskleidungsstück, aber doch zu einiger Popularität gebracht hat, verdankt sie vor allem Maximilians Nach-Nachfolger, dem Prinzregenten Luitpold, der seine Krachlederne und weitere Jagdkleidung als Zeichen von Virilität und Volksverbundenheit selbst im Kaffeehaus anbehält.

Die Wittelsbacher also. Über sie ließe sich frei nach Karl Valentin sagen: König sein ist schön, macht aber viel Arbeit. Nach 1806 müssen sie von München aus acht bayerische Stämme unter der neu erworbenen Krone von Napoleons Gnaden zusammenhalten, regieren, verwalten und repräsentieren: neben den drei altbayerischen die selbstbewussten Pfälzer (Bayerns erster König Max Joseph kommt von dort), dazu lange unwillige Schwaben und drei teils recht renitente fränkische Abteilungen.

Allein der Umbau der anfangs arg provinziellen Landeshauptstadt zur Regierungszentrale und zur Metropole ist eine Herkulesaufgabe, die Ludwig I. mit aller Macht und Kunst durchzieht – notfalls auch ohne die Münchner. Den Kampf um die Nationwerdung des neuen Bayern, um die Festigung der Monarchie im Inneren und die Selbstbehauptung des Landes nach außen führt die Dynastie nicht zuletzt mit Mitteln, die man heute als Marketing bezeichnen würde: die Definition des bayerischen Markenkerns, Konkurrenzbeobachtung, bildstarke Imagepflege. Vieles, was die Wittelsbacher an kulturellem Kapital investieren, wirkt auch ohne sie weiter: in der Bier- und Tourismuswerbung, auf Wahlplakaten der CSU, im weißblauen Selbstverständnis.

Einmal Löwe, immer Löwe: Die Verdackelung eines Wappentiers

Greifen wir nur eine der bayerischen Bildmarken heraus: den Wittelsbacher (respektive bayerischen und zuvörderst: Münchner) Löwen. Ein Tier, dessen natürlicher Lebensraum nicht an der Isar liegt, sondern – Wappentierfreunde wissen das – am Rhein. Seit Ende des 13. Jahrhunderts führen die Wittelsbacher ihr kurpfälzisches Krafttier in sämtlichen Linien der Familie Gassi. Seit dem 15. und bis ins 18. Jahrhundert hinein hielten sich die Münchner Herzöge sogar leibhaftige Löwen; Schedels Weltchronik kündet 1493 davon (und heute noch die massiven Gitter an zwei Fenstern der Residenz). 1616 haben sie langlebigere Gesellschaft von vier Bronzelöwen aus niederländischer Produktion bekommen, die eigentlich nicht unter weißblauem Himmel herumstehen, sondern das Grabmal Herzog Wilhelms V. zieren sollten, welches aus akutem Geldmangel aber nie fertiggestellt wurde. Es sind also Resterampenlöwen aus der Erbmasse, was nichts daran ändert, dass es Glück bringen soll, ihre Nasen zu streicheln.

Mit dem Aufstieg Bayerns zum Königreich sind die bayerischen Löwen dann plötzlich überall: auf Münzen Max I. Joseph', im offiziellen Königswappen Ludwigs I., als Denkmal für den in Griechenland gescheiterten Wittelsbacher Otto in Nauplia, auf dem Dach von Neuschwanstein, auf Ludwig II.-Gedenktassen und Postkarten von Prinzregent Luitpold (auch wenn dieser, anders als der zeitgleich regierende US-Präsident Theodore Roosevelt, nur Hirsche jagte). Es wird eng im Revier. Auch die Bronzelöwen vor der Residenz müssen ihren Platz seit 1906 mit zwei steinernen Nachbarn teilen. Der eine, ein grantiger Schweiger, soll Bayerns Armee symbolisieren, der andere, ein Maulaufreißer,

Preußen. Die Neuankömmlinge nehmen in aller Unschuld links und rechts der Treppenwangen zur Feldherrnhalle Platz (die ihre eigene »invention of tradition« durch die Nationalsozialisten ja noch vor sich hat). »Jetzt aber haben wir genug Löwen in München herumstehen, herumsitzen und herumliegen und werden wir hoffentlich mit weiterem Wüstenvieh verschont«, lästert eine Zeitung, »das Viehzeug kostet schon Geld genug«. Der Münchner Bildhauer Wilhelm Rümann soll den Bayern und den Preußen zunächst übrigens für einen ganz anderen Standort in Nürnberg und nach ein und demselben Vorbild gestaltet haben: einem Käfiglöwen namens Bubi.

Public Relations damals: Wüstendurst auf Löwenbräu, markiger Bronzelöwe vor der Residenz und auch der Prinzregent pflegt seine Mähne.

Noch mehr als andernorts in Bayern trifft man die Löwen in München längst schon leinenlos und ohne ihre Wittelsbacher Herrchen an. Ein ziemlich paradoxer Auswilderungsprozess: Aus einstmals grimmigen Hauslöwen werden pflegeleichte Allerweltsviecherl. Der Löwe beginnt zu verdackeln. Alphatier des handzahmen Rudels ist der Leo der Bavaria-Statue an der Theresienwiese (»Sitz! Platz!«), den ihr Schöpfer Ludwig Schwanthaler erst in einem späten Entwurf seiner kolossalen Bayern-Allegorie zu Papier brachte, den die Münchner dann aber umso schneller in ihr Herz schließen und den die Fotografen (bevorzugt im Oktober) in

aller Welt bekannt machen. Das wiederum passt ganz gut ins Konzept der Löwenbrauerei. Die hat sich, genau wie die Altstadtgasse, in der das erste Löwenbier gebraut wurde, ihren Namen von einer alten Wandmalerei abgeschaut, dem biblischen »Daniel in der Löwengrube«. Das Wandbild ist längst überpinselt, als der Bierlöwe Ende des 19. Jahrhunderts zusammen mit dem Münchner Kindl und dem Spaten der Spatenbrauerei zu einer der international erfolgreichsten Münchner Bildmarken avanciert und die Brauerei zu Anfang des 20. Jahrhunderts zum größten Bierproduzenten Deutschlands. Zuvor hat sie sich noch ein halbes Dutzend Konkurrenten einverleibt, darunter auch den Bräu »Zum bayerischen Löwen«, in dessen Saal 1848 der Vorläufer des TSV 1860 München gegründet wurde, einer der zahllosen neuen Turn- und Sportvereine in der Stadt. Zum nationalen Player wird der Club erst Jahre nach Gründung der Fußballabteilung 1899. Den Löwen holen sich die Sechzger 1911 ins Wappen, übrigens im gleichen Jahr, in dem erstmals an der Grünwalder Straße gekickt wird.

Nicht, dass man Löwen nicht auch anderwärts anträfe: in Bamberg, Braunschweig, Venedig, vielerorts in Frankreich und natürlich im belgischen Löwen. Doch kaum irgendwo scheint er so heimisch wie in der 1158 von Heinrich dem Löwen gegründeten Bayernmetropole. Wer das Wappentier »blasoniert«, wie die Heraldiker sagen, wenn sie etwas im Detail ausdeuten, kann schon zur Überzeugung gelangen, dass der Löwe zu München passt wie die Maß zum Föhn. Stolz aufgerichtet und biergolden, mit schäumender Mähne (und allerdings zu sixpack-mäßigem Bauch), doppelschwänzig und laut brüllend. »Mia san mia«? Was im Bild freilich so aussieht, als strecke er der Welt die Zunge raus. So erfolgreich ist dieser König der Tiere, dass der Sozialist Kurt Eisner 1918 darauf besteht, ihn ins Wappen des postrevolutionären Freistaats zu integrieren. Beauftragt wird übrigens Otto Hupp, ein in Düsseldorf geborener Allround-Künstler, dessen Hauptbetätigungsfelder ihn zum Experten für die »invention of tradition« machen: Heraldik und Werbegrafik. Einmal Löwe, immer Löwe.

Bajuwaromantik: Bilderzählungen von der Dauerbaustelle

Urviecher und Lederhosen, Bergpanorama und Bier, Königsschlösser und Oktoberfest: Es sind starke Bilder, die unsere Vorstellung vom alten Bayern und seiner Hauptstadt prägen. So stark, dass die wirklichen Bilder dahinter verschwinden. Dabei gibt es davon mehr als von jeder Epoche zuvor. Doch sie wechseln so schnell wie die Stadt wächst. 1852 überspringt München die Marke von 100 000 Einwohnern und wird damit (nach heutigen Begriffen) zur Großstadt. In der eine Generation umspannenden Regierungszeit des Prinzregenten (1886 bis 1912), die hier im Fokus stehen soll, wächst die Einwohnerzahl von 250 000 auf über 600 000 – eine Versechsfachung in 60 Jahren. Wer sich einen Eindruck verschaffen will, wie München zur Mitte des 19. Jahrhunderts aussah, aber eine Zeitreise in diese seuchenreichen Jahre scheut, kann im Stadtmuseum das beeindruckende 360-Grad-Stadtpanorama bewundern, das der erfinderische Hoffotograf Georg Böttger 1858 angefertigt hat, und danach zum Vergleich wie jener auf den Alten Peter steigen. Auf Böttgers Panorama ist München bereits entfesselt: Die alten Stadtmauern, die etwa Jakob Sandtners Stadtmodell von 1570 umgrenzen (das in Kopie ebenfalls im Stadtmuseum zu sehen ist), sind bis auf wenige Reste gefallen, die Dörfer rechts der Isar – Giesing, Au, Haidhausen – als erste in einer langen Kette von Vorstädten gerade eingemeindet worden. Doch noch ist die Münchner Welt vor dem Horizont zu Ende: Jenseits der Bavaria, gleich hinterm Siegestor und wenige 100 Meter vom rechten Isarufer entfernt macht sich behagliche Landschaft breit.

Joseph Puschkin: Die Obere Lände (heute: Erhardtstraße), 1876.

In unserer Zeit (und das gilt, wie der Dichter Josef Ruederer vom gleichen Ausguck berichtet hat, weitgehend auch schon 1907) reichen die Häuser weiter als das Auge.

Böttgers 35 × 448 Zentimeter lange Montage aus elf Einzelbildern ist die beeindruckendste, aber keineswegs die erste Fotografie des alten Münchens. Von Anfang an hat das neue Medium hier Anhänger und Pioniere. Franz von Kobell und Carl August von Steinheil experimentieren damit schon Ende der 1830er-Jahre – ihre Lochkamera-Langzeitbelichtung der Frauenkirche gilt als erste Fotografie Deutschlands. Dutzende andere Lichtbildenthusiasten folgen ihnen auf dem Fuße. Doch weil die Technik kompliziert und teuer ist, verewigt man auf Glasplatten und Salzpapier neben Porträts und Kunstwerken nur ausgewählte Macht- und Prachtarchitektur. Der Fortschritt der Technik macht es ab 1880 möglich, dass neben den Monumenten auch die kleinen Momente ins Bild kommen. Fotografen wie Georg Pettendorfer und Georg Stuffler (nebst Söhnen) lichten schon vor der Jahrhundertwende ab, was in der Stadt ihnen interessant erscheint – Altes, Neues, Pittoreskes, auch das Leben der kleinen Leute; vieles davon überdauert in der grandiosen Fotosammlung von Karl Valentin. Der Lichtbildmarkt boomt: Nach 1900 kommen Fotopostkarten in Mode. Abenteuerlustige steigen mit ihren Kameras in Zeppeline, um in Nachfolge Böttgers Stadt und Land von oben abzulichten. Auch Amateure mischen das Feld auf. (Unter https://stadtarchiv.muenchen.de lässt sich vieles davon tagelang durchstöbern.) Passend zum Tempo der Zeit entstehen auch erste Bewegtbilder. Der nostalgisch gestimmte Weinwirt Edmund Neuner wählt einen anderen Weg: Der Maler und Zeichner Joseph Puschkin fertigt in dessen Auftrag bis 1903 rund 300 detailgetreue Bilder des alten, im Verschwinden begriffenen München an.

Welches Bild der Stadt um 1900 entsteht, wenn man, wie weiland Böttger, versucht, diese Bilder zusammenzufügen, dazu alte Zeitungen liest, Statistiken, Reiseführer und Speisekarten, Tagebücher und Memoiren und neuere Forschungsergebnisse, die berichten, was hinter den Bildern liegt? Wie riecht und klingt die Stadt? Wie wohnen und arbeiten die Münchner, die Reichen und die anderen, und was essen sie? Wie erleben es die Menschen, dass es plötzlich Strom und Trambahnen gibt, Schaufenster und Wasser aus der Leitung, das nicht krank macht? Die Zeitmaschine, zerlegt und neu zusammengeschraubt, startet noch einmal …

Kapitel 2
Mit der Zeitmaschine durch die Stadt

Es knirscht unter den Füßen. Man spürt es, noch bevor man es hört (die Geräuschkulisse auf Münchens Straßen klingt damals anders, aber nicht leiser). Es empfiehlt sich, darauf zu achten, wo man hinsteigt: Münchens Straßenbelag anno 1900 ist ein Flickenteppich verschiedener Epochen und behördlicher Straßenbauvorlieben, immer wieder unterbrochen von Baustellen und neuen Straßenbahnschienen als zusätzlichen Stolperfallen. Obacht geben, länger leben!

Pflastertreten

Noch zur Mitte des 19. Jahrhunderts bewegten sich die Münchner im Zentrum oft über eine archaische Pflasterung aus mehr oder minder groben Isarkieseln, die sich anfühlte, als laufe man über sehr hart gekochte Eier. Peu à peu und verstärkt im Zuge des Kanalisationsbaus wird diese Fakirpflasterung durch Plattenbelag (zwischen Marienplatz und Stachus) oder fußfreundlichere Kleinpflastersteine ersetzt, die etwa am Sendlinger-Tor-Platz zu hübschen Kreismustern angeordnet sind. Jenseits der Hauptstraßen dominiert weiterhin gestampftes Erdreich, das je nach Witterung die Aggregatzustände »Staub« oder »Baatz« annimmt. Fürs Trottoir sind übrigens die Hauseigentümer zuständig; schon seit 1846 hat, wer es nicht mit der königlichen Polizeidirektion zu tun bekommen will, dafür Sorge zu tragen, dass Höhe, Breite und Belag der eigenen paar Meter Bürgersteig wenigstens grob zu denen der Nachbarn passen.

Zu dieser Zeit kommt, ausgehend von Paris, Holzpflasterung in Mode – das Pflaster der Zukunft. »Darüber besteht für Denjenigen, der ein Urtheil hat, kein Zweifel«, schreibt eine Zeitung damals. Forst- und Sägewirtschaft sehen einem neuen hölzernen Zeitalter entgegen. Doch weil die Klötzchen entweder schon uneben im Boden verlegt werden oder schnell schiefgelatscht und krummgefahren sind, ist die Mode bald wieder vorbei. Sind doch die »Eigenschaften des Holzes nach Standort, Alter der Bäume usw. derartig widersprechend, dass kein Individuum dem andern gleicht und es daher nur schwer zu verstehen ist, wie man darauf verfallen konnte, Holz zu Pflasterungen zu verwenden«, führt der Berliner Bauunternehmer Julius Gottheiner in einem Vortrag aus. Also zurück zu alter Härte, jetzt in der neuen Variante von mehr-

1905 trifft Fotograf Georg Pettendorfer eine Schafherde auf der Theresienwiese.

STETTMEYER NACHF
MÜNCHEN

lagigem Schotter und Splitt. »Macadamisieren« nennt sich das Verfahren, was nichts mit Nüssen zu tun hat, sondern mit einem schottischen Selfmade-Millionär und Hobbystraßenbauspezialisten namens John Loudon McAdam, der das Verfahren ausgetüftelt hat. Weil das Krümelgestein unter Rädern und Reifen stark staubt und sich bisweilen ganz aus dem Staub macht, wird nach der Jahrhundertwende immer öfter geteert und asphaltiert.

Ebenfalls 1905: Die Pflasterer haben sich in die Lilienstraße in der Au vorgearbeitet.

Wer vom Marienplatz aus die Stadt erkundet, läuft über Granitplatten, Pflaster, Kiesel, Kies, Ziegel, Holz, Lehm. In der Perusa- und Maffeistraße wird die Straße zur Jahrhundertwende zweimal in Folge aufgerissen (und kurz drauf noch mal, um Trambahnschienen zu verlegen). Die Tagespresse kommentiert »dieses entzückende Mosaik von feinem Basaltschotter, aufgewühltem Stampfasphalt und Original-Münchener-Dreck« mit resigniertem Spott. Odeonsplatz und Ludwigstraße sind ab 1901 hochmodern asphaltiert. In der Schellingstraße strebt, »die Augen zu Boden gerichtet«, Hieronymus, der Held aus Thomas Manns Novelle »Gladius Dei«, »in der Mitte des Holzpflasters der breiten Fassade der Ludwigskirche entgegen«. Weiter im Westen: blanke Erde. Die Theresienwiese ist noch so grün, wie's ihr Name verspricht und man kann auf ihr Schafherden beim Grasen zuschauen, ebenso wie im Englischen Garten den Kühen und in Giesing der Gänseschar, die über die Tegernseer Landstraße schnattert.

Mindestens einmal im Jahr, am damals hohen Feiertag Fronleichnam, und wann immer das Königreich einen Grund zum Paradieren hat, sind auch die Straßen der Stadt dort, wo die Musik spielt, mit Gräsern und Blumen bestreut. »Ganze Tannenwälder marschierten herein und kleideten die Häuser in Grün und verbreiteten in den Straßen einen so kraftvollen Harzduft, daß der Dunst von Malz und Hopfen, Käse und Rettich nicht mehr dagegen aufkommen konnte«, schreibt Michael Georg Conrad in seinem Bericht über die »Centenarfeier« der Geburt Ludwigs I. 1888. Die Stadt träumt sich in ihre eigene Vorgeschichte zurück. Die Centenarfeier indes endet als bizarrer Albtraum, nachdem einige vom Circus Hagenbeck ausgeliehene Parade-Elefanten, irritiert durch eine als Drachen kostümierte Dampflokomotive, in Panik über die Ludwigstraße stampeden. Mehrere Menschen werden niedergetrampelt, allerdings nicht durch die Elefanten, sondern durch die ebenfalls in Panik geratene Feiermenge.

Im Straßendschungel aus Vergangenheit, Gegenwart und Zukunft

Von oben betrachtet gleicht die Stadt um 1900 einem Dschungel, in dem eine Machete bräuchte, wer Vergangenheit, Gegenwart und Zukunft trennen wollte. Zeit ist Geld, die Stadt ein Pfund, mit dem sich wuchern lässt. Und sie wuchert unaufhörlich. So divers wie der Straßengrund ist das, was sich rechts und links der Straßen an Häusern und Fassaden aneinanderreiht. Die alten, zentrifugal geordneten Kategorien Altstadt, Neustadt, Vorstadt, Umland verlieren ihre Eindeutigkeit. München wächst kreuz und quer ineinander, auseinander, durcheinander.

Mehr noch als heute gleicht eine Expedition durch die gesamte Stadt der Durchquerung eines Kontinents. Hier die über Jahrhunderte dicht an dicht bis in den fünften Stock emporgewachsenen »Hochhäuser« der Altstadt, die, wo sie nicht historisch und »Münchnerisch« genug ausschauen, durch opulentere, historisierende Neubauten ersetzt werden. Da die lässig hingeworfene heile Welt der besseren Vorstädte, der gartengrünen, blumenduftenden Villenkolonien in der Maxvorstadt, Bogenhausen, Pasing. Dort, am Gärtnerplatz und im »Franzosenviertel« von Haidhausen, die oft binnen Monaten mehr oder weniger ambitioniert aus dem Boden gestampften Mietskasernen fürs mittlere Volk – Renditeobjekte der Boomstadt. Am linken Isarufer stehen, wie zu einem Sirtaki von Riesen und Zwergen aufgereiht, großbürgerliche, von Metropolen inspirierte Gründerzeitfassaden Schulter an Schulter mit den übrig geblieben Flößerherbergen, Mühlen und Arme-Leute-Hütten einer älteren

Zeit. Drüben in der Au ist ohnehin eine andere Welt: idyllisch und elend zugleich. Eine Zeitkapsel, die bald zertrümmert werden wird. Drei dieser Stationen schauen wir uns bald noch genauer an.

Vom Horror Vacui Photographici zum Völlegefühl im Bauch der Stadt

Wer beziehungsweise was begegnet uns auf den Straßen? Auf seinen frühesten Fotografien wirkt München wie ausgestorben. Ein paar herrenlose Kutschen, ein, zwei schemenhafte Gestalten, die dem Auge des Betrachters (respektive der Linse des Fotografen) unbewegt entgegenstarren, ansonsten: Leere. Der Horror Vacui ist eine belichtungstechnische Sonderform der Fata Morgana – eine Vorspiegelung des Nichts. Die Klappe der Lichtbildpioniere musste mindestens zehn Minuten offenbleiben. Wer in dieser Zeit nicht wie angewurzelt vor dem Stativ stehenblieb, wurde von Licht und Zeit verschluckt. Den Schöpfern der aufwendigen Unikate konnte das recht sein, denn gefragt waren zeitlos repräsentative Stadtansichten und kein Volksgewusel. Erst nach 1870, als sich die Technik und das Interesse ihrer Benutzer verändern, belebt sich die Geisterstadt. Die Wirklichkeit aber ist zu allen Zeiten ein Wimmelbild und in steter Veränderung. Das tätige Leben, Arbeit, Handel, Spiel und Ratsch, ziehen sich ganz allmählich ins Innere der Häuser zurück: notwendiger Zivilisationsprozess in einer von immer mehr Menschen bewohnten Stadt, deren Flächenwachstum zugleich die innerstädtischen Wege immer länger und den Verkehr mächtiger werden lässt.

Noch 50 Jahre vorher ist, was die Stadtplaner um 1900 »City« zu nennen beginnen, schlicht »die Stadt«. Die moderne Aufteilung in Zonen für Wohnen, Gewerbe und Freizeit ist Zukunftsmusik. Mehr als die Geschäfte beherrschen Handwerksbetriebe das Bild. Produziert wird in der Werkstatt, verkauft in einem Nebenraum, gewohnt in den Stockwerken drüber und im Rückgebäude. Im Hinterhof und (obwohl die polizeilichen Regeln es anderes vorsehen) oft auch vorm Haus wird Arbeitsmaterial gelagert und je nach Raum- und Wettersituation gesägt, gestanzt und besohlt. Das Leben spielt sich auf der Straße ab. Ständig kommen Lastkutschen, Handkarren oder Sackwagerl mit neuen Lieferungen, die in die Werkstatt geschleppt oder per Flaschenzug in die Lagerspeicher gehievt werden. Auch die Kinder – wenn sie nicht gerade zum Bierholen ins nahe Wirtshaus unterwegs sind – spielen ganz selbstverständlich auf der Straße. Eine Baubeschreibung des frühen 19. Jahrhunderts sieht den Zweck der beliebten Erker nicht zuletzt darin, dass die Frauen beim Handarbeiten im lichten Fassadenvorsprung ihren stromernden Nachwuchs im Auge behalten können. Wo die enge Stadt sich etwas weitet, an Kreuzungen und Plätzen, bildet einer der 27 Stadtbrunnen den Anlass für spontane Begegnungen. An gefühlt jeder zweiten Ecke ist Markt: Kräutermarkt, Eiermarkt, Spanferkelmarkt. Dazu kommt der mobile Kleinhandel. 400 Hausierer ziehen durch die Stadt, Radiweiber schleppen ihre Bauchläden von Wirtshaus zu Wirtshaus. Fotografisch festgehalten: Vor der Schwabinger Molkerei wird Milch verkauft, in der Leopoldstraße sitzt ein schon etwas in die Jahre gekommenes Blumenmädchen und im Rosental kann man neuerdings Orangen erwerben. Im Tal streiten sich deutsche und italienische Scherenschleifer und Maronimänner wie die Kesselflicker um Kundschaft.

Straßenkampf ums Dasein

Mitten hindurch wälzt sich anschwellend der Verkehr. 1901 addieren sich zur wachsenden Zahl an Pferdefuhrwerken und Tramways 38 000 Fahrräder und immerhin 94 Pkw. »Mächtig pulsiert der Verkehr durch die Straßen der großen Stadt«, beschreibt ein städtischer Verwaltungsbericht schon 1871 den »flutenden Strom des modernen Lebens«. Fazit: »Das alte Kleid ist zu enge und muß erweitert werden.« Leichter gesagt als getan. Einer der (meist schlecht gelaunten und erkennbar eher männlichen) Autoren, die für das Volksblättchen »Münchener Ratschkathl«

1910: Die Blumenverkäuferin Ecke Leopold- und Franz-Joseph-Straße hat sich ihr Mittagessen mitgebracht.

schreiben, konstatiert noch 1897 »abscheuliche Dorfzustände«, die immer noch nicht abgestellt seien – wiewohl sich München »als so etwas wie Großstadt zu fühlen begonnen« habe. »Wir können heute noch täglich beobachten, wie der Metzger- und Bäckerbursch mit der blutigen Fleischmulde und dem riesigen Brodkorb auf dem Trottoir unbeanstandet dahintrotteln. Wir sehen Handwerker Taglöhner-Werkzeuge, Instrumente, Arbeitsmaterial in einer für die Passanten höchst gefährlichen Weise ungeniert auf dem Trottoir dahertragen; daß sie von einem der für die Straßenordnung aufgestellten Organe auf die Straße verwiesen oder gar notiert werden, fällt diesen gar nicht ein.« Ein anderer Autor macht uns den Groll begreiflich, wenn man sich (hier: in der Dultstraße) »wie Pappendeckel an die Wand gedrückt fühlt oder zwischen Millikübeln und Tragkörben eingezwängt auf dem schlüpfrigen, kaum hosenträgerbreiten Trottoir beim Durchdrücken alle Rockknöpfe eingebüßt hat«.

Der Kampf um den öffentlichen Raum verschärft sich. An Kreuzungen und Engstellen wird geschleppt, gefeilscht, gepfiffen, gewiehert, geklingelt, gehupt und geschimpft. Was tut die Stadt, um für Ordnung zu sorgen? Nach und nach werden diverse »Gewerbefreiheiten« wie das Holzhacken vorm Haus strenger geahndet, das allgegenwärtige Marktgeschehen auf den Viktualienmarkt konzentriert oder an die Peripherie verbannt – was jedes Mal ein Politikum ist. Als 1896 der Holzmarkt vom Isartorplatz auf die andere Isarseite zum Schyrenbad zieht, wird in der Presse debattiert, ob zumindest der imposante Brunnen stehen bleiben soll, »an dem der süße Mob seine Schnupftücher zu reinigen pflegt«. Die kleinen Trinkwasserbrunnen werden nach Einführung der neuen Trinkwasserversorgung ohnehin überflüssig. Aus Stadtbächen werden Straßen.

Und natürlich muss der Verkehr neu geregelt werden. »Rechts gehen – rechts ausweichen«, lautet eine volkspolizeiliche Vorschrift aus dem Jahr 1905, die Magistrat und Polizeidirektion per Zirkular an alle Mitarbeiter weiterleiten, verbunden mit der Bitte, »erzieherisch auf das Publikum einzuwirken«. Im gleichen Jahr wird das erste Verkehrsschild aufgestellt: »Halt vor dem Automobil!« Mit Interesse verfolgt die Öffentlichkeit, dass in Wien an den Verkehrsknoten inzwischen Gendarmen den Verkehr regeln. Der schöne Doppelsinn aller Straßen, gleichzeitig, »wo« und »wohin« zu sein, verschiebt sich mit der Jahrhundertwende deutlich zugunsten der dynamischen Vorwärtsbewegung.

Kapitel 3
Das alte München: Die Verbesserung der Vergangenheit

»Ich muß den Ästheten eine niederschmetternde Mitteilung machen: Alt-Wien war einmal neu«, spöttelt 1912 Karl Kraus. Was auch für Alt-München gilt. Genauer: Das, was einmal die ganze Stadt war und dann ihr Kern wurde, war immer alt und neu zugleich. Würde man die Stadt im Zeitraffer betrachten, könnte man beobachten, wie fast permanent Altes wegkommt und dafür Neues zum Altern freigegeben wird. Abreißen, um- und ausbauen oder konservieren? Eine Debatte, die um 1900 allerorten mit neuer Heftigkeit geführt wird. Hamburg macht in den 1880er-Jahren seine alten Gängeviertel an der Elbe platt,

Kaufingerstraße mit Blick zum Marienplatz, 1900. Links die Augustinerkirche.

dieses Gewirr von Handwerkerhäuschen und Arme-Leute-Butzen, um an ihrer Stelle die Speicherstadt zu errichten, den damals weltgrößten Lager- und Umschlagplatz für Kolonialwaren; 20 000 Menschen müssen sehen, wo sie bleiben. Frankfurt lässt von 1904 bis 1906 an die 100 Häuser abreißen, um mit der Braubachstraße eine neue Verkehrsader zu schaffen. Köln stellt bis 1900 sein Wahrzeichen, den zuvor ziemlich zugebauten Dom, frei, und schlägt von hier aus immer neue Schneisen. Gewagte Operationen am offenen Herzen – nicht immer mit Zustimmung des Patienten. Verglichen damit bleibt sich das Münchner Herz treu, zumindest auf dem Stadtplan. Doch auch hier droht dem wachsenden Organismus der Infarkt.

Platzangst in der Mitte des Booms

Zum letzten Mal in großem Stil Luft gemacht hat sich die Stadt ein Jahrhundert zuvor, als die Stadtmauern niedergelegt und etliche mit der Säkularisation scheinbar hinfällig gewordene Kirchengebäude abgerissen wurden. Auf dem heutigen Max-Joseph-Platz etwa drängten sich ehedem das mächtige Franziskanerkloster und zwei Frauenklöster. Für einige Jahre befindet sich hier ein zugiges Exerziergelände für Soldaten auf dem Weg in die Napoleonischen Kriege, bevor die Brache mit dem Königsbau der Residenz, dem Nationaltheater und der Post ein altstädtischer Vorzeigeplatz wird. Besonders viele gibt es davon nicht: Marienplatz und Viktualienmarkt, der alte Jakobsplatz, wo früher Dult war, dazu der mondäne Promenadeplatz. Der Marienhof – ein »Kollateralnutzen« der Weltkriegsbomben – ist damals (wie fast die gesamte Altstadt) noch eng bebaut. In den vielen kleinen Hinterhofgärten, die sich auf Jakob Sandtners Stadtmodell von 1570 erkennen lassen, hat die Stadt längst »nachverdichtet«. Ihre Straßen sind zumeist enge, winklige Gassen (die auf dem Stadtplan auch noch so heißen), wenn nicht gar Stadtbäche, die jetzt einer nach dem anderen verfüllt oder überbaut werden. Es zwickt und zwackt an allen Ecken und Enden.

Kein Wunder also, dass im Ausgang des 19. Jahrhunderts ein großer Teil des städtischen Haushalts für Durchbrüche und die Erweiterung von Straßenzügen draufgeht; 1871 ist es fast ein Viertel. Platzl, Färbergraben, Hackenstraße – überall wird verbreitert. Das kaum 3 Meter schmale Fingergässl mutiert zur eleganten Maffeistraße. 1894 notiert ein Verwaltungsbericht dennoch wie schon oft zuvor: »Es müssen Verkehrswege verbreitert, Ecken beseitigt, Plätze verändert und neu gestaltet werden.« Es geht nicht nur um den Verkehr.

Ein neuer Geist in der Stadtplanung fordert »Licht und Luft« für die Bewohner, ein Recht auf »assanierte«, also gesündere Lebensverhältnisse. Auch auf Schönheit. Wie in einem Museum die Exponate nicht wie Kraut und Rüben durcheinandergewürfelt werden, soll auch die Stadt ihre Schätze ins rechte Licht rücken. Durchblicke und neue Perspektivlinien sollen dafür sorgen, dass die Stadt ihren (Wesens-)Kern und dessen »malerischen Charakter« wieder stärker wahrnimmt. Die Bibel der Erneuerer heißt »Der Städtebau nach seinen künstlerischen Grundsätzen«. Die Programmschrift des Wiener Stadtplaners Camillo Sitte erscheint 1889 und damit genau zum Start eines langfristig angelegten Stadterweiterungswettbewerbs. Ein ganz im Sinne Sittes gestaltetes Projekt gibt es da bereits in München: Die mit der Neuordnung des Viktualienmarkts vorgenommene Terrassierung der einzigen nennenswerten Erhebung im Stadtkern, des Petersbergls, die über Arnold Zenettis backsteinernen Neubau der Metzgerzeile hinweg schöne Durchsichten auf die Türme der Stadt – besonders die kurz danach freigestellte Peterskirche – erlaubt.

1911: Teile des Augustinerstocks machen dem neuen Polizeirevier an der Ettstraße Platz.

Zwei weitere Schauplätze der »inneren Stadterweiterung« sind heiß umkämpft: die Umgebung der Frauenkirche und eine neue Hauptschlagader für den Verkehr. Letztere – die wiederholt diskutierte Schaffung einer zweiten Ost-West-Achse – bekommt neuen Auftrieb, als die Bayerische Hypotheken- und Wechselbank 1893 den Antrag stellt, ihre diversen Immobilien an der Theatiner- und der Promenadestraße (heute Kardinal-Faulhaber-Straße) in einem großen Bauprojekt zusammenzufassen. Die Lokalbaukommission hält mit einer ganz

Blick von St. Peter auf die Kaufingerstraße. Panoramabild von Georg Böttger, 1858 (Ausschnitt).

anderen Variante dagegen, nämlich einem großflächigen Durchbruch von der Prannerstraße zum Max-Joseph-Platz, der elegant gleich zwei Fliegen mit einer Klappe schlagen könnte: die Hauptverkehrsader Kaufingerstraße/Neuhauserstraße durch eine Parallelroute zu entlasten und einen durchgängigen Großstadtboulevard zu schaffen, der auf 2 Kilometern Länge vom Maximilianeum durch das Kreuzviertel mit seinen zu Bankpalästen umgebauten Adelspalais bis zum Maximiliansplatz führen würde. Bausubstanzmäßig geht es dabei um alles oder nichts. Ein Kompromiss ist kaum denkbar, der Streit zäh; am Ende gewinnt die Bank.

Die zweite Debatte geht zurück auf eine Vision des Bauunternehmers Eugen Geist von 1895/96. Ihm schwebt vor, den Bereich zwischen dem Hauptportal der Frauenkirche und der Michaelskirche mit ihrer Wittelsbacher Grablege komplett umzugestalten, nämlich durch Errichtung neuer, viel größerer Häuserblocks im Stil der Neorenaissance. Von Kirche zu Kirche könnten die Münchner und ihre Gäste hinfort vor Regen geschützt und flankiert von den Segnungen der Warenwelt durch eine glaskuppelgekrönte Ladenpassage flanieren, die (mal wieder) einem italienischen Vorbild, nämlich der Mailänder Galleria Vittorio Emanuele nachempfunden, aber noch ungleich prächtiger gestaltet werden sollte – ein Straßenbild von »wundervoller Schönheit«. Der Haken an der Sache: Zwischen Frauendom und Michaelskirche liegt ein weiterer Kirchenbau, der – zwischenzeitlich freilich profanierte und zur Mauthalle heruntergekommene – Augustinerstock, der der Spitzhacke weichen müsste. Doch die Idee, im Stadtdschungel wie mit der Machete auszulichten, ist in der Welt, andere hängen sich mit Plänen für eine Domfreiheit nach Kölner Vorbild dran. 1901 macht der Prinzregent das Domquartier zur Chefsache und setzt eine Monumentalbaukommission ein. Am Ende prallen auch hier alle hochfliegenden Pläne von Weltstadtpassage und Tabula rasa hart an die baulichen und baurechtlichen Realitäten. Kurz vor Ausbruch des Ersten Weltkriegs findet Stadtplaner Theodor Fischer einen Kompromiss zwischen Denkmalschutz und Kommerz: Er gestaltet das südliche Seitenschiff der Augustinerkirche zur Ladenzeile, zum »Bazaar« um.

»Citybildung«: Stadtkern, runderneuert, an meistbietend abzugeben

Die Beispiele zeigen: Fast immer geht es auch ums Geld, bei den Neuerern wie bei den Bewahrern. Die verschachtelten Eigentumsverhältnisse auf den schmalen Parzellen – »Münchner Leichentücher genannt« – widersetzen sich den klaren Federstrichen der Stadtplaner und schließlich steigt der Wert des

Bestands auch, ohne dass die Eigentümer groß Hand anlegen. Ein Recht zur Zwangsenteignung für kommunale Interessen gibt es anders als etwa in Frankreich oder Italien in Deutschland kaum, um Abfindungen wird zäh gefeilscht. Auf der anderen Seite gilt es, Potenziale zu heben. Das kleine ABC der Geschäftemacher buchstabiert sich in neu importierten Begriffen: Avenue, Boulevard, Bureau, Business und vor allem: Citybildung. Eine zeitgenössische Erhebung zeigt, dass Immobilien an breiten Geschäftsstraßen bis zu fünfmal mehr wert sein können als an kleinen Wohnstraßen. Otto Schilling beschreibt die Aufwertungsmechanismen der »inneren Stadterweiterung« in seiner Dissertation von 1915 so: »Ganze Erdgeschosse werden in Läden umgebaut, bald auch die Wohnungen der oberen Geschosse als Bureauräume benutzt, und zuletzt enthält das ganze Haus fast ausschließlich Geschäftsräume. Ist die Entwicklung so weit vorgeschritten, läßt sich unter Umständen eine höhere Rentabilität erzielen, wenn man das alte Wohnhaus abreißt und durch ein den neuen Bedürfnissen entsprechend eingerichtetes Bureaugebäude ersetzt.« Entsprechend geht, während die Zahl der Münchner rundherum explodiert, die Bewohnerschaft der Altstadt von 1871 bis zur Jahrhundertwende um ein Fünftel zurück. Den kleinen Leuten wird die City zu teuer, den besseren Herrschaften ist es zu eng. Auch das produzierende Gewerbe verflüchtigt sich. Wo vor 1850 noch die Sudkessel von an die 40 Brauereien brodelten, wird das Bier jetzt nur noch getrunken. Dutzende kleine Handwerksbetriebe geben auf oder siedeln ab, auch einige Große: Die Maschinenfabrik Ungerer wechselt vom Altheimer Eck erst in die Dachauer Straße, dann weiter nach Untergiesing, Handschuh Roeckl zieht sein geruchslastiges Geschäft von der Kaufingerstraße ab an die Isar (nämlich zum seit 1915 so genannten Roecklplatz), und auch Johann Conrad Develey, der 1854 nicht weit von Roeckl seinen süßen Senf erfunden hat, geht in die Vorstadt. Die »Umwandlung des Stadtkernes zur Geschäftsstadt, zur City« – deren neuartigen Konsumverlockungen wir uns in einem eigenen Kapitel widmen – vollzieht sich »mit der Unerbittlichkeit von Naturereignissen«; so jedenfalls sieht es der schon erwähnte Theodor Fischer und er sieht es mit gemischten Gefühlen. Zum Glück ist Fischer, von 1893 bis 1901 Chef der Münchner Stadtplanung, ein ideenbegabter Moderator widerstreitender Interessen, der, wo Straßenverbreiterung nicht machbar ist, den Hausbesitzern den Einbau von Arkaden für Fußgänger empfiehlt, welche so zu Schaufensterbummlern werden, ohne dem fließenden Verkehr im Weg zu stehen.

Das Alte, das Neue und das neue Alte

Die vergleichsweise konstante Behäbigkeit der Stadtplanperspektiven relativiert sich also, wenn man die Perspektive der Stadtplaner einnimmt – eine in kommunaler Hand selbst recht junge Einrichtung. Auch der Zeitreisende, der um 1900 durch die Altstadt läuft, sieht eine Stadt im Umbruch: mit wachsendem und sich wandelndem Verkehr, mit modern anmutender Geschäftigkeit und überall neuen Fassaden. Dazwischen auch noch Altes, Urmünchnerisches. Was dieses ausmacht? Jedenfalls nicht die feinziselierten gotischen Türmchen vom neuen Rathaus. Nicht solche trutzig-barocken Erker wie den vor dem »Hofbräuhaus«. Nicht die Renaissancefassade des »Bayerischen Hofs«. Alle drei Gebäude sind »neo«, entstanden erst kurz vor der Jahrhundertwende. Was das neue Rathaus angeht, diesen quergelegten Turmbau zu Babel, macht nicht ein Jahrhundert den Unterschied zwischen Gotik und Renaissance aus, sondern eine Stadtratsstimme: Mit elf zu zehn setzt sich der gebürtige Österreicher Georg von Hauberrisser mit seinem vom Brüsseler Rathaus inspirierten Entwurf gegen eine Renaissancevariante durch. Dafür fühlt sich für die Münchner die Bauzeit an wie ein Jahrhundert. Wer um 1900 am Marienplatz nach Steinen mit Vergangenheit sucht, findet sie nur im alten (!) Rathaus, ein paar noch gegenüber in der vom Hofjuwelier Thomass frisch aufgestockten ehemaligen Hauptwache am Eingang zur Kaufingerstraße. Der Zeitgeist des Historismus schafft sich Vergangenheit(en) nach eigenem Geschmack, meist erhabener als die der Vorfahren. Eine andere Zeit zwei Weltkriege später baut sie ein weiteres Mal neu auf – auch das Rathaus, das »Hofbräuhaus«, den (jetzt deutlich nüchterneren) »Bayerischen Hof«.

Wer heute jenes alte Bürgermünchen sucht, das im 19. Jahrhundert Stück für Stück verschwindet, findet Spuren davon im Weinstadl in der Burgstraße 5 oder der Häuserzeile zwischen Stadtmuseum und Sebastianseck: Kleine, drei- bis vierstöckige Häuser, mal giebel-, mal längsseitig aufgestellt, ducken sich unter ihren steilen Pultdächern, die die Baumasse schon mal verdoppeln. Unten wurde gewerkelt, in der Mitte gewohnt, unterm Dach gelagert, was man für beides brauchte. Die Erker sind, wenn vorhanden, mäßig repräsentative Vorsprünge, die an die alte Scherzbezeichnung der Nase als »Gesichtserker« erinnern. Obenauf sitzen vorwitzig anmutende Halbgauben, gern mit Flaschenzügen dran – »Ohrwaschl« nennen sie die Zeitgenossen. Auch eine »Himmelsleiter« gibt es da und dort noch, zu sehen und begehen etwa im Biermuseum (in der Sterneckerstraße 2): eine Stiege, die ohne Biegung durch sämtliche der niedrigen Stockwerke und mehrere Jahrhunderte führt, sozusagen in einem Rutsch; was bei schlechter Beleuchtung und ortsüblichem Promillestand halsbrecherisch sein konnte. Auch um 1900 gibt es noch etliche Münchner, die so wohnen – doch sie werden weniger. Wir heute müssen frei nach Karl Kraus feststellen: Alt-München ist mindestens zu zwei Dritteln erstaunlich jung.

Herzschrittmacher Münchens: Der Stachus 1910.

Kapitel 4
Das neue München: Go West vom Stachus zum Centralbahnhof

»Gleichzeitigkeit des Ungleichzeitigen« nennen Historiker das Nebeneinander traditioneller und neuer Lebensarten, Technologien oder Denkweisen. München hat ein Talent dafür. In Bayern, heißt es, gehen die Uhren ohnehin anders – obwohl das Königreich wie die anderen deutschen Staaten seine Zeitmessung seit 1892/93 am 15. Längengrad östlich von Greenwich ausrichtet, unserer »Mitteleuropäischen Normalzeit«. Zuvor hatten, wenn es in München 12 Uhr mittags war, die Berliner bereits 12.07 auf der Uhr, während die Stuttgarter noch 10 Minuten und die Düsseldorfer 20 Minuten aufs Mittagsläuten warten mussten. Für Kutschpassagiere in Kleinstaaten kein Problem – für Zugreisende und das neue Nationalgefühl schon.

In München hat die Gleichzeitigkeit des Ungleichzeitigen sogar einen eigenen Ort: Die erste der großen Stadtpfarrkirchen, den Alten Peter, an dem nicht weniger als acht Uhren – zwei in jeder Himmelsrichtung – die Zeit(en) anzeigen. »Damit zwei mal vier Münchner von vier Seiten gleichzeitig doppelt« draufschauen können, vermutet Karl Valentin. Das Pfarramt hat eine andere Erklärung: Im 17. Jahrhundert wurden die vier mittelalterlichen Turmuhren mit ihrem einen Stundenzeiger durch vier weitere Uhren ergänzt, auf deren Zifferblättern ein zweiter Zeiger die Minuten ablesbar machte. Weil die Uhren um 1900 zwar schon zweizeigerig, aber noch nicht synchronisiert sind, kann es dümmstenfalls passieren, dass jeder von Valentins acht Münchnern eine etwas andere Zeit abliest. Was dann mindestens einer von ihnen mit dem Spruch quittiert, die Uhr gehe wohl »noch da Giasinga Heiwog« – nämlich die damals noch benutzte Giesinger Heuwaage beim Schyrenbad, auf der ganze Fuhrwerke Platz hatten und deren Genauigkeit offensichtlich zu wünschen übrig ließ. Dabei hatte Tüftler Carl August von Steinheil schon 1839 damit experimentiert, eine »Normaluhr« durch elektrische Impulse mit einer entfernten Sekundäruhr zu koppeln. Wer es genau wissen will, steigt mit einem Feldstecher auf den Turm und schaut aus 56 Metern Höhe hinüber zur modernen, beleuchteten Uhr des »Centralbahnhofs«, wobei sein Blick, vom Fuß des Alten Peter zum Stachus, zum Bahnhof und weiter Richtung Westen schweifend, mehrere Münchner Zeitzonen überfliegt – bildlich gesprochen. Am Horizont die Zukunft: »Dampfwolken steigen von dem Feuer aus Kaminen und rauchenden Lokomotiven. Daraus wachsen die Türme des Westens wie Giganten«, so sieht es Joseph Ruederer 1907 beim Abendblick vom Turm.

Der letzte Stand der Dinge realisiert sich gerade am Stachus. Nirgends ist um 1900 mehr »jetzt«, ist München moderner, großstädtischer als an diesem Platz mit dem komischen Namen, der die längste Zeit gar kein Platz war.

Auf alten Stadtplänen ist hier nur ein Stadttor verzeichnet, das Neuhauser Tor, mit seinen drei trutzigen Türmen das mächtigste unter den sieben öffentlichen Münchner Stadttoren. Hier traf im Westen die mittelalterliche Salzstraße (heute: Arnulfstraße) auf die Stadt. Vor dem Tor ein gut 15 Meter breiter Graben, der manchmal mit Wasser gefüllt war, manchmal nur modrig roch, und jenseits des Grabens als kanonenbewehrte Drohung gegen unerwünschte Gäste die Barbakane – eine halbkreisförmig gegen den Neuankömmling gerichtete Wallanlage.

Von Karl Theodor zu Ludwig Thoma: Das G'wand platzt auf

1791 startete Kurfürst Karl Theodor hier zusammen mit seinem Mastermind, dem Grafen von Rumford, die überfällige Schleifung der militärisch obsolet gewordenen Stadtmauern mit einem Kunstgriff. Er ließ den Graben zuschütten, die Wälle abtragen und drehte das U der Barbakane gewissermaßen um, ließ statt der Bastion ein vergrößertes Rondell mit günstigen Wohnungen für Armeeangehörige nebst ausgedehnten Seitentrakten errichten, womit München sich baulich nach außen öffnete. Der erste hochprominente Besucher, den der neue Stadtraum mit offenen Armen empfing, war übrigens Napoleon, der nach der Befreiung Münchens von den Österreichern im Oktober 1805 durch den jetzt Karlstor genannten Durchlass triumphal in die Stadt einzog. Ansonsten war das morastige Truppenaufmarschgelände von Mondänität noch so weit entfernt wie München von einer Weltstadt. Ein Reiseführer von 1835 findet am Stachus allein den täglich dort stattfindenden Holzmarkt erwähnenswert. Die Münchner ihrerseits interessierten sich hier vorerst vor allem für den an der Stelle des heutigen Kaufhof gelegenen großen Wirtsgarten des Mathias Eustachius Föderl, genannt Stachus, den die Münchner anstelle des ungeliebten Pfälzer Wittelsbachers zum Namenspatron des Platzes wählten (wie später an anderem Ort seine Kollegen Robert Harras und Johann Flaucher).

Karl Theodor hatte also, wie Max Halbe das dem älteren München insgesamt attestiert, »sozusagen auf Vorrat gebaut, weit über den jeweiligen Bedarf hinaus, in ahnungsvoller Voraussicht einmal kommender, vorläufig noch in nebelhafter Zukunft liegender Bedürfnisse«. Unverhofft ins Zentrum des Geschehens rückt der Stachus respektive Karlsplatz respektive Carls-Platz mit dem Beginn des Eisenbahnzeitalters. Die erste Münchner Bahnstation von 1839 ist nicht mehr als eine Ansammlung von Holzbauten in der Gegend der heutigen Hackerbrücke, die Fahrt Münchens in die neue Zeit endet schon in

Lochhausen. Doch es geht weiter, ein Jahr später schon nach Augsburg. Zwei Brandkatastrophen machen der neuen Entwicklung zusätzlich Dampf: 1847 ruiniert ein Großfeuer den Bahnhof, zehn Jahre später fliegt das Schwarzpulverdepot eines Eisenhändlers in die Luft, der dummerweise gleich neben dem großen Turm des Karlstors wohnt. Stadttor wie Bahnhof müssen völlig neu gebaut werden; letzterer rückt – von Friedrich Bürklein elegant zum Centralbahnhof ausstaffiert – ein gutes Stück näher an seine Stadt heran. Es ist der Beginn einer Liebesgeschichte, der viele Kinder entspringen sollen. Es kommen Gewerbe und Geschäfte, kleine für Reisebedarf, dann große, elegante. Selbstredend Hotels und Gastronomie. Wie sich deren Selbstverständnis und Zielgruppe verändert, lässt sich an ihren Namen ablesen: Eben noch stieg man ab oder trank und speiste im Gasthaus »Schützengraben«, beim »Stachus«, »Leinfelder« oder »Oberpollinger«, jetzt im »Hotel d'Europe«, dem Haus »Imperial«, dem »Metropol«, »Bellevue« oder »Terminus«. Weiter stadtauswärts siedelte sich auf Export erpichte Industrie an, die Brauereien, die Lokomotivfabrik Krauss & Comp.

Adam Horn, Karlsplatz, 1840: Das Rondell hat sich »gewendet« und ist jetzt zweistöckig bewohnbar.

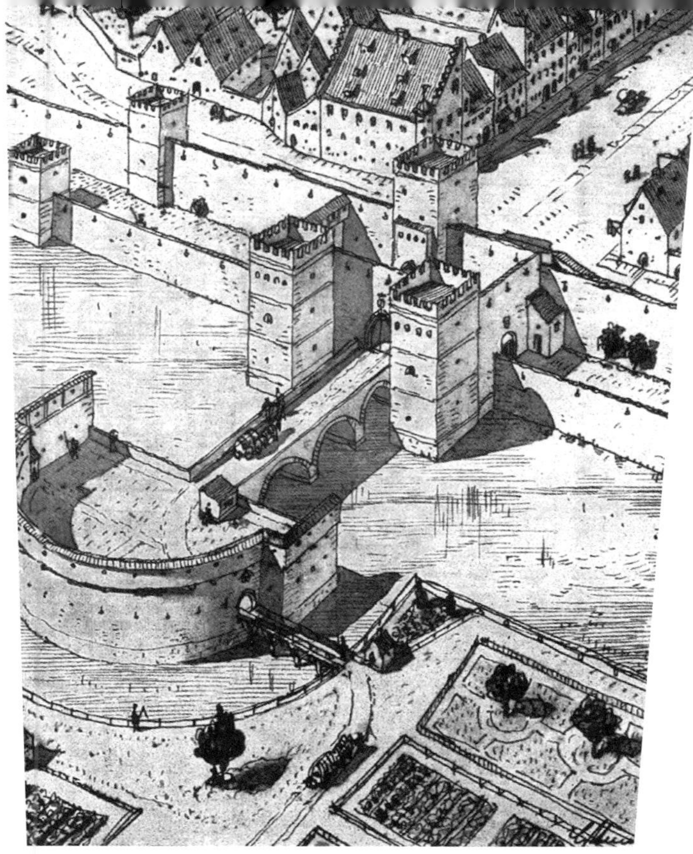

Gustav Steinlein: Das Neuhauser Tor mit Stadtgraben und Rondell im 18. Jahrhundert.

Die schon zitierte Klage der Verwaltung vom »zu engen Kleid der Stadt« wird zur Allerweltsweisheit, die Ludwig Thoma in seinem um 1900 spielenden Roman »Münchnerinnen« noch einmal zu voller Schönheit entfaltet. Es spricht der Privatier Schmidramsel, Geldeintreiber für das »äußerst fruktifizierliche Projekt« einer Terraingesellschaft, die hinterm Hauptbahnhof spekulativ Grund erwirbt: »[…] dös is, net wahr, als wenn i an junga Menschen in a G'wand einnah … einnähe … net? … und er werd größer … er werd dicker … er werd mächtiger […]. […] aber er steckt noch in dem G'wand … Was ist die Folge? Hört sein Wachstum auf, oder sprengt er das G'wand? Ich meine doch, letzteres.«

Tatort Marsfeld: Kuppeln am Horizont, Buddeln im Untergrund

Schmidramsls Ausführungen haben einen sehr realen Hintergrund. Das Marsfeld genannte Areal nordwestlich des Neuhauser Tors, an dem sich jetzt der Hauptbahnhof breit- und seine 22 Gleise langmachen, war über Jahrhunderte das Musterbeispiel eines Niemandslands: Eine nacheiszeitliche Schotterebene, deren unfruchtbarem Boden ein paar nicht zu beneidende Selbstversorger Krautgärten abtrotzten und deren einzige nennenswerte Landmarke der Galgen der städtischen Hinrichtungsstätte war, später noch ergänzt durch eine Schwefelsäurefabrik. Im 19. Jahrhundert nahm die Armee das Gelände exerzierend und kasernierend in Beschlag. Bis zur Jahrhundertmitte – anfangs noch ruckelnd wie ein Dampfzug – eine neue Entwicklung Fahrt aufnimmt. Nach 1900 gibt es kein zweites Gebiet, in dem München so schnell wächst und so groß baut.

Vor allem zwei Gebäude ragen heraus. An der Landsberger Straße errichtet der königliche Bauassessor Hugo Kaiser bis 1912 das neue Hauptzollamt mit seinem 180 Meter langen, von einer imposanten, 45 Meter hohen Glaskuppel gekrönten Lagerhaus – außen gemäßigter Jugendstil, innen modernste Stahlbetonskelettbauweise mit Zentralheizung und Rohrpost. Auf der anderen Seite der Gleise, an der Arnulfstraße, entsteht zur gleichen Zeit das Bayerische Verkehrsministerium, dessen Kuppel den Nachbarn locker übertrumpft: Selbstbewusst, beinahe anmaßend mischen seine 72 Meter in der Stadtsilhouette mit. Zum Vergleich: Die Türme der Frauenkirche – bis heute die maßstabgebenden Wahrzeichen der Stadt – sind mit 99 Metern nicht um allzu vieles höher; das erste, nach langwierigen Debatten 1929 errichtete Hochhaus Münchens an der Blumenstraße nimmt sich mit seinen 45 Metern geradezu bescheiden aus. Nicht von ungefähr erinnert Carl Hocheders massige, mehrflügelige Anlage an ein etwas plump geratenes Barockschloss: Schließlich gehören Post und Verkehrswesen als Reservatrechte zu den wenigen Politikbereichen, in denen das Königreich Bayern reichsunabhängig schalten und walten kann. Mit diesen Resten alter Macht ist es 1919 vorbei, 1955 auch mit der repräsentativen Pracht: Weltkriegsbomben haben den Bau buchstäblich zerstückelt. Was an Baumasse übrig war, schmolz bis 1966 weg wie ein Gletscher. Heute sind nur zwei kaum noch als zusammengehörig zu erkennende Überbleibsel zu sehen, das Eisenbahn-Bundesamt an der Arnulfstraße 9 bis 11 und die »Hopfenpost« schräg gegenüber. Der spektakulärste Teil des Baus indes bleibt schon den Augen der Zeitgenossen verborgen: Die bis zu 450 Meter lange »Post-U-Bahn«, ein bergwerksartiges Verbindungssystem zwischen Ministerium und Hauptbahnhof. Von 1910 an sausen auf den von Siemens-Schuckert unter Strom gesetzten Gleisen kleine Wägelchen der Lokomotivfabrik Kraus & Comp. hin und her. Auch wenn wenig später lancierte Pläne zum Bau einer »echten« U-Bahn in den Kriegswirren stecken bleiben: Mit der Post-U-Bahn hat die Stadt eine echte Weltneuheit made in Munich.

War bis zur Mitte des Jahrhunderts der Norden des Stadtgebiets Schauplatz des größten Wandels, weckt jetzt keine Himmelsrichtung mehr Begehrlichkeiten bei Planern und Investoren als der Westen. Doch während damals und dort der ehrgeizige, vom Geniegedanken beflügelte Monarch Ludwig I. seine Residenzstadt mit den Mitteln von Kunst und Wissenschaft voranbringen und zu einer Stadt umbauen wollte, die »Teutschland zu Ehren« gereichte, sind im Hier und Jetzt die Antriebskräfte technischer Fortschritt, Wirtschaft und Verwaltung. Nicht mehr die schöne Form, sondern bloße, von historistischem Zierrat notdürftig ummantelte Funktion gibt die Regeln des Spiels vor – so jedenfalls sehen es viele, die vom Spielfeldrand aus zuschauen. Und natürlich geht es ums Geld. Um 1900 ist ein Quadratmeter Marsfeld 200-mal mehr wert als noch einige Jahrzehnte zuvor.

Spekulationsblasen steigen in ungeahnte Höhen – und manchmal platzen sie. Als der Roman von Ludwig Thoma 1919 erscheint, wissen der Autor und seine Leser bereits, dass gewisse Pläne der Stadt, an deren Realisierung der Herr Schmidramsel keinen Zweifel zuließ, nämlich, den Sackbahnhof zum Durchgangsbahnhof umzubauen, sich zerschlagen haben. Das ändert nichts daran, dass Münchens Hauptbahnhof nach Jahren des permanenten Um- und Ausbaus (mitsamt Errichtung einer allgemein bewunderten freischwebenden Gleisüberdachung und eines Königspavillons) sowie der Elektrifizierung zwischenzeitlich als größter, modernster Bahnhof Deutschlands gehandelt wird. Dem Schriftsteller Hans Carossa, der die Eisenbahnschienen wie Zeilen eines neuartigen Textes betrachtet, erscheint die Bahnhofshalle, dieses »riesige Gefüge aus Metall und Glas«, bei seiner ersten Einfahrt 1897 gleichsam als eine »eiserne() Initiale, mit welcher die Geleise ihren Weg über den Erdball beginnen.«

Zehntausende Reisende suchen hier täglich das Weite oder kommen an, um sich am Bahnhofsvorplatz in Droschken (zweisitzig), Fiaker (viersitzig), den Pferdeomnibus, die Tramway (seit 1876) oder ein Motortaxi (ab 1906) zu verteilen oder zu Fuß in die Stadt zu spazieren.

Alle Wege führen zum Stachus

Er ist das wahre Entrée in die Stadt und zugleich neue Verkehrsdrehscheibe. Gleich vier Straßen führen vom Bahnhof hierher und weiter in die City. In Nord-Süd-Richtung kreuzt, der früheren Stadtmauer folgend, was heute der westliche Altstadtring ist – damals eine als zweizeiliger, begrünter Boulevard gestaltete Platzfolge.

Ansichtskartenmotiv Hauptbahnhof, 1910. Das Gewusel ist einmontiert, aber durchaus realistisch.

Welchen Weg zum Stachus der Besucher auch wählt, überall stößt er auf neuere bis neueste Paläste: die immer noch spektakuläre Glaseisenkonstruktion des Glaspalasts von 1854, das historisierende sogenannte Palais des Textilhändlers Bernheimer (1889), das mit seinen Nachbarbauten im Üppigkeitswettstreit steht, den riesigen, außen neobarocken, innen zentralbeheizten und mit Aufzügen versehenen Justizpalast (1897), mit dem Architekt Friedrich von Thiersch dem Berliner Reichstag Konkurrenz macht, das Luxushotel »Bellevue«, das später »Königshof« heißt, und als Kontrast daneben Joseph von Schmae-

dels hochmoderner Dreiecksbau des Hauses »Imperial« (heute »Pini-Haus«; bei alten Münchnern noch als »Bügeleisen« bekannt). Den Münchnern selbst ist freilich von allen Palästen der Bierpalast des »Mathäser« am liebsten, der 4000 Durstige gleichzeitig befriedigen kann.

Auf der anderen Seite des Platzes regiert Gabriel von Seidl. Der Münchner Stararchitekt hat das erst ein-, dann zweigeschossige Stachus-Rondell ein weiteres Mal aufgestockt und mit einer hellgelb verputzten Barockfassade versehen, die sowohl münchnerisch als auch weltstädtisch wirkt. Die Soldaten sind längst ausgezogen. In den Ladenpassagen im Erdgeschoss kann man Handschuhe und Schlittschuhe und Pianos erwerben, darüber seinen Anwalt konsultieren. Die neuesten Attraktionen sind ein Kino und ein Automatenrestaurant, wo man, statt auf Bedienung zu warten, sich nach Münzeinwurf Suppen und kalte Speisen aus kleinen Schubfächern zieht – zu beidem später mehr. Ums Eck eröffnet 1900 das Künstlerhaus, ein weiteres begehbares Seidl-

Blick vom Karlsplatz zum Maximiliansplatz. Links: Das »Palais« Bernheimer.

Justizpalast im Regen, Ansichtskartenkollage um 1900.

Mit 25 Metern exakt so breit wie Romas Fontana di Trevi: der Wittelsbacher Brunnen.

Opus, in dem die Prominenz sich zeigt, die Welt zu Gast ist und München einige seiner rauschendsten Faschingsbälle feiert.

Der wahre Luxus ist vielleicht der offene Raum dazwischen. Nach dem Zweiten Weltkrieg wird der Stachus schnell als verkehrsreichster Platz Europas gelten und in Autoabgasen ersticken. »Hell wie der lichte Tag«, verkündet 1957 die Leuchtreklame der Firma Osram. »Zuageh tuat's wia am Stachus«, sagen die Münchner schon vorher. Aber es geht anders zu. Wer es sich leisten kann, nimmt für sich Raum, Zeit und das Talent zu flanieren in Anspruch, während die neun Trambahnlinien, die ab 1906 in eleganten Bögen um die Passanten herumgeleitet werden, ihre Eile für sich behalten. Wohl nicht nur der Held aus Klabunds »Roman eines jungen Mannes« fühlt sich beim Stadtbummel »leicht, von der Last des Erdentages plötzlich befreit« und freut sich über die frische Farbe der Waggons, die so gut zur grünen Patina der Frauentürme passt: ein hellblaues Leuchten, »als seien sie mit Himmel angestrichen«. Noch dazu sind die Linien jetzt alle unterschiedlich bunt markiert. »Ein recht hübscher Farbreigen«, findet die Presse, die man mitten auf dem Platz in einem neuerdings mit vier kleinen Türmen geschmückten Kiosk kaufen kann. Kaffeetrinken und bieseln und auf die neu aufgestellte Uhr schauen kann man am Stachushäusl auch. Schräg gegenüber, grün im Sonnenlicht flirrend, die noch deutlich zahlreicheren Bäume auf dem Maximiliansplatz, der fast ein kleines Wäldchen ist, und davor opulentes Plätschern.

Im groß dimensionierten Wittelsbacher Brunnen des Bildhauers Adolf von Hildebrandt – halb Schalenbrunnen, halb versteinerter Mythenzoo – reiten seit 1895 eine Amazone und ein felsbrockenschmeißender Wasserkraftlackl auf ihren fischschwänzigen Pferden in den Sonnenuntergang, um »die Vollendung der städtischen Wasserversorgung aus dem Mangfalltal« zu feiern, sagt ein Schriftband. Das Wasser leuchtet südlich – ein Schimmer von römischer Herrlichkeit. Alles fließt. Gern wollte man hier noch verweilen. Ruhe geben. Doch die Zeit bleibt ja nicht stehen. 1919 wird der Stachus samt seinem Kiosk einer der Hauptschauplätze der Revolution. Und mit der Ruhe ist es in München schon vorher nicht weit her.

Kapitel 5
Die Stadt, wie sie klingt

»In früherer Zeit war das Leben still. Im 19. Jahrhundert, mit der Erfindung der Maschine, kam der Lärm in die Welt. Heute triumphiert er, hat die Vorherrschaft übernommen und regiert das Empfindungsvermögen der Menschen [...]. Wandern wir durch eine moderne Stadt, die Ohren weiter geöffnet als die Augen, und genießen wir ...« In den folgenden Absätzen seines Manifests »Die Kunst des Lärms« aus dem Jahr 1913 zählt der futuristische Tonkünstler Luigi Russolo auf, was ihm da begegnet. Der Text ist ein einziger Widerhall von Kolben und Ventilen in Bewegung, kreischenden Trambahnschienen und knatternden Fahnen.

Die Ruhe vor dem Sturm: Eine Illusion

Russolo macht, was Futuristen so machen: Er übertreibt. Die verlorene große Stille von einst, die er seinem Klangpanorama gegenüberstellt, hat man so in der Stadt allenfalls in den Nächten gefühlt, die dunkler und länger waren; in München freilich, das bezeugen die häufigen Beschwerden der Bürger, waren auch die seit jeher durchbrochen vom Radau später Zecher und begleitet vom allgegenwärtigen Rauschen der Stadtbäche, das an vielen Stellen eher Getöse als Gemurmel war. Tagsüber füllten vielfältigste menschliche und tierische Geräusche die engen Gassen der Stadt. Pferdegetrappel und Räderrollen mischte sich mit den »working soundscapes« der Handwerker in ihren Ladenlokalen und Hinterhöfen, dem Poff-Poff von Hausfrauen, die ihre Betten und Teppiche ausklopften, Kindergeschrei und dem allgemein und lautstark geführten Austausch von Geschäftlichem, Neuigkeiten und Meinungen, dem die bürgerlich-zivilisierte Dämpfung späterer Zeit noch weitgehend abging. Vor allem geflucht, gestritten und gegrantelt wurde lustvoll und ohne Hemmung. »Originalton« nannten das die Zeitgenossen, was für den leicht und dann lautstark ins Persönliche kippenden Grant der Münchner eine ähnlich euphemistische Beschreibung ist wie »Berliner Schnauze« für preußisches Hauptstadtgemotze. Erst als der Originalton schon etwas leiser geworden ist und eine humoristische Aufwertung durch die Volkssänger erfährt, wird er eine Art Markenzeichen der Münchner – nachzuhören auf Tonaufnahmen der 1910er-Jahre von August Junker und Hans Blädel oder den etwas späteren von Ida Schumacher.

Die Tonspur einer Stadt, die umgegraben wird

Dennoch hätten Russolos Beschreibung der neuesten Akustik – weniger seiner positiven Wertung – auch in München die meisten zugestimmt. Sie trifft den gereizten Hörnerv der Zeit. Die Städte selbst haben ihn blank gelegt. Seit der Mitte des 19. Jahrhunderts ist das Leben eine Baustelle. In Paris pflügt der ebenso geniale wie gnadenlose Stadtplaner George Haussmann im Auftrag Napoleons in weniger als zwei Jahrzehnten drei Viertel der innerstädtischen Bausubstanz um. In Wien tragen ungefähr zur gleichen Zeit tausende Hilfsarbeiter aus Tschechien, die sogenannten Ziegelbehm, das alte Stadtglacis ab und ziehen die Prachtbauten der Ringstraße hoch. In München hat Ludwig I. schon vorher mit der Umwandlung der Stadt begonnen, die sich bis 1914 weiter in die Außenbezirke voranfrisst, ohne im Kern zur Ruhe zu kommen. »So ändern sich fortwährend die Bilder im bunten Wechsel; wo Straßen und Plätze sich dehnten, erheben sich ragende Gebäude, und Gebäude fallen, um Straßen und Plätzen Raum zu machen«, verkündet frohgemut der Städtische Verwaltungsbericht 1894. Für die Einwohner bedeutet das neben täglichen Umwegen und viel Erde an den Schuhsohlen vor allem Krach. Sind die Straßen fertig, hat sich auch ihr Klangbild verändert: Pflasterstraßen, gesäumt von fünfstöckigen Mietskasernen (oft billig erbaut und selber wenig schallgedämmt) fungieren als Echokammer für alles Mögliche. Zum Beispiel Musik.

Blechkapellen und Maschinenmusik

»Sieh doch die vielen Konzerte! Bis über die Wände hinaus klettern die Annoncen!«, staunt eine Figur bei Annette Kolb. Die Stadt des Bieres, der Farben und der Wittelsbacher ist auch eine Stadt der Töne, wozu passt, dass ihr Vorzeigekomponist Richard Strauss 1864 als Sohn des Hofhornisten Franz Joseph Strauss und der Bierbaronin Josephine Pschorr in einer Wohnung über den Pschorr-Bräuhallen in der Neuhauserstraße zur Welt gekommen ist. In der Oper, im »Kaimsaal«, im »Odeon« kann man Konzerte von mittlerem Weltrang erleben; sofern man sich's leisten kann: »Um einen Sperrsitz kannst acht Tag leben«, mosert der Kolumnist Benno Rauchenegger 1898 in seinem Bericht über die »Musik- und Theaterverhältnisse« der Stadt. Der schönste Krach aber spielt sich eh für lau und unter freiem Himmel ab, wie wir einem Reiseführer des Jahres 1905 entnehmen können. »Parade ist um 12 1/4 Uhr. An der Feldherrnhalle am Sonntag, Dienstag, Donnerstag und Freitag. Musik vom Leibregiment, sehr viel Wagner der neuesten Akustik, um dieselbe Zeit ›Bauernparade‹ am Marienplatz. Musik vom 1. und 2. Infanterieregiment, kein Wagner.

Publikum bescheidener, aber musikverständiger und genußfreudiger.« Und am Mittwoch? »Am Mittwoch spielt die Militärmusik im Hofgarten. Man trinkt Kaffee dazu. Viele essen auch Kuchen. Die musikverständige Hausfrau strickt dort ihre Strümpfe. Aber sie werden nie fertig«, berichtet Rauchenegger. Dazu kommen Bockmusik und Blechradau in den Biergärten und die zahllosen »Hofsänger«, die in den Vorstädten darum bitten, von den Fenstern aus mit in Papier gewickelten Pfennigen beworfen zu werden. Am Abend buhlen in Dutzenden Singspielhallen und entsprechend lizenzierten Wirtschaften, Volkssängergesellschaften und andere Unterhaltungskünstler um ihr Publikum. Auf der Bühne produzieren sich Frauengsangl und Brettl-Künstler, im Hinterzimmer die Gesangsvereine, die gegen das Rrrrumms fliegender Kugeln und Kegel auf der benachbarten Kegelbahn ansingen müssen. Manchmal macht der Krach sich sogar selbst: Langsam, aber unabwendbar kommen mechanische Klaviere, Phonographen und andere Tonmaschinen in Mode. Der Soller im Tal etwa (eine Krawallbude ersten Ranges) wirbt mit seinem »Riesen-Orchestrion«, und von Karl Valentin weiß man, dass er 1902 einen solchen Musikapparat selbst konstruierte, der auf 27 Instrumenten »liebliche Musik« produzieren sollte. »Er wog acht Zentner und hatte nur einen großen Nachteil: Das Publikum war entsetzt darüber, sonst war er gut.« Das letzte, was man von dem kommerziell leider erfolglosen Musikmonstrum hört, klingt eher laut als lieblich: »In einem Anfall von einem Löwenbräubierriesenrausch zerstörte ich mit einem Holzhackel meinen ganzen komplizierten Musikapparat.«

Der Verdacht, dass die Klänge, die aus hunderten Kehlen, Instrumenten und Apparaturen schallen, nicht immer in den dafür vorgesehen Räumlichkeiten bleiben, sondern mit ihrem Publikum vom Wirtshausqualm in die kühle Nachtluft wechseln und dort zu »Gassenhauern« werden, findet sich in zahlreichen Polizei- und Presseberichten bestätigt. Der wenig geräuschresistente Sozialphilosoph Theodor Lessing erinnert sich mit Grausen an seine Münchner Studentenbude – »die lauteste Wohnung, die ich je hatte«. Lessings Pech: Er logiert in der Müllerstraße in einer Art Lärmschneise zwischen zwei der größten Münchner Unterhaltungsetablissements, den »Blumensälen« und »Kil's Kolosseum«. »Mein Bett stand in einer Brandung von Geräuschen.« Dass Lessing mit seinem nächtlichen Leid nicht alleinsteht, zeigen die Zeitungsannoncen für das 1907 erfundene Ohropax und andere »Lärmstopper«.

Eine Kreuzung aus Klingeln, Rülpsen und Rumpeln

Bei Tag stört vor allem das schon erwähnte Anschwellen des Straßenverkehrs. Wo heute Ampeln und Verkehrsschilder die Vorfahrt in relativer Stille regeln, verständigt man sich um 1900 akustisch. Der Fußgänger wird »umklingelt von Radfahrern« (Thomas Mann) und »von der Straße gehupt« (Oscar A. H. Schmitz): »Vierhundertpfündige Kraftbolzen rülpsen roh daher im tiefsten Tone der Übersättigung.« Dieses Zitat stammt wieder von Theodor Lessing, aus seinem Manifest mit dem Titel: »Der Lärm. Eine Kampfschrift gegen die Geräusche unseres Lebens«.

Die Münchner stören sich vor allem an den »scheußlichen Rumpelkästen der elektrischen Tram, die hier lauter als irgendwo poltern« (Josef Ruederer) beziehungsweise »pfeifen und quietschen« (Maria Walser) sowie »kreischen« (Oscar A. H. Schmitz). Klingeln, bimmeln und läuten respektive »brutal gellen« sowieso, was zu solchen literarischen Dialogen zwischen Stadtmann und Landfrau führt: »›Dies Klingeln! Die Feuerwehr!‹, erklärte sie sehr sicher. – ›Ah, woher denn!‹, widersprach er. ›Was Sie meinen, das is bloß die Trambahn.‹ – ›Trambahn, das Klingeln von der Trambahn ist ganz anders.‹ – ›Aber Trautchen, ich hör es hier doch täglich hundertmal‹« (Korfiz Holm). Dem reiselustigen Wahlmünchner Otto Julius Bierbaum gefällt dementsprechend 1908 in Venedig vor allem die »göttliche Ruhe auf den Kanälen und entlegenen Plätzen, vor allem seine Freiheit vom Gerassel der Wagen: seine Trambahnlosigkeit zumal«. Ein bisschen schade ist es dennoch, dass es aus den frühen Jahren der Münchner Tramway keine Tonaufnahmen gibt – scheint sie doch ein akustisches Gesamtkunstwerk von Wagnerschen Dimensionen gewesen zu sein, dem in seiner Gänze niemand näher gekommen ist als der Schriftsteller und spätere Kabarettist Ernst von Wolzogen in der »Jugend«: »Und näher, näher rollt's heran im Funkensprudel-Katarakt / Und rasselt sein prestissimo mit Kling und Klang im Rattertakt / Ding! Dang! Platz da! / Tarattata! Tarattata! / Nun ist die wilde Hatz da!« Luigi Russolo hätte an der Münchner Tram seine helle Freude gehabt.

Kapitel 6
Die Stadt, wie sie riecht

Doch die Stadt ist nicht nur eine bunte Geräuschkulisse. »Niemals hat sich der Mensch mit mehr Gelärm, unter schrecklicherem Geruch über die Erde bewegt«, schreibt Theodor Lessing. Die Ohren kann man sich zuhalten, permanent die Luft anzuhalten – schwierig. Wie riecht es denn heute in München? Was roch hier früher und noch früher? Die norwegische Duftforscherin Sissel Tolaas ist davon überzeugt, dass jede Stadt ihren eigenen Geruch hat, unverwechselbar wie ein Fingerabdruck. Tolaas läuft durch die Straßen von Berlin, New York, Melbourne und Mexico City, mit flatternden Nasenflügeln und ihrer »Geruchskamera«, einem ursprünglich für Parfümerie entwickelten Vakuumsauger, um Düfte, Mief und Miasmen zu sammeln. Über 2500 unterschiedliche Geruchsmoleküle und 7000 komplexe Gerüche hat sie in ihrem Berliner Labor archiviert. Auch aus München: eine kräftige Mischung aus Bier und gebratenem Fleisch, vor allem Schwein. »Und in einigen Stadtteilen Parfüm«, sagt Tolaas.

Doch mit den Städten ändert sich ihr Duft. »Berlin«, sagt Tolaas, »riecht inzwischen weniger spannend als zur Jahrtausendwende«. Und München zur vorletzten Jahrhundertwende? Mangels aktueller Geruchsproben aus dieser Zeit müssen wir in schriftlichen Quellen schnüffeln. Besser so: Die Stadt um 1900 käme uns heutigen Nasen reichlich anrüchig vor. Dabei ist sie so viel sauberer als noch einige Jahrzehnte zuvor!

Mensch und Tier: Zwei Geruchsprobleme

»Stadtluft macht frei«, hieß es im Mittelalter. Womit allerdings nicht die Luft als solche, sondern die Freisprechung von in die Stadt geflohenen Leibeigenen »nach Jahr und Tag« gemeint war. Der Luft war das wenig zuträglich, tummelten sich in der Enge der Münchner Stadtmauern

Münchner Tierleben:
Ziegenmilchverkauf hinterm
Viktualienmarkt, 1910.

doch dicht an dicht Menschen und die dazugehörigen Tiere. Wo Schlachter, Tierverwerter und Textilproduzenten ihr Werk verrichteten (an die in München etwa die Ledererstraße und der Färbergraben erinnern), konnte die Stadtluft auch krank machen. In der Herrnstraße fand der Rindermarkt statt, eine Art andauernder Almabtrieb und für die Anwohner ein fortgesetzter Grund zur Beschwerde. Dazu kamen diverse kleinere Märkte für Geflügel und Spanferkel und vor 1878 die Ausdünstungen der beiden städtischen Schlachthäuser am Färbergraben und am Viktualienmarkt.

Dass vor jenem Datum zudem 800 Metzger und Gastwirte das Recht hatten, Privatschlachtungen durchführten, mischte einen blutroten Unterton in die allgemeine Geruchskakofonie der Hinterhofhandwerker. Schon kaum mehr ins Gewicht fiel da, dass München im 19. Jahrhundert als Zamperl-Metropole galt, mit regelmäßigen Hundemärkten etwa im Gasthaus »Mohrenköpfle« am Altheimer Eck. Viel mehr in die Nase stach der Mensch sich selbst, seine Hinterlassenschaften, seine Ausdünstungen, seine Kleidung. »Die ganze Welt riecht nach Stiefelwichs! Ich will nicht bestreiten, daß edlere Gerüche vorkommen, aber immer ein Gemisch mit dieser ranzigen Qualität.« So überliefert es um 1890 eine Figur des Münchner Skandalautors Oskar Panizza – der Protagonist in seinem »Tagebuch eines Hundes«. Wörtlich nehmen muss man das nicht, es geht gegen das Militär, das nicht nur über die seit 1904 besungene Berliner Luft die Hoheit hat. Stiefelwichs ist nur eines von vielen Geruchsmolekülen. In den Küchen riecht es nach Radi, Kohl und Kraut (und zwar beim Kochen wie nach dem Verzehr), Badezimmer sind ein seltener Luxus, Toiletten, soweit vorhanden, keine Privatangelegenheit und die Kleidung, von der nicht jeder genug hat, um sie regelmäßig zu wechseln, besteht zu guten Teilen aus Leder, Loden und Filz.

Feinstaubalarm in der Rush Hour

Die Niederlegung der Stadtmauern nach 1800 brachte nur wenig Durchzug. Dafür wurde mit zunehmendem Verkehr ein weiteres Problem dominant: die Feinstaubbelastung. Pferdehufe und Kutschräder zermahlten die Mischung aus Straßenstaub, Fäkalien und Abfällen, die zu beseitigen die 1807 halbherzig eingeführte Straßenreinigung nicht nachkommt. Joseph von Hazzi sah 1821 in seiner Schrift »Über den Dünger« die Straßen der Stadt übersäht von Haufen, »oft groß genug, um drüberzufallen«. Bevor sie weggeschafft wurden, um – so Hazzis Win-Win-Plan – dem Landmann die Felder zu düngen, waren sie meist schon zertreten und zerfahren; die mit dem Biedermeier aufkommende Metallbereifung der

Kutschen mörserte sie extra fein. »Wenn man, besonders Sommerzeit, Frühmorgens aus dem Hause tritt, ist man schnell am ganzen Körper von Staube bedeckt, und erhält von dem in der Nacht ausgeführten Kothe Ueberbleibsel an den Schuhen, und zum Frühstück die üblen Dämpfe in den Magen.«

Mit dem Verkehr wuchsen die – nun ja – Emissionen. In London schlugen die Stadtväter 1870 Alarm. In wenigen Jahrzehnten so ihre ernst gemeinte Warnung, würde die Stadt im Pferdemist ersticken. In München war die Verkehrslage nicht ganz so prekär wie in der britischen Metropole, doch das Feststecken im Stau, namentlich auf den Isarbrücken und der Stadtquerung vom Tal zum Stachus, war auch hier bereits alltägliche Erfahrung. Die Einführung neuartiger Kutschen, die sich gummibereift und ganz ohne Pferdeantrieb fortbewegen, verschaffte schließlich den Städten eine vorläufige Atempause.

Befreit – auch die Nase: Bedürfnisanstalt am Isartor, 1895 fotografiert von Ludwig Schiessl.

Die vier Elemente des Gestanks

Es stank im München des 19. Jahrhunderts und das in allen vier Elementen: am Boden und droben in der Luft, aus den Holzöfen, den Feuerstellen der Betriebe und den Schornsteinen der Dampflokomotiven. Am meisten im Wasser: Was nicht auf der Straße landete, verschwand in den damals noch offenen Kanälen und Stadtbächen. Viele Abtritte führten direkt ins Wasser, andere schütteten, um das Geld fürs Leeren der Sickergruben zu sparen, ihre Nachttöpfe hinein. Der Einschüttbach in der Hochbrückenstraße trägt

seinen Namen nicht zum Spaß, der Rossschwemmbach nahm außer badenden Pferden auch die Schlachtabfälle der Metzger am Viktualienmarkt auf. Dass die Fischhändler vorm Heiliggeistspital ihre Lebendware in Käfigen im Fischerbach lagerten, erfordert seitens der Kundschaft einen robusten Magen. »Dieser Unrath in den Bächen erzeugt natürlich stets die üblen Dünste, die der Gesundheit nicht zuträglich sind« (Hazzi). Es ist vielleicht kein Zufall, dass der Münchner Chemiker Max von Pettenkofer, anders als sein Berliner Kollege Robert Koch, die Ausbreitung von Seuchen wie der Cholera nicht Bakterien, sondern Ausdünstungen aus Boden und Wasser anlastete, »daß also die Cholera durch die Entwicklung eines Gases, bei Zersetzung flüssiger Exkrementteile in feuchtem porösem Erdreich verursacht wird«.

Welch anderes, fast schon nasenfreundliches Geruchsbild nach 1900! In diesem Jahr vermeldet die Presse stolz die Existenz von 23 städtischen »Vollanstalten« zur Erledigung gewisser Bedürfnisse und von 21 Pissoirs.

Die Eindämmung des Wildbieselns mag ihren Teil zur Luftverbesserung beigetragen haben; maßgeblich aber sind drei andere Entwicklungen: Die meisten Stadtbäche sind jetzt trockengelegt oder überbaut, private Wasserklosetts sind Mode (wenn auch noch nicht überall Standard) und die neue Kanalisation trägt die Fäkalien so unsichtbar wie nasenfern aus der Stadt. Es dauert allerdings, bis die neue Zeit bei allen angekommen ist. So eröffnet die 1911 in der Dienerstraße geborene Maria Stein ihren Lebensbericht mit der Erzählung, wie die Hebamme ihrem Vater die in Zeitungspapier gewickelte Nachgeburt überreichte, damit er sie in den Pfisterbach entsorge. »Er müßte aber darauf achten, daß an dieser Stelle der Bach wirklich von unserem Haus wegfließt. Das ist angeblich ein Aberglaube, aber in Wirklichkeit wollte man diesen Abfall nicht ins eigene Haus geschwemmt bekommen.«

Die Müllabfuhr kommt

Ein weiterer Wendepunkt ist die Einführung der städtischen Müllabfuhr im Jahr 1891. Zweimal in der Woche schaffen die städtischen Unratwägen gegen Gebühr raus, was längst raus musste. Der Schmiedemeister Fischer aus Giesing hat dafür die »Harritschen« entwickelt. Der Begriff ist eine Verunstaltung des englischen Carriage, eine Kutsche also, auf der ein Metallungetüm sitzt, das einem heutigen Altglascontainer ähnlichsieht. Bis die Müllmänner vorfahren, muss der Abfall jetzt in einer Tonne bleiben, die nicht schwerer sein darf, als dass zwei Männer sie tragen können. Weil das nicht klappt, ist sie seit 1898 genormt: viereckig, aus Eisen, mit 110 Litern Inhalt – so bleibt das bis ins Jahr 1983.

Harritschwagen der Münchner Hausunratabfuhr, um 1900.

Getrennt wird auch schon, wenn auch nicht durch die Müllverursacher, sondern durch die »Hausmüllverwertung München GmbH« in Puchheim, eine hochmoderne Institution nach Chicagoer Vorbild, die alles Verwertbare wie Metall, Papier, Lumpen und Knochen entweder weiterverkauft oder in eigenen Betrieben – Textilverwertung, Düngefabrik, Leimsiederei – vorbildlich aufbereitet, um den Rest schließlich weniger vorbildlich in den Puchheimer Moorgründen zu entsorgen.

Den Nasen der Münchner ist das egal, sie erfreut vor allem Artikel 4 der ortspolizeilichen Vorschrift, ein wirklicher Segen: »Das Hinausstellen der Unratbehälter sowie das Ausschütten ihres Inhaltes auf die Straße oder das Trottoir ist verboten.«

Die City: English Tea statt Essig

In der Altstadt kommt bei der Befreiung der Atemwege auch der schon behandelten »Citybildung« eine entscheidende Rolle zu. Die Bierbrauer und mit ihnen die Schäffler, die hier ihre Fässer mit heißem Pech abgedichtet haben, dazu die Gelbgießer, bei denen das flüssige Messing dampfte, ebenso die Knochenmühlen der Leimfabriken verflüchtigen sich über die Jahrzehnte genau wie der Blutgeruch der Schlachter und Abdecker, die ätzenden Ausdünstungen der Gerber und die sauren Schwaden der Essigsieder aus der Mitte des Geschehens in die Außenbezirke. Riemerschmid produziert Essig, Spiritus und Likör schon lange auf der Praterinsel, der neue Großschlachthof eröffnet 1878 in der Isarvorstadt – dem heutigen Schlachthofviertel – und das Gros der Brauer verströmt sein Malzaroma exportfreundlich rund um den Bahnhof. In den aufgehübschten Ladenlokalen der alten Zünfte eröffnen dafür Kolonialwarenläden und Teestuben den Münchnern ganz neue Duftwelten, ganz zu schweigen von den Parfümhändlern, die ihre Aromen an immer weitere Kreise veräußern. So ist der erste Eindruck, den der in Niederbayern aufgewachsene Hans Carossa von der großen Stadt erhält, ein frischer Frühlingsduft: Das Maiglöckchenparfüm, das seine Münchner Tanten ausgiebig verwenden. Nur die Gaslampen verströmen weiter ihr müffelndes Fluidum, doch auch die weichen nach und nach geruchsneutraler elektrischer Beleuchtung.

Die Vorstädte: Zwischen Rosengärten und Schweinehäuten

In den Vorstädten verläuft die Geruchsentwicklung logischerweise weniger günstig. Im Vergleich zu anderen Großstädten aber ist das nur zögernd sich industrialisierende München ein Luftkurort. »Schornsteine und Industrie wie andernwärts sieht man in München gar nicht«, notierte 1867 verwundert ein Korrespondent der »Vorarlberger Nachrichten«. Allzu hochaufragende Schornsteine sind auch später noch unerwünscht; der Gewinn für die Luft wird allgemein geringer geschätzt als die Verschandelung der Stadtsilhouette. Interessant ist ein Detail der Stadtentwicklung: In industriereicheren Metropolen wie London und Berlin, Frankfurt und Augsburg entstehen um die Jahrhundertwende die »besseren« Gründerzeitquartiere im abgasarmen Westen – den Schloten der östlichen Industriereviere entgegengesetzt, sozusagen am Anfang des Windkanals. Nicht so in München. Hier entsteht rechts der Isar, im immer noch vorstädtischen und proletarischen Osten, nach dem ambitionierten Neubauprojekt Haidhausen auch das Villenviertel Bogenhausen, während sich im Nordwesten, auf dem alten Sendlinger Oberfeld, der neue Stadtteil Obersendling mit Firmen wie der Maschinenfabrik Krauss & Co. sowie ab 1909 Siemens zum Industriegebiet entwickelt und im Südwesten die alte Sendlinger Haide zum »Westend« wird – angedacht als großbürgerliches Wohnquartier, gebaut als Arbeiterbezirk.

Reichlich spät versucht der Magistrat mit der dann allerdings wegweisenden Staffelbauordnung von 1904, Wohnen und Gewerbe auseinanderzudividieren. In Obersendling sind ab da alle Anlagen, die Staub, Rauch und Ruß produzieren, untersagt. Zumindest theoretisch: Als die für ihre Kunstdrucke berühmte Lithographisch-Artistische Anstalt der Gebrüder Opbacher mit der Abwanderung von 600 Arbeitsplätzen droht, ist der Magistrat rasch mit einer Ausnahmegenehmigung zur Hand.

Das olfaktorische Durcheinander der Stadt wird zum Problem. So kleinteilig wie die Gewerbestruktur ist auch die Entwicklung der Stadtteile. Geruch ist eine Frage der Nachbarschaft, respektive des Geldbeutels. In weiten Teilen von Bogenhausen, Nymphenburg und rund um die Kunsttempel der Maxvorstadt duften die Vorgärten nach Rosen, Kamelien und Flieder, ein fast schon fades Nasenidyll, belebt nur von ersten Automobilen. Auf der Schwanthalerhöhe im hoffnungslos »verpatzten Westend« (Theodor Fischer) entstehen inmitten von Arbeiterburgen dicht an dicht Produktionsstätten für Schwefelsäure, Teer, Lacke und schließlich 1890 die Gummifabrik Metzeler, einer der größten Arbeitgeber im Westen, an dessen beißende Emissionen sich ältere Münchner noch erinnern können. Im gleichen Jahr hängt im Osten, am Untergiesinger Mühlbach, die Lederfabrik des Bankiers Eichthal 60 000 abgezogene Rinder- und 15 000 Schweinehäute zum Trocknen auf, um sie zu Schuhen und Kutschböcken (später auch zu Autositzen) zu verarbeiten. Was will man machen? In manchen Stadtteilen, sagt der Volksmund, helfe nur eine gscheite Portion Schmei (Schnupftabak). Erst 1915 formiert sich Widerstand, als sich neben der Lederfabrik und der Maschinenbaugesellschaft Ungerer noch die Stahlgießerei Zellerer ansiedelt, ein Schwarzbau, den die Behörden absegnen, weil hier angeblich Kriegswichtiges produziert wird. Ein Bürgerverein beschreibt in einem Brandbrief an die Regierung von Oberbayern, »daß das Flusstal auf weite Strecken mit Rauch erfüllt ist, kein Fenster geöffnet, kein Garten benützt, keine Wäsche getrocknet werden kann«. Ausgerechnet Maschinenbauer Ungerer droht damit, notfalls seine Zelte – genauer: seine Villa – abzubrechen. Ein ebenso zäher wie wendungsreicher Kleinkrieg beginnt. Abgerissen werden dann doch die Fabrikbauten, aber erst 1957, weil sie dem Bau des Mittleren Rings im Wege stehen.

Kapitel 7
Die Stadt, wie's ihr schmeckt

Der Teller ist randvoll, doch der Esser wenig begeistert. Es kommt ihm wässrig vor, fad, bestenfalls salzig. Vor allem schmeckt es – und riecht! – nach Fett. Viel Fett. Nirgends in Deutschland wird so viel Fleisch gegessen wie in München, am meisten Ochsen und Kalb, denn Schwein ist verhältnismäßig teuer. Schon zur Jahrhundertmitte wundert sich der aus Berlin zugezogene Neumünchner Paul Heyse, dass hier zwei bis drei Portionen Fleisch am Tag als normal gelten. Statistisch gesehen wird damals in München pro Kopf und Jahr ein Rind inhaliert. Um 1900 ist der Fleischkonsum annähernd so hoch wie heute, wobei zu berücksichtigen ist, dass sich nicht jeder Fleisch leisten kann. Den anderen bleibt also mehr übrig.

Münchner Fleischeslust und -frust

Besonders am Samstag riecht es aus vielen Fenstern nach Braten. Dann wird in vielen Küchen auf dem Holzherd – oft ein transportabler »Sparkochherd« der Firma Wamsler in der Landsberger Straße – ein gewaltiger Brocken weich gekocht. Das beste Stück wird am Sonntag gegessen. Die zäheren Teile kommen peu à peu als »Pani« auf den Tisch. Die Suppe reicht, entsprechend verdünnt, oft bis Donnerstag, sie umspült, sofern die Köchin ihr Geschäft versteht, am einen Tag eine Nudeleinlage, am nächsten vielleicht Griesnockerl oder Karfiol (Blumenkohl). Spätestens am fleischlosen Freitag kommt dann eine der vielen Mehlspeisen auf den Tisch, für die München bekannt ist. Wer kann, isst reichlich; zum Beispiel die Arbeiter in der Walsermühle im Lehel, wo wie in einer bäuerlichen Hofgemeinschaft alle Tag für Tag gemeinsam und alle das Gleiche essen:

Der Kochverein Bavaria – 1899 gegründet – kocht noch heute. Ausschnitt aus einer Humorkarte, 1900.

mittags gesottenes Kalbfleisch, abends Langgselchte, also Würste. Weil der Arbeitstag lang und hart ist, sind die Kalorien eh auf der Durchreise. Eine Abweichung im Speiseplan bildet nur der Freitag (Kartoffeln und Butter). Ach ja, und am Samstagabend kommen Gschwollene auf den Tisch, aber das sind auch wieder Würste.

Die Fleischqualität wird allgemein gelobt. Allein: Über den Geschmack streiten sich die selbsterklärten Hüter des Herdfeuers wie die Kesselflicker. »Wer in München gut essen will, muss nach Augsburg fahren«, lästert schon der 1888 in München gestorbene Schriftsteller Ludwig Steub. »Die sogenannte Münchner Küche? Wer lachte da nicht?«, urteilt 1907 gar nicht heiter August Rollinger. Noch ein paar Jahre später heißt es bei Georg Hermann, das Münchner Essen sei eigentlich gar kein Essen. »Es ist Ernährung.« So schlimm?

Vor allem Rollinger lässt in seiner kulinarischen Kampfschrift »Münchens Schattenseiten« kein gutes Haar in der Suppe. Noch ärger als das raue Wetter in der sonst so schönen Münchnerstadt sei die Penetranz, mit der hier die Restaurateure, die Hausfrauen und generell die Esser um den goldenen Kalbskopf tanzten. Allein die Münchner Weißwürste lässt Rollinger gelten. Ansonsten aber: nichts als kälberne Tristesse, »gesotten, gebacken, gedünstet, gewichst und geschliffen«, vorab schon mal die Eingeweide in Essig als Voressen oder »pikantes Frühstück in reicher Auswahl«, und die traurigen Reste am Abend als Ragout. Überhaupt: die selbst in besseren Münchner Kreisen verbreitete Tendenz zur restlosen Resteverwertung! Gansjung mit Soß: Köpfe und Krallen, ertränkt in »kübelweise gelblicher und breiiger Schmiere.« Auch die Suppe wird, glaubt man Rollinger, öfter mit Wurstwasser als mit Suppengrün zubereitet.

Des Gastrokritikers spitze, erklärtermaßen in London und Paris geschulte Zunge trifft nicht zwingend den Münchner Durchschnittsgeschmack. Wer wie so viele vom Land kommt, ist vor allem froh, dass es an jeder Ecke eine Wirtschaft gibt und man darin nicht selten preiswert satt wird. Solange die Fleischportionen reichlich sind und das Bier fließt, beschwert sich kaum jemand über fehlende Delikatesse und den Mangel an begleitendem Grünzeug. Es passt ins Bild, dass der in Leinenkutte und Sandalen durch die Stadt wandelnde Maler Karl Wilhelm Diefenbach – ein früher Vertreter des alternativen Lebens – den Münchnern vor allem durch seine fleischlose Ernährungsweise auffällt. »Kohlrabiapostel« nennen sie ihn. Und es hat einen gewissen Charme, dass das wohl erste vegetarische Restaurant in der Stadt, das »Café Ceres«, unter der Adresse Löwengrube 8 zu finden ist.

Michael Georg Conrad, der naturalistischen Romancier, lädt uns lieber ins Gasthaus »Zum Grünen Baum«, wo »in breiten Kesseln über dem prasselnden Feuer das Fett zischte und die Braten quietschten und die Dünngeselchten brizzelten und die Haxen dampften und ein warmer lieblicher Schmalzduft durch die offnen Fenster und Thüren das Haus durchströmte und über die Tische hinstrich«, während verheißungsvoll die Stimme der Kellnerin durchs Lokal tönt: »Dem Herrn Doktor sein Schweinszüngl – dem Herrn Nat seine Kälberfüß' – dem Herrn Professor seine Ochsenaugen – [...] – die Frau Kassier mit ihr'm Kalbshirn tut mir leid, gibt's nicht mehr [...].«

Viktualienmarkt: Um 1900 ist das Gewimmel mobiler Schragen und Schirme einem »Hüttendorf« gewichen.

Festhalten lässt sich, dass Braten und Brocken selten in Butter oder Öl gewendet, sondern in Wasser gekocht oder in massig Rinderfett einbalsamiert werden und Kräuter sowie speziellere Gewürze wie Paprika oder Muskat keine geschmackstragende Rolle spielen. Tatsache ist auch, dass die Ausgaben für »Gmias« auch in den Privathaushalten niedriger sind als anderswo im Reich. Halbwegs regelmäßig auf den Tisch kommen traditionell nur Sauerkraut, das in Ismaning und Föhring in guter Qualität angebaut wird, gelbe und rote Rüben, Kartoffeln als eher ungeliebter Sattmacher, Kopfsalat und »Endivi« und natürlich der fast kultisch verehrte Radi. Abwechslung ist anstrengend, weil man mangels Supermarkt und Kühltheke je nach Saison und Angebot und an vielen Stellen einkaufen muss: Fleisch beim Metzger, Nudeln und Gries beim Kramer, Butter im Milchladen, Gemüse da oder dort auf dem Markt. Lange lagern kann man die Sachen auch nicht – ohne Kühlschrank und oft auch ohne Speisekammer. Doch die Zeiten ändern sich, auch in München.

Kathedrale der Frische: die Sendlinger Großmarkthalle 1912.

Die vier Bäuche der Stadt

Wenn die alten Pariser Markthallen der »Bauch von Paris« sind, dann hat München, genau wie sein Lieblingstellertier, das Rind, gleich vier Mägen: einen alten, einen spät entwickelten, einen nicht mehr so wichtigen und einen nur fürs Fleisch. Der erste und populärste ist der Viktualienmarkt mit seinen jüngeren Filialen am Wiener Platz (1891) und am Elisabethplatz (1909), wo

Felix Huber
GROßMARKTHALLE
HALLE II

die Stadt über Jahrzehnte einsammelt, was sich zuvor auf den diversen Einzelmärkten in der Stadt getummelt hat: Den Fisch- und Eiermarkt vom Rathaus, Kartoffeln und Kraut vom Jakobsplatz, Tauben aus der Westenriederstraße … Um 1900 hat der Markt seine heutige Größe erreicht und ist bequem mit der Tramlinie 5 zu erreichen. Es gibt hier alles, was der Münchner täglich zum Essen braucht, und noch etwas mehr, etwa Meeresfisch in der Nordsee-Fischhalle, Schwammerl und Ziegenmilch frisch vom Euter. Halb München kauft hier ein, auch Auswärtige und Touristen. Selbst den Prinzregenten und seinen Nachfolger, den »Millibauern« Ludwig III., kann man zwischen den Pavillons, Holzbuden und Schragen beim Feilschen antreffen, und für bessere Damen ist es ein kleines Abenteuer, anstelle des Dienstmädchens selbst zum Einkaufskorb zu greifen. Sitten und Umgangston sind rau. Manch einer pflegt, wie es Josef Ruederer in seiner dramatischen Erzählung »Das Gansjung« formuliert, »mit den Händen zu sehen« und eine Taube oder ein Stück blutiges Fleisch zehnmal hin und her zu drehen, bevor er es »mit verächtlicher Gebärde auf den Tisch« zurückwirft. »Glauben's, die anderen Leut schmeckt dös Sach besser, dös Sie z'erst mit ihre ungewaschenen Klupperln abknatscht haben?«, lässt Benno Rauchenegger in den »Münchner Neuesten Nachrichten« seine Marktfrau Maria Wurzl schimpfen, deren fiktive Briefe zur Jahrhundertwende ähnlich populär sind wie etwas später Ludwig Thomas Filserbriefe. Qualität und Preis der Ware sind Gegenstand lautstarker, auch handfester Diskussionen zwischen Standes- und Standlpersonen. Von der Auer Bettlerin Minna Hupf, einem Münchner Original, wird berichtet, sie habe auf dem Markt bisweilen ihr Holzbein abgeschnallt, um damit auf Widersacher loszugehen. Es passt also ganz gut, dass auf dem Viktualienmarkt heute Ida Schumacher und ihre Volkssängerkollegen in Metall gegossen herumstehen.

Der zweite Magen schließt sich direkt an: die 1853 fertiggestellte, lang gestreckte Glaseisenkonstruktion der Maximilians-Getreidehalle oder Schrannenhalle, die den Marienplatz – bis dahin Schrannenplatz – einige Jahrzehnte lang als zentralen Handelsplatz nicht nur für Getreidebauern und Bäcker abgelöst hat. Schon um 1900 gleicht sie eher einem Blinddarm. Zu weit entfernt von allen Bahnhöfen hat sie den Anschluss an die Warenströme verloren und dient vor allem als Mehrzweckhalle für Fotografieausstellungen, Gewerkschaftstreffen und Vorträge des Volksbildungsvereins.

Wichtiger ist der städtische Vieh- und Schlachthof, der 1878 am Südbahnhof in Betrieb geht – ein ungeheurer hygienischer Fortschritt. Gleich nebenan nimmt am 14. Februar 1912 nach langer, kontroverser Planung der mächtigste der Münchner Mägen seine Arbeit auf: die neue Großmarkthalle. Die

2,5 Millionen Mark teure, fast 100 Meter lange und 20 Meter hohe Stahlbetonkonstruktion ist, was kurz zuvor der Münchner Hauptbahnhof war – eine Kathedrale der Zukunft. Geschickte Oberlichtführung macht die Haupthalle taghell. Es lohnt sich: Lässt sich hier doch an der Quelle besichtigen, wie das kulinarische München direkten Anschluss an das europäische Schienennetz und die Welt der Genüsse findet.

Eine neue Welt der Genüsse

Reklamemarken der Firma Kathreiner.

»Den Münchner, der statt ›Kramer‹ zum ersten Male ›Ko–lo–ni–al–wa–ren–händler‹ sagte, hab' ich noch gekannt. Man tuschelte von ihm, er sei ein verkleideter ›Preuß‹, und der Mund sei ihm bei jenem Wort bis zu den Ohren ausgerissen«, erinnert sich Fritz Müller-Partenkirchen (*1875). Seine Lehre hat er bei Franz Kathreiner Nachfolger GmbH absolviert, dem deutschen Kolonialwarenprimus mit seiner großen Produktions- und Lagerstätte am Ostbahnhof und einem feinen Ladengeschäft in der Burgstraße. Im Angebot: Schokolade, Kaffee, Tee, Champagner, Konserven und sonst noch Allerlei. Die Handelswege führen von München nach Hamburg und über London weiter bis Brasilien. 1914 stammt bereits ein Drittel der Münchner Lebensmittel aus dem Ausland. Vieles davon kommt über die Alpen.

Schon seit der Eröffnung der Brenner-Bahnlinie 1869 gibt es in München regelmäßig »Südfrüchte« zu kaufen – ein teurer Spaß für wenige. Mit dem Ausbau des Gleisnetzes und der Rationalisierung der Logistik werden Artischocken, Tomaten und Zitronen für immer mehr Menschen erschwinglich. Auch in Karl Valentins »Maskenball der Tiere« kommen ganz selbstverständlich nicht nur Suppe und Schweinshaxen auf die Festtafel: »Die Schlange, die Schlange / fraß eine Blutorange. / Das Dromedar, das Dromedar / fraß zur Verstärkung Kaviar.« Für Orangen Schlange stehen muss schon lange niemand mehr, die halten in der Innenstadt diverse fliegende Händlerinnen feil. An der Schwanthalerstraße 39 hat sich ein »Spezialgeschäft für russischen Kaviar« etabliert, Abverkauf en gros und an Endverbraucher in eleganten Geschäftsräumen »im Biedermeierstyl«.

Je gewöhnlicher es wird, Tee zu trinken oder Oliven zu essen, umso mehr steigt bei vielen die Lust auf noch Neueres, noch Ferneres. Ein gewisser Konkurrenzdruck setzt ein. In manchen Kreisen reicht es nicht mehr, einen stattlichen Bauch vor sich herzutragen, den man mit viel Bier, Fleisch, Weizenmehl und Zucker in Form hält; man will darin die Küchen mehrerer Kontinente versammeln. Hummerschwänze, Schildkrötensuppe, zumindest aber Bananen und Curry sollten schon zum Mageninhalt gehören. Wer finanziell nicht mithalten kann, kann sich mit Spezialitäten wie Hannoveraner Mockturtlesuppe (falscher Schildkrötensuppe mit Kalbskopf) behelfen oder er tut lautstark kund, dass ihm das ganze ausländische und neumodische Zeug gestohlen bleiben kann, weil nichts über ein gescheites Böfflamott geht.

Kennen Sie Hemetex?

Bei einigen Wirten scheint der Zwang, eine immer größere Zahl an immer ausgefalleneren Gerichten zu servieren, seltsame Blüten getragen zu haben. Gastrokritiker Rollinger mokiert sich über das Kauderwelsch auf den Speisekarten, für das er fast zwei Seiten Belege gesammelt hat. Da finden sich nicht nur »Dammatensuppe« und »Hemetex« (vulgo Ham and Eggs), sondern auch »Roßbef mit Pomm de Fruits« und ein in Essig und Öl schwimmender »Kalbskopf a la Wiener Gret«. Die Windsorsuppe stellt sich als »Winzersuppe« vor, obwohl darin kein Tropfen Wein zu finden ist. Bei der »Mayonaisse de Poison« fürchtet Rollinger, es könne sich wirklich um Gift statt Fischsalat handeln – schließlich hält er die meisten Restaurateure für »unter falscher Flagge segelnde Bierwirte«. Ohnehin sei es mit der überall annoncierten »reichhaltigen Speiseauswahl« nicht weit her: Eigentlich gäbe es immer den gleichen Braten – mal in Essig (Sauerbraten), mal mit Wein (Burgunderbraten) oder Gurke (Gurkenbeef). Vieles, glaubt Rollinger, stünde ohnehin nur zur Zier auf der Karte und sei bei Nachfrage immer gerade ausgegangen.

Übrigens müssen sich die Münchner nicht nur an Hemetex gewöhnen. Auch die Chemie hält um die Jahrhundertwende Einzug in die Küche. Weitgereiste Lebensmittel werden mit Kupfervitriol versetzt, um länger frisch auszusehen. Die teure Zitronenlimonade? »Gefärbtes, gesüßtes, parfümiertes und mit Saponin versetztes Wasser mit und ohne Kohlensäure«, schimpft Rollinger. Und seit der Professor Liebig in München seinen Fleischextrakt erfunden und der Doktor Oetker in Hannover das Backpulver populär gemacht hat, ziehen immer mehr Küchenhelfer in Pulverform und stärkende Nahrungsergänzungsmittel in die Küche ein. In seinem Jahresrückblick 1906 mosert das Münchner Ratschkathl: »Früher hat man das verzehrt, was g'wachsen ist, heute mußt mit Präparaten vorlieb nehma, Sanatogen, Somatose, Maggi, Puro, Hämatogen etc.« Sei's drum. Der Hunger treibt's nei und für den Geschmack sorgt ohnehin das gute Münchner Bier.

Hochzeitsmenü im »Café Luitpold«, 1895.

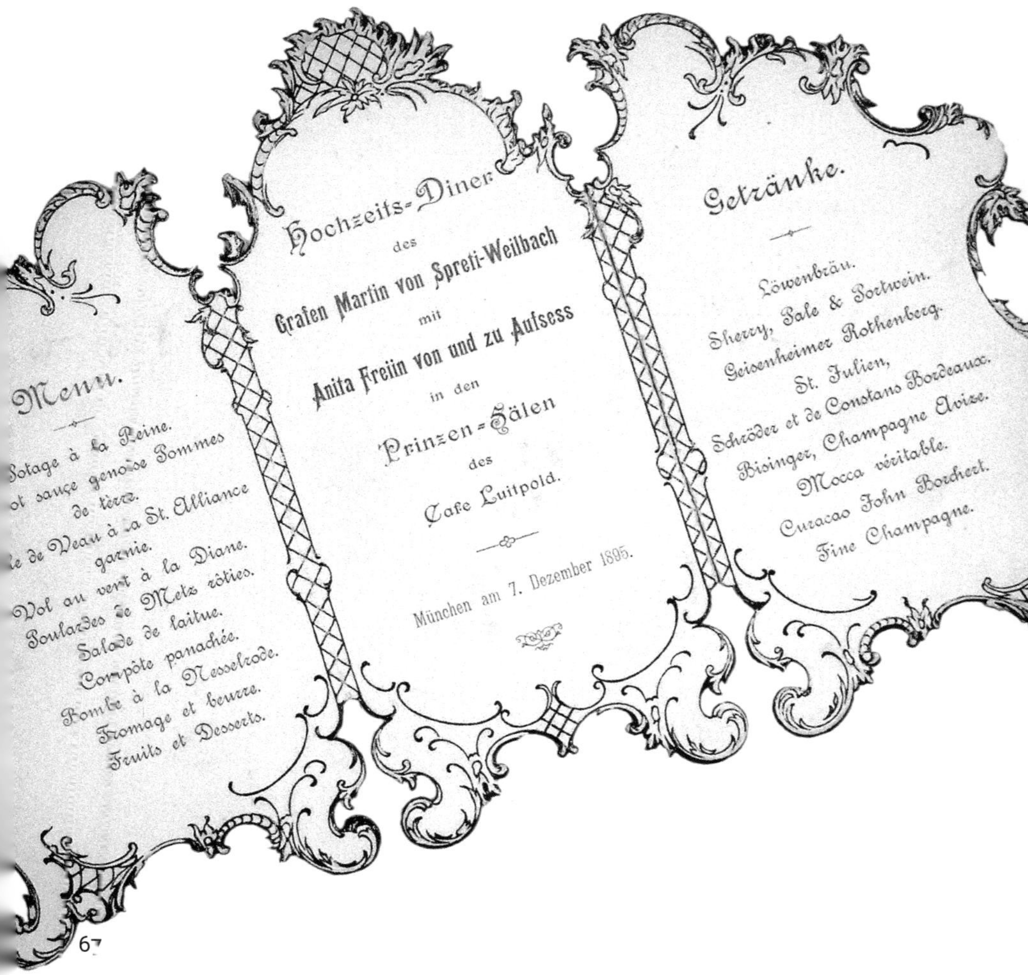

Menu.

Potage à la Reine.
ot sauce genoise Pommes de terre.
e de Veau à la St. Alliance garnie.
Vol au vent à la Diane.
Poulardes de Metz rôties.
Salade de laitue.
Compôte panachée.
Bombe à la Nesselrode.
Fromage et beurre.
Fruits et Desserts.

Hochzeits-Diner des Grafen Martin von Spreti-Weilbach mit Anita Freiin von und zu Aufsess in den Prinzen-Sälen des Cafe Luitpold.

München am 7. Dezember 1895.

Getränke.

Löwenbräu.
Sherry, Pale & Portwein.
Geisenheimer Rothenberg.
St. Julien,
Schröder et de Constans Bordeaux.
Bisinger, Champagne Avize.
Mocca véritable.
Curacao John Borchert.
Fine Champagne.

Paris ist eine Frau, München ist Bier.
Meiner Meinung nach ist München besser.

ALEXEJ SCHTSCHERBAKOW, RUSSISCHER GENERAL, UM 1850

Das Bier

Immer und überall Bier und wieder Bier – das könnte fast die Meinung erwecken, als hinge das gesamte Getriebe der Welt nur vom Bier ab!

AUGUST ROLLINGER, PUBLIZIST, 1907

Kapitel 1
In der Weltbierhauptstadt

Eigentümlich sei das schon, schreibt 1895 der Münchner Autor Michael Georg Conrad: eine Stadt, die zwei zu Riesentürmen ausgewachsene Maßkrüge als Wahrzeichen habe. So kann man den Frauendom auch sehen, zumal nach einigen Litern Bier. Zu Conrads Zeit war die Landeshauptstadt gefühlte Weltbierhauptstadt. Nirgendwo sonst auf der Welt konsumierten die Menschen mehr Bier als im Deutschen Reich, nirgendwo im Reich mehr als in München. Und auch wenn Schätzungen, die annehmen, dass vor dem Ersten Weltkrieg jeder zehnte weltweit konsumierte Liter Exportbier aus München stammte, sich auf schwankendem Boden bewegen: München gefällt sich in seiner Rolle als stolzer Zapfhahn der Welt. Anderen auch.

Die Erfolgsgeschichte des Münchner Biers ist seither weitergegangen, die Produktion liegt in absoluten Zahlen seit den 1970er-Jahren sogar über Jahrhundertwendeniveau. Doch im Vergleich zur Weltbierproduktion muten die zuletzt pro Jahr in Bayern gebrauten 20 bis 25 Millionen Hektoliter an wie die Lacken vor einem Bierfass. Die USA produzieren die zehnfache Menge, in China sind es über 500 Millionen. Heute dominieren das Münchner Wirtschaftsleben neben Versicherungen und Banken, Medien und IT-Unternehmen Industrieriesen wie BMW, Siemens oder Linde. Um 1900 heißen die (neben dem Oktoberfest) bekanntesten Münchner Marken: Löwenbräu, Spaten, Münchner Kindl, Hofbräuhaus und Salvator.

Wirtschaftsfaktor Nummer 1

Eine Berufszählung im Jahr 1907 ergibt, dass keine andere Branche so viele Menschen beschäftigt wie die Brauindustrie. Auf dem zweiten Platz folgt das »polygraphische Gewerbe«, also Verlage, Drucker, Papier- und Farbhersteller, also quasi die Leuchtstoffproduzenten der trinkfreudigen Kunst- und Universitätsstadt. Auf Platz drei dann die Bauindustrie, die das rasante Wachstum der Boomstadt materialisiert – und sich mit der Brauwirtschaft bisweilen die Arbeitskräfte teilt.

Vor der vollständigen Aufhebung des Sommersudverbots in den 1880er-Jahren verdienen viele muskulöse Braugehilfen ihr Geld zwischen Georgstag, also dem 23. April, und Michaeli am 29. September auf den Baustellen; die Augustinerbrauerei lässt ihren Neubau an der Landsberger Straße teilweise von der eigenen Belegschaft errichten. Hopfengold und Ziegel- oder Betongold stehen bis heute im Zusammenhang. Wenn Christian Schäder in seiner Dissertation zur Münchner Brauindustrie feststellt: »Ein abnehmender Pro-Kopf-Verbrauch [an Bier] war in München stets zu beobachten, wenn das Baugewerbe eine Auftragsflaute zu beklagen hatte«, dann ist damit weniger der allerdings sagenhafte Durst der Münchner Maurer gemeint, sondern eine konjunkturelle Wechselbeziehung. Von Einbrüchen in Folge der wirtschaftlichen Überhitzung nach der Reichsgründung (»Gründerkrise«) abgesehen geht es für beide Branchen bis 1914 fast nur nach oben. Der Kontext ist noch heute spürbar. In den 1990er-Jahren, schreibt Schäder, »resultieren die Gewinne der Brauereien größtenteils aus dem Bereich ihrer Immobilien«. Eine Entwicklung, die sich mit dem geplanten oder schon vollzogenen Wegzug von Brauriesen wie Paulaner, Löwenbräu und Spaten aus der City an den Stadtrand eher noch verstärkt haben dürfte und im 19. Jahrhundert aufs Gleis kam.

Einen Eindruck von Reichtum und gesellschaftlicher Stellung der Brauer bekommt, wer die opulenten Grabmale der Sedlmayr (Spaten), Brey (Löwenbräu) und Pschorr im alten Münchner Südfriedhof besucht. Letzterer hat es sogar in den Kreis der Maler, Dichter und Gelehrten in der Ruhmeshalle an der Bavaria geschafft. Was in Hamburg die gern als »Pfeffersäcke« titulierten Importkaufleute waren, sind im München der Jahrhundertwende die Bierbarone 1860 zählen zu den 20 höchstbesteuerten, mithin reichsten, Bürgern der Stadt 13 Großbrauer. In der Folge verzweigt sich deren Reichtum in die relative Anonymität von Aktiengesellschaften. »Sie waren zufrieden mit sich«, resümiert Lion Feuchtwanger in seinem 1930 erschienen München-Roman »Erfolg«. »Ihr Wahlspruch war: Bauen, brauen, sauen.«

Erwähnenswert und eine Münchner Spezialität auch, dass, wenn wir in der oben genannten Rangliste der Münchner Gewerbe fortfahren, auf Platz sieben eine weitere dem Bier verpflichtete Branche folgt. Nach der Metallindustrie (allen voran die Lokomotivenhersteller Krauss und Maffei), der Textil- und Lederfabrikation sowie dem rückläufigen Holzgewerbe (inklusive Sägemühlen, Zimmerern, Schreinern, Möbelfabrikanten und den Flößern) und noch vor Handel, Verkehr und Banken: die Gastronomie.

Bierkraft, Bierfrieden und Bierkrieg

Bier ist für viele Münchner nicht nur Mittel zum Broterwerb, für viele ersetzt es das Brot. Ein Kommentar zum Bayerischen Landrecht von 1756 bezeichnet den Gerstensaft als »fünftes Element der Baiern«. Dabei soll es noch annähernd zwei weitere Jahrhunderte bleiben. Die noch heute am Biertisch zu hörende launige Feststellung »Des bisserl, wos i essn tua, konn i aa dringa« hätten viele Münchner des 19. Jahrhunderts unterschrieben, und zwar ganz ohne Augenzwinkern. Ernährung heißt: Brot, Fleisch und Bier – in München bisweilen in umgekehrter Reihenfolge.

Die lokale Einschätzung des Biers als Grundnahrungs- und nicht etwa Rauschmittel ist historisch begründet. Lange sind im katholischen Bayern nicht nur zur Fastenzeit die Klöster für die komplizierte Herstellung von »flüssigem Brot« zuständig. Die im Jahr 1040 vor den Toren Münchens gegründete Klosterbrauerei Weihenstephan gilt als älteste der Welt. Das weltberühmte Gebot des Münchner Herzogs Wilhelm IV. (»das füran allenthalben in unsern Stetten / Märckthen / unn auf dem Lannde / zu kainem Pier / merer stückh / dann allain Gersten / Hopfen / unn wasser / genommen unn gepraucht sölle werdn«) bürgt ab 1516 für relative »Lebensmittelsicherheit« und stellt dem Biervertrauen des frommen Christenmenschen eine staatliche Garantie zur Seite, auch wenn das Reinheitsgebot damals noch nicht so heißt und der Begriff erstmals 1918 in einem Protokoll des Bayerischen Landtags auftaucht. Bier ist den Münchnern, was anderen ihr Whisky, Eau de Vie oder Aquavit ist: ein Lebenswasser und mehr als jene ist es das ja auch – in gewissen Maßen.

Nur Gerste, Hopfen, Wasser, später noch Hefe: In einer Zeit, in der die meisten Menschen ihren Lebensunterhalt noch nicht im Sitzen verdienen, steht der »Nährwert« des verflüssigten Getreides für das Versprechen von Sättigung und Kräftigung, nicht für einen Angriff auf die Idealfigur. Von Kalorien redet ohnehin niemand. Wo die Versorgung mit sauberem Trinkwasser nicht flächendeckend gewährleistet ist (was in München, wie wir noch sehen werden, erst im Ausgang des 19. Jahrhunderts der Fall ist) stellt Bier als relativ keimfreier Durstlöscher eine echte Alternative dar. Was unterm Mikroskop betrachtet sonst enthalten ist – Eiweiß, Mineralstoffe, einige Vitamine –, beugt in Zeiten eines eintönigen bis mageren Speisezettels der Mangelernährung vor. Ärzte raten früher bei verschiedensten Krankheiten zum Bierkonsum. Der Hopfen schließlich beruhigt das Gemüt, katholisch gesprochen: Er sorgt für Seelenfrieden. Als sich 1883 in Berlin der Verein gegen den Missbrauch geistiger Getränke formiert und im Norden Deutschlands einige Unterstützung erfährt, beziehen die Münchner das nicht auf sich. Dass sogar Kaiser Wilhelm II. (der in der Trunksucht ein »altes Erbstück der Germanen« sieht) sich für die Ziele des Vereins einsetzt, ist auch nicht ihr Bier.

Schließlich: Was da seit Jahrhunderten so gut zu nähren scheint, dazu noch schmeckt und die Härten des Lebens dämpft, ist zwar nicht billig, aber doch bezahlbar geworden. War der gepflegte Rausch in alter Zeit noch ein Vergnügen für Großkopferte, kostet der Liter Gerstensaft um 1900 nur etwas mehr als 1 Liter Milch oder 1 Pfund Mischbrot. Seit 1811 ist der Preis eine relativ berechenbare Größe. Eine Win-Win-Win-Situation – eigentlich: Der Staat setzt im Bierregulativ einen möglichst sozial verträglichen Höchstpreis für Endverbraucher fest, indem er für sich noch den lukrativen »Malzaufschlag«, also eine Art Biersteuer, unterbringt. Die Brauer regeln die Mindestpreise unter sich und sparen sich so allzu ruinöse Preiskämpfe, die Bürger den permanenten Preisvergleich und inflationsbedingte Unwägbarkeiten. Soweit die Theorie. Zu handfesten Problemen kommt es regelmäßig, wenn der Bierpreis doch angehoben wird. Liegt es an gestiegenen Lohn- und Materialkosten? An der Gier der Brauer? Am Ruach des Finanzministers und des Stadtkämmerers, der noch seinen »Lokalmalzaufschlag« dazuaddiert? Und sind nicht die Wirte allesamt notorische Einschenkbetrüger, die in ihren irdenen Humpen mehr »Milch« als Bier verzapfen? Für zusätzliches Schäumen im Maßkrug sorgt, dass nach der Reichsgründung der vertraute Gulden durch Mark und Pfennig abgelöst und dann noch die »Reichsmaß« eingeführt wird, die statt der bayerischen mit ihren 1,069 Litern Inhalt nur mehr 1 Liter enthält. Die Sache ist regelmäßig kompliziert, gibt Anlass zu Argwohn, Brandbriefen und immer wieder zu gewaltsamen Ausschreitungen bierbedürftiger Bürger. Die ersten 1.-Mai-Krawalle finden 1844 nicht in Berlin statt, sondern in München – Arbeiter und Soldaten schlagen gemeinsam 33 Brauhäuser kaputt, Polizei und stiernackige Brauknechte halten tapfer dagegen. Pflastersteine kommen vom rechten Weg ab, Fenster splittern, Bierbänke lernen das Fliegen. Die Bilanz: ein Toter, zehn verletzte Polizisten, 142 Festnahmen, ein großer Kater. Im Oktober 1848, zum Ausklang des Revolutionsjahrs, verwüsten Biertrinker die dafür gar nicht hergerichteten Privatgemächer des Brauereieigners Pschorr. 1865 verzeichnet die Stadtchronik eine »Bierschlacht am Oktoberfest«. 1888 ruft (aus noch nicht ganz geklärten Gründen) irgendwer am Nockherberg den Krieg aus, 4000 Gäste ziehen in den Kampf. 1910 machen die Biertrinker letztmals mobil, bevor wirklich Krieg ausbricht. Auf dem Bierfilz immerhin (der allerdings erst nach 1900 zur Standardausrüstung im Lokal zählt) rechnet sich der Zecher Kraftaufwand: Meist nehmen Obrigkeit und Brauer die Preiserhöhung wieder zurück, was heutigen Protesten gegen steigende Maßpreise auf dem Oktoberfest nicht mehr gelingt – die Dringlichkeit war damals eben eine andere.

Über Jahrhunderte leider kein Scherz: Humorkarte, 1909.

Der sehr große Durst

Heute beläuft sich der durchschnittliche jährliche Bierkonsum in Deutschland pro Erwachsenem auf gut 100 Liter (in Bayern ein paar Maß mehr). Im München des späten 19. Jahrhunderts sind es in guten Jahren 465, nach anderer Zählung sogar 487 oder 525, gerechnet pro Nase vom Säugling bis zum Greis, weshalb der durchschnittliche »erwachsene Konsum« noch etwas höher anzunehmen ist. Der Alkoholgehalt entspricht, anders

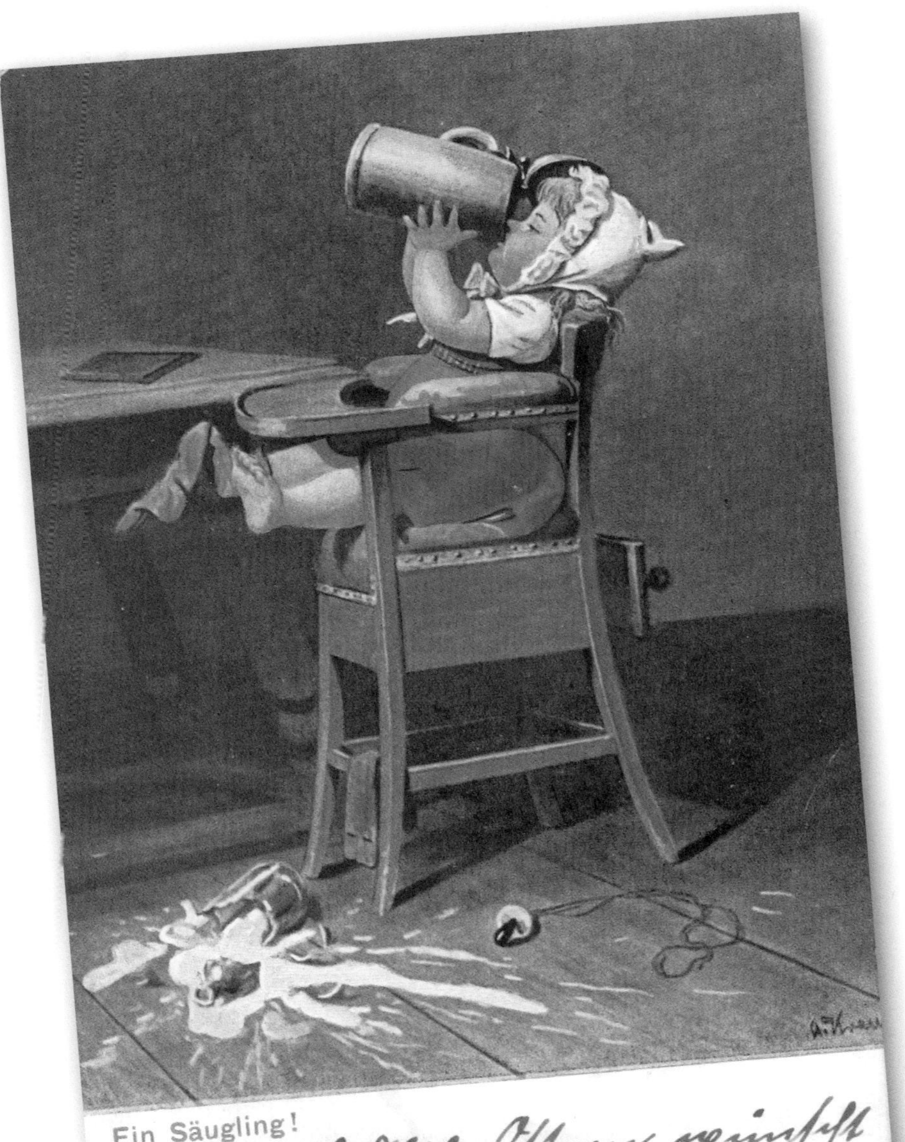
Ein Säugling!
Gesunde fröhliche Ostern wünscht
verbunden mit den herzlichsten Grüßen! Anna.

als in Vorzeiten, in etwa dem heutigen Bier. Der Zeitreisende ins Jahr 1900 sei jedenfalls gewarnt, dass, wenn er mithalten will, er in etwa das Fünffache dessen vertragen sollte, was er vermutlich gewohnt ist.

Bei Sonnenaufgang geht's los: 1 bis 2 Liter Bier werden schon zum Frühstück eingeschenkt. Weil der Arbeitstag früh beginnt, sperren auch viele Wirtschaften bereits um 7 oder gar 5 Uhr morgens auf. Etwas später geht, wer es sich leisten kann, zum Frühschoppen, bevor es Zeit ist, eine Mittagsmaß zu stemmen. Weil es in der wachsenden Stadt kaum noch jemand bewerkstelligt, zur Mittagspause nach Hause zu gehen, verköstigt man sich in der nächstgelegenen Gastwirtschaft. Dort aber herrscht »Trinkzwang«. Wer isst, muss auch ein Getränk bestellen, und weil anderes als Gerstensaft, sofern im Angebot, unmäßig teuer ist, bestellt man eben Bier. Nachmittagskaffee? Bei vielen muss auch als Überbrückung bis zum Feierabend Alkohol herhalten, von diesem Feierabend selbst nicht zu reden. Statt eines höflichen »Was darfs denn sein?« wird den Münchnern in den meisten Wirtschaften schon beim Eintreten ein forsches »hell oder dunkel?« entgegengeschleudert. Gemeint ist praktisch immer die Maß, wer geringere Quantitäten ordert, wird schon mal des Hauses verwiesen: Er könne gern wiederkommen, wenn er einen Durst habe. Nicht ohne Bitterkeit beklagt der schon zitierte August Rollinger die allgegenwärtige »Münchner Bieraufdrängung«, gegen die sich einige Gäste mithilfe der Reichsgerichtsbarkeit zur Wehr setzen zu müssen glauben. Rollinger überliefert den Fall des Justizrats Helbling, der im Jahr 1907 beim Restaurateur Müller mehrfach versucht haben soll, ein »Quartl«, also einen Viertelliter Bier zu ordern, aber jedes Mal einen Liter vorgesetzt bekam, wogegen Helbling mit Verweis auf die Reichsgewerbeordnung durch alle Instanzen zog – am Ende mit Erfolg, aber ohne Breitenwirkung.

Auch während der Arbeit ist Bierkonsum verbreitet. Geradezu berüchtigt sind wenig überraschend zwei besonders schweißtreibende Branchen: das Bau- und das Brauwesen. Eine Studie über die Ausgaben von Arbeitern erwähnt einen Maurer, der in seiner Kantine den vergleichsweise hohen Betrag von 29 Pfennig am Tag ausgibt: »Wieviel da auf Bier kommt, gibt er nicht an, es scheint aber in den 29 Pfennig meist 24 Pfennig für Bier und 5 Pfennig für Brot enthalten zu sein.« Die Brauindustrie selbst steht, was den Zuspruch zu ihren Produkten angeht, unangefochten an der Spitze. Verantwortlich dafür ist nicht zuletzt, dass die Unternehmen einen Teil des Lohns als »Haustrunk« ausgeben. Mit Ausnahme des fortschrittlichen Thomasbräus, der eine Einlösung der »Bierzeichen« auch in seinen Gastwirtschaften und sogar auf dem Oktoberfest gestattet, erwarten die Brauereien die Umsetzung am gleichen Tag. Und weil die Neigung, einen Teil des Lohns dem Arbeitgeber zu überlassen, gering ist, nehmen daher etliche das volle Quantum von 8 Litern am Tag zu sich. »Vor allem bei Ledigen«, notiert der Brauerverband, bilde sich allmählich »ein sogenanntes ›Bedürfnis‹ zum Trinken heraus, sicher nicht zu deren Vorteil«.

Nicht nur die Männer trinken, wie der Schweizer Gottfried Keller schon 1854 schildert und die Neuseeländerin Katherine Mansfield 1909 bekräftigt: »Ja, man sieht da am Nachmittag Damen, aber wirklich feine Damen, das sage ich Ihnen, die leeren solche Gläser« – gemeint sind Maßn, die die Mansfield an »Waschgeschirrkrüge« erinnern. Insgesamt sind Münchnerinnen zwar seltener in Lokalen und weniger oft und weniger hemmungslos betrunken als die Münchner, weshalb die Stadt für verschiedene Tätigkeiten, etwa bei der Straßenreinigung, bevorzugt Frauen anstellt. Fatal allerdings ist die Gewohnheit stillender Mütter, Bier zu trinken, weil es die Milchproduktion anregt. So sieht sich das Münchner Gesundheitsamt genötigt, darauf hinzuweisen, dass 1 Liter anstelle der üblichen 3 bis 4 völlig ausreichend sei. Soll man den Babys dann zur Beruhigung den Schnuller ins Glas tauchen? Kleinkindern Biersuppe vorsetzen? Der eine sagt so, der andere so.

Eine Gesellschaft im Halbdelirium

Die körperlichen Folgen sind in jedem zeitgenössischen Reiseführer nachzulesen. Der typische Münchner wird stereotyp als stämmig, dickbäuchig und stiernackig beschrieben, als gemütlich bis träge, dabei übermäßig schwitzend, mit einer Neigung zu großporiger Haut und grobem Benehmen. Der Königsberger Publizist August Lewald (1792 bis 1871) schreibt dem Bier immerhin auch konservierende Wirkung zu. Während er selbst zuletzt hager und faltig geworden sei, habe die Zeit sich bei seinen rosig-runden Münchner Bekannten »höflich zurückziehen müssen, um die Metamorphose des Bieres nicht zu stören«. Richtig gesund wirkt es allerdings nicht, was Lewald sieht, als er einem echten Münchner »Vier und zwanzig Masser« einmal genauer ins Auge sieht. »Das sogenannte Weiße darin schillert nach verschiedenen Farbenregistern. In den Augenwinkeln ist ein schönes Blutroth nicht wegzuleugnen, das übrige ist Dunkelgelb und nimmt in der Umgrenzung der Augäpfel eine grünliche Tinte an.« Es folgt eine Beschreibung, wie sie nicht unähnlich später auch bei den Manns, bei Feuchtwanger oder Thoma zu lesen ist: »Der gewöhnliche Ausdruck dieses Auges ist ein festes ›Vorsichhinsehen‹, in der vulgären Sprache Stieren oder Glotzen; während der Mund trinkt, offenbart sich aber darin ein hoher Grad zärtlicher Schwärmerei.«

Dass die Lebenserwartung in München, die heute über dem Bundesdurchschnitt liegt, in jener Zeit mit 37,9 Jahren (Jungen) und 41,1 Jahren (Mädchen) um acht beziehungsweise zehn Jahre niedriger ist als im Rest des Reichs, dürfte also nicht zuletzt alkoholbedingt sein. Dennoch ist der Glaube an die Heilkraft des Biers lange nicht totzukriegen. Für einen echten Schnitt sorgt wohl erst der Münchner Chefpathologe Otto von Bollinger, als er 1893 öffentlich macht, dass die bierseligen Herzen der Münchner sich bei eingehender Betrachtung post mortem erschreckend oft als unförmige Mordstrümmer präsentieren, respektive eine durch Alkoholmissbrauch und übermäßige Aufnahme von Flüssigkeit bedingte Hypertrophie mit Neigung zu fettiger Muskelentartung aufweisen. Das »Münchner Bierherz« (so nennt es Bollinger) schlägt in Zeitungsdebatten um sich. Ärzte springen Bollinger bei, diverse Biertrinker und -produzenten halten dagegen. Die Münchner Brauer argumentieren mit der hohen Qualität gerade ihrer Erzeugnisse sowie, dass das Biertrinken in jedem Fall dem Konsum noch stärkerer Alkoholika wie Branntwein vorzuziehen sei, und spekulieren im Übrigen darauf, dass die Münchner ihrem Wirt mehr Gehör schenken als irgendwelchen Professoren. Doch das Thema ist angezapft, der Geist des Zweifels nicht mehr ins Fass zurückzubringen. Auch die von Münchens Chefhygieniker Max Pettenkofer geleitete Münchner Filiale des Vereins gegen den Missbrauch geistiger Getränke bekommt nun Zulauf. Um die Jahrhundertwende geht der Pro-Kopf-Konsum schon spürbar zurück. 1905 starten die evangelischen Blaukreuzler in München ihre Hausbesuche zur Trinkerrettung. Zugleich bekommt die Debatte um die Wirkungen des Alkohols eine merkwürdige Wendung. Beschränkt sich der Mediziner Hans

Buchner – Nachfolger Pettenkofers als Chef des Münchner Hygieneinstituts – vor 1900 noch darauf, die Mär vom gesunden Bier anzuprangern und als Alternative zum Suff Leibesübungen zu empfehlen, stellt Buchners Nachfolger Max von Gruber den Alkoholmissbrauch in einen neuen Kontext – den der »Rassenhygiene«. Statt um individuelle Gesundheitsgefahren oder volkswirtschaftliche Konsequenzen geht es zunehmend um die Wirkungen des Trinkens auf den »Volkskörper«. Die zynische Betrachtung einiger englischer Eugeniker, die im Alkoholkonsum ein probates Mittel zur Eliminierung »minderwertiger« Elemente sehen, findet in München wenig Widerhall. »Der Alkohol schadet zu viel und tötet zu wenig«, so Grubers lakonischer Befund. Zusammen mit dem Psychiater Emil Kraepelin erstellt Gruber »Wandtafeln zur Alkoholfrage«, auf denen beide die Zusammenhänge der Trunksucht mit Geisteskrankheiten, Missbildungen und einer hohen Kindersterblichkeit aufzeigen.

Die physischen Phänomene übermäßigen Alkoholkonsums sind hinlänglich erforscht. Nur spekulieren lässt sich, wie es sich auf die Mentalität einer Stadt auswirkt, wenn über einen langen Zeitraum ein nicht geringer Teil ihrer Bürger unter fortwährendem Alkoholeinfluss steht. Die Altmünchner Mischung aus Gemütlichkeit und Grant, Wurschtigkeit und Wutwilligkeit wird uns in diesem Buch noch öfter begegnen. Ist es nur eine ironische Fußnote der Geschichte, dass die Spatenbrauerei sich 1941 durch die Nationalsozialisten genötigt sieht, ihr bekanntes »Heilbier« in »Vollmalz« umzubenennen? Der Historiker David Clay Large jedenfalls behandelt in seinem Buch »Hitlers München« auch den Alkoholkonsum der Stadt und erkennt in ihm eine Triebfeder der politischen Radikalisierung. Der Aufstieg der Nationalsozialisten ließe sich demnach auch als Wirtshaustour des selbst ja abstinenten Herrn Hitler nachzeichnen: vom schäbigen Hinterzimmer im »Sterneckerbräu« in den respektablen »Bürgerbräu«, von wo 1923 der gescheiterte Marsch auf die Feldherrnhalle (englisch: Beer Hall Putsch) seinen Ausgang nimmt, und weiter ins »Hofbräuhaus« und andere Bierpaläste.

Kapitel 2
Münchner Goldrausch: Der Aufstieg der Großbrauereien

Exportschlager Münchner Bier, angekündigt auf Werbepostkarten.

Ein Schiff mit stolz geblähten Segeln schneidet durch die Gischt des Ozeans. An Bord: dicke Fässer und smaragdgrüne, sorgsam in strohgepolsterte Holzkisten gepackte Flaschen mit Spatenbier. Sein Ziel: »Alle fünf Kontinente«. Die Werbepostkarte von 1907 setzt gekonnt in Szene, was sich in nackten Zahlen so liest: Von 1850 bis 1900 ist der Umsatz der Münchner Brauereien um das 20-fache gestiegen. 1909 geht mehr als die Hälfte des in München gebrauten Biers in den Export; knapp 30 Jahre zuvor war es genau ein Viertel, und schon damals stand den Münchnern mit dem neu gegründeten Deutschen Reich ein deutlich erweiterter Markt offen. Fürs Renommee aber zählen Dresden und Berlin weniger als Paris und New York. Auf der Pariser Weltausstellung 1867 segeln die Münchner Brauer noch im Windschatten der Münchner Künstler, die hier mit 300 Exponaten einen eigenen Pavillon bestückten. Doch während den Münchner Ölgemälden und Skulpturen bald der Ruf »alter Schinken« anhaftet, schäumt das Bier nun mit jedem Jahr vollmundiger. Den ersten Spatenstich setzt die im gleichen Jahr in Paris gegründete »Brasserie Bavaroise«, die das Münchner Bier erst zum Geheimtipp und dann zum meistgetrunkenen an der Seine macht. 1888 setzt sich am Münchner Hauptbahnhof jeden Tag um 3 Uhr morgens ein Zug mit 200 000 Litern Bier nach Paris in Bewegung – »Train Blanc« nennen die Franzosen den bayerischen Bierexpress, dessen schneeweiß gestrichene Kühlwaggons die Sonne reflektieren sollen. Beim Kopf-an-Kopf-Rennen um die meisten eigenen Bierabteile (und Anteile auf dem Weltmarkt) liegt erst Spaten vorn, dann katapultiert sich die Löwenbrauerei mit 158 Containerwagen an die Spitze. 1894 eröffnet Josef Pschorr Niederlassungen in Chicago und New York, auch Augustiner drängt nach Westen, doch am lautesten brüllt der Löwe: Der ab 1906 größte Bierexporteur des Reichs liefert in die Türkei und nach Ägypten, nach Delhi und Singapur und kratzt 1912 an der Rekordmarke von 1 Million Hektolitern.

Mit reinem Stoff und einem durstigen Heimatmarkt als Ausgangspunkt lässt sich der Aufstieg Bier-Münchens dabei nur zum kleineren Teil erklären. Mindestens ebenso wichtig: das gut orchestrierte Zusammenspiel

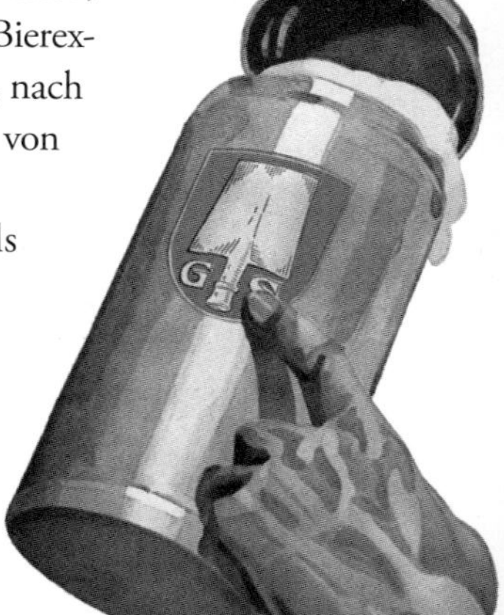

technischer Neuerungen des 19. Jahrhunderts, die frei flottierenden, in neue »Actiengesellschaften« drängenden Finanzströme der Gründerzeit und ein geschicktes Marketing.

Hopfen und Malz, Dampf und Eis

Ausschlaggebend ist wohl der »Vorsprung durch Technik«. Aus nur drei Grundzutaten (plus Hefe) ein gleichbleibend bekömmliches Getränk für jeden Tag und fast jeden Geschmack zu brauen, ist ein weit komplexerer Vorgang, als annehmen würde, wer noch nie eine Brauereiführung mitgemacht hat. Da ist zunächst die Gerste, die auf der Tenne zu Grünmalz auskeimen muss, bevor sie eingeweicht auf der Darre über viele Stunden getrocknet und mit der richtigen Temperatur geröstet werden kann und schließlich in ihr Silo darf. Kaltes Wasser aus der Münchner Schotterebene verwandelt das Malz in Maische, die dreimal erhitzt und wieder abgekühlt und dann im Läuterbottich um den Treber erleichtert wird (welcher noch als Tierfutter oder beim Backen Verwendung finden kann). Stärke wird zu Zucker, Zucker zu Alkohol. In der Würzpfanne kommt der Hopfen ins Spiel, der für die richtige Bittere sorgt und zur Haltbarkeit des Schaums wie des Suds an sich beiträgt, bevor diverse Gärprozesse darüber entscheiden, ob am Ende reine Freude oder »saurer Soach« in den Krug fließt. Gegen Ende des 19. Jahrhunderts schaut fast jeder dieser Arbeitsschritte anders aus als noch 50 Jahre zuvor.

Erste Experimente mit Dampfkraft gibt es schon Ende der 1820er-Jahre. Der Paulaner-Chef und Münchner Starkbierheilige Franz Xaver Zacherl ist 1842 der erste, der sich aus England eine Dampfmaschine kommen lässt, um in seinem Paulaner-Bräu die Rauchöfen durch Heißluftdarre zu ersetzen. 30 Jahre später sind praktisch alle noch übrig gebliebenen Münchner Brauereien Dampfbierbrauereien. Bei Löwenbräu steigt die Zahl der eingesetzten Pferdestärken von 55 im Jahr 1866 auf 1340 anno 1906. Es ist auch kein Zufall, dass Löwenbräu schon 1883 – und damit zehn Jahre vor dem Münchner Rathaus – voll elektrifiziert ist.

Fast noch wichtiger als der Dampf ist die Erzeugung von Kälte. Bis dahin war die Münchner Bierwelt im Wesentlichen zweigeteilt in leichteres Winterbier und das stärkere und somit besser haltbare Sommerbier, das – leicht verwirrend – auch Märzen genannt und beispielsweise auf dem Oktoberfest ausgeschenkt wurde. Der Notwendigkeit, das Bier in der durstigsten Jahreszeit frisch zu halten, verdanken wir unsere Biergärten – eigentlich die Belle Etage der Münchner Bierkeller. Tief unten lagerte das Bier, drumherum und darüber tonnenweise Natureis; an der Oberfläche sorgten flachwurzelnde, laubreiche Bäume wie Kastanien für Schattenkühle. Die Eisbeschaffung war ein winterliches Zusatzgeschäft für die Bauern der Umgebung und aus dem Oberland.

Wie auf einem Breughel'schen Winterbild rücken die Männer im Morgengrauen der kältesten Wintertage mit »Eispflügen« und starken Sägen aus, um das zugefrorene Wasser der Weiher (manchmal auch von zuvor gefluteten Wiesen) einzusammeln und zu Geld zu machen. Erst ritzen sie in die Eisfläche ein Schachbrettmuster ein, dann sägen sie die einzelnen Quadrate aus, stemmen sie empor und transportieren sie platten- oder stangenweise ab. Die Brauereien im Nordwesten lassen ihr Eis in großem Stil auf dem Nymphenburger Kanal ernten. Freilich hat Hausherr Ludwig II. in den Nutzungsvertrag einen Passus eingefügt, dass er die Schinderei der Eismänner nicht zu Gesicht bekommen will. Eine bis weit ins 20. Jahrhundert verbreitete Alternative ist der »Eigenanbau von Eis« auf sogenannten Eisgalgen: 5 bis 10 Meter hohe Gerüste werden bei Frost kontinuierlich mit Wasser überspült und bringen im Lauf der Zeit außer riesigen Eiszapfen auch neue Wetterregeln hervor: »Sind die Zapfen milchig-weiß: Wirt, kauf Bier! Der Sommer wird heiß!« Auch die Wirte und wohlhabende Privatleute laden sich gern den Keller voll. Wenn in München anno 1900 der Eismann klingelt, hat er nicht Erdbeer, Zitrone oder Stracciatella im Angebot, sondern Stangen gefrorenen Wassers.

Das Problem: Der Eisbedarf der Stadt wächst, während tendenziell mildere Winter das Minustemperaturengeschäft der Eisproduzenten zu einer unsicheren Sache machen. Bald muss die Kälte bis aus dem Salzburger Land und der Gegend von Kufstein herangekarrt werden. Genau zur rechten Zeit, im Jahr der Reichsgründung 1871, geschieht es, dass Carl von Linde – seit 1866 Professor für Maschinenbau am Vorläuferinstitut der Münchner TU – einen Geistesblitz hat und einen Aufsatz über neuartige Kältemaschinen veröffentlicht, der zunächst bei Wiener Braumeistern auf Interesse stößt. Bald verfolgen auch Gabriel Sedlmayr senior und junior, die Chefs bei Spatenbräu, die Entwicklung mit Interesse. Sechs Jahre später rüstet Spaten seinen Eiskeller mit Lindes Ammoniak-Kondensatoren aus; die Konkurrenz zieht nach. 1895 berichtet die Unterhaltungszeitschrift »Die Gartenlaube« über 2050 gebaute Kältemaschinen des europäischen Marktführers aus München und zeigt sich davon angetan, dass diverse »schlimme Gesellen« – nämlich Mikroorganismen – die im Natureis schlummern, im Kunsteis gar nicht vorkommen. Für die Bierfabriken wichtiger ist indes, dass ab sofort ganzjährig mit konstanterer Qualität gebraut werden kann – eine Zeitenwende und eine Art Erdrutsch nicht nur in der Münchner Braulandschaft.

Industrie statt Handwerk: Eine Branche formiert sich neu

Jahrhundertelang haben sich Münchens Brauereien und Bierlager in der Innenstadt konzentriert. Nach 1800 bilden sich zwei neue Schwerpunkte: am Isarhochufer, also im Dreieck Rosenheimer-, Wiener- und Keller(!)straße sowie auf der Schwanthalerhöhe, wo das schmelzende Kellereis problemlos den Hang hinuntersickern konnte. Nun zieht es viele Richtung Hauptbahnhof, dorthin, wo Löwenbräu, Spaten und Augustiner noch heute produzieren. Mit dem Bau von Kühlwaggons und der Entdeckung neuer, »stabiler« Reinhefezellen durch den Dänen Emil Christian Hansen 1881 wird der Export über weite Strecken und sogar »overseas« erschwinglich. Der Markt sortiert sich neu. Galten bisher die Braumeister von Hofbräu, Hacker und Pschorr als Maß aller Dinge, setzen sich jetzt die Braudynastien Brey (Löwenbräu), Sedlmayr (Spaten) und Schmederer (Paulaner) an die Spitze.

Vor allem die Sedlmayrs, schreibt Wolfgang Behringer in seiner Spaten-Chronik, haben über drei Generationen die Nase

Hier wird keine U-Bahn gebaut, sondern der neue Pschorrkeller an der Bayerstraße, 1885.

im Wind der Veränderung. Schon in den 1830er-Jahren hat Gabriel Sedlmayr zusammen mit zwei anderen Jungspunden ausgedehnte Bildungsreisen durch Europa unternommen. Die fortschrittlichen englischen und schottischen Bierfabriken haben es dem Braunachwuchs besonders angetan. Rund drei Dutzend nehmen sie unter die Lupe, so gut es geht. Man plaudert, trinkt, erzählt den Kollegen ein paar Wunderdinge über untergäriges Bier und die bajuwarische Braukunst im Allgemeinen (Sedlmayr selbst spricht von »Schwadronieren«) und hofft mit gespitzten Ohren, dass die Inselkollegen im Gegenzug ein paar ihrer Geheimnisse verraten. Höhere Bierdiplomatie also, manchmal auch mit Mitteln aus den unteren Schubladen. Kein Sud, in den die Jungbrauer ihre Nase und ihr Thermometer nicht hineinhalten. Insgeheim auch ihre Spazierstöcke. Die sind so präpariert, dass sich in der blechernen Spitze ein Ventil öffnen lässt, das kleine Bierproben aufnimmt, welche unterwegs eingehend analysiert werden können. Nach modernen Maßstäben könnte man den Bildungsreisenden Industriespionage vorwerfen, ausgeführt mit inselreifen, nämlich James-Bond-mäßigen Methoden. Aber schließlich geht es um das hehre Ziel, Qualität und Ausstoß des Münchner Biers zu heben. Beides gelingt. In Folge gibt es kaum eine brautechnische Neuentwicklung auf der Welt, die sich nicht umgehend in einer und gleich darauf den meisten der Münchner Brauereien wiederfindet.

Viele kleine Biersieder aber – alte, aber auch hoffnungsvolle Start-Ups – bleiben im jahrzehntelangen Innovations- und Investitionswettlauf zurück. Die in den 1840er-Jahren aufkommenden Saccharometer zur Messung des Zuckergehalts und Optimierung der Stammwürze sind nicht allzu teuer. Doch schon die Dampfmaschine ist für viele eine kaum zu stemmende Anschaffung. Es folgen pneumatische Malzanlagen mit Keimtrommeln, automatische Darrwender, Maischrührwerke, Lindes Kälteanlagen, neue, verbesserte Dampfmaschinen und Generatoren, Förderbänder, Abfüllanlagen für das allmählich in Mode kommende Flaschenbier und die Motorisierung des Fuhrparks zur Aufnahme telefonischer Bestellungen. Irgendwann geht den weniger findigen, wendigen oder liquiden unter den Kleinbetrieben der Saft aus. Unter den übrigen grassiert ein Fusions- und Übernahmefieber, bei dem es weniger darum geht, sich die Produktionsanlagen der Konkurrenz anzueignen, als vielmehr, diese vom Markt zu tilgen und sich eingeführte Braurechte, Markennamen und Marktanteile zu sichern. Objekt der Begierde ist, wer Ordner voll langfristiger Lieferverträge mit absatzstarken Wirten im Regal hat; gleiches gilt für Grundbesitz in guten Lagen. Die St. Anna Brauerei im Lehel etwa wechselt dreimal den Besitzer und mindestens einmal den Namen (zur AG Klosterbrauerei), bevor sie 1906 Teil der Kochelbräu-München AG wird, die 1920 mit Hacker fusioniert. Dadurch entsteht der zweitgrößte Braukessel der Zwischenkriegszeit – gleich hinter dem Fusionssud aus Spaten, Franziskaner-Leist, Löwenbräu und Union. Längst sind aus vielen Familienbetrieben Aktiengesellschaften geworden. 1889 gibt es in München schon acht solche Brau-AGs; bayernweit hat fast die Hälfte der frühen Aktiengesellschaften das Brauen zum Hauptzweck. Bier, Geld und Boden bilden die neue Dreifaltigkeit der Boomstadt. Der Biertrinker der Jahrhundertwendejahre bezieht seinen Stoff von 12 bis 17 Brauriesen, seltener von den ein oder zwei Handvoll mittleren Unternehmen wie Wagner-Bräu oder dem Giesinger Bergbräu. Ein paar Nischenhocker wie den Sterneckerbräu gibt es auch noch. In dessen Wirtsstube im Tal sitzt vielleicht des Biertrinkers Großvater und erinnert sich daran, dass in München einst nicht weniger als 60 Bierquellen flossen.

Die Braustätten: Bierstädte in der Bierstadt

Manche Münchner lesen die Berichte vom Biermarkt wie Todesanzeigen: Was gestern noch im Krug war, hinterlässt heute nur einen schalen Nachgeschmack. Lange leer bleibt der Krug aber nie. Bei der Neuorientierung hilft die omnipräsente Werbung auf Plakaten, Krügen, Bierfilzen, Werbemarken und Durchscheinbildern. Und es kommt vor, dass eine Münchner Zeitung darüber berichtet, wie eine Zeitung in Michigan, USA das hiesige Bier rühmt, was einen dann wieder mit Stolz erfüllt. Das Gesöff ist ja auch wirklich besser geworden, im Schnitt jedenfalls. Und dann die neuen Braustätten! Viele sind fasziniert von den raumgreifenden Gebilden, die die Brautitanen ins Stadtbild meißeln. Die zum Teil über 100 Hektar großen Areale sind Bierstädte in der Bierstadt. In sich geschlossene Einheiten, nicht unähnlich den 100 Jahre zuvor aufgelassenen Klöstern, mit denen sie das für Außenstehende ein wenig

Die Fabrik als Reklamemotiv: Chromolithografie der Spaten-Brauerei, 1910.

mystische Innenleben und eine gewisse Eigengesetzlichkeit teilen – wenn auch keineswegs die gottgefällige Ruhe.

Den Anfang macht 1813 die Brau- und Lagerstätte von Hacker an der Landsberger Straße, vom Volksmund »Bierfestung« genannt. Die Keller reichen 12 Meter in die Tiefe, das Haupttor ist groß genug, dass die Eheleute Joseph Pschorr und Maria Theresia Pschorr vierspännig in ihr Reich einfahren konnten. Augustiner, Löwe und Spaten, Thomasbräu, Franziskaner-Leist und Kochelbräu ziehen nach, wenn nicht vorbei. Kaum ein Brauriese, der seine Bierstadt nicht auf leicht beschönigenden Zeichnungen und Lithografien verewigt, die einen Eindruck von der eigenen Größe und Bedeutsamkeit vermitteln wollen. Zu bestaunen sind Konglomerate aus hohen und flachen Pracht- wie Zweckbauten, überglaste Maschinenhallen, gassenlange Stallungen, Silos und qualmende Schornsteine, verbunden durch Brücken (und unsichtbare, weil unterirdische Verbindungsgänge), im Zentrum oft eine parkartige Grünanlage (bei Leist sogar mit Fontäne).

Nur zu erahnen ist, was sich hier alles abspielt: In den unterirdischen Gewölben der Tenne (die bei Augustiner die Fläche eines Fußballstadions hat) häufeln Mälzer mit gummierten Galoschen an den Füßen die angelieferte Gerste sachte zu »Grünmalzbeeten« auf, die beständig umgegraben werden müssen. Kippkarren und Bänder befördern sie danach auf Drahtgitter oder Lochbleche, »Horden« genannt, auf denen das Malz gedarrt, also im heißen Luftstrom angeröstet wird. Wo früher noch die »Darrfaxe« im Schweiße ihres Angesichts die Schaufeln schwangen, erledigen jetzt mechanische Darrwender die Arbeit. Umso kräftiger muss an den Feuerlöchern des Kesselhauses eingeschürt werden, wo Pechkohle und Torf gewaltige Dampf- und Kältemaschinen, auch Pumpen und Generatoren in Gang halten. Im Sudhaus – bis heute das Herzstück jeder Brauerei – dreht sich unter strenger Aufsicht des Braumeisters in Maischepfannen, Sudkesseln und Läuterbottichen, was einmal Bier werden will. Drumherum und untendrunter zersägen Arbeiter Eisstangen, dichten Fässer mit glühendem Pech ab, schrauben an Zahnrädern, und draußen schnauben die Brauereirösser, wenn hinter ihren mächtigen Hinterteilen die endlich biergefüllten Fässer auf die Pritschen gestapelt werden – laut städtischer Verordnung maximal dreischichtig. Manchmal stehen auch Ochsen im Stall, die mit Biertreber gemästet werden, bevor sie sich am Bratspieß drehen dürfen. Das passiert dann an jener Stelle, wo sich die Bierstadt zur Außenwelt öffnet, und wo wie durch eine Schleuse alles, was nicht zuvor in Fässer oder Flaschen gefüllt wurde, direkt in die Kehlen und Herzen der Münchner rinnt: im Brauhaus, besser: dem prächtig ausgestalteten Bierpalast und dem Biergarten, die beide schon ohne Bier und Ochs ein Erlebnis sind. Auch diese »Flaggschiffe« der Brauereien segeln – auf Werbezeichnungen oder handkolorierten Fotopostkaten – um die halbe Welt, um vom Münchner Bier zu künden.

Zwischen Pech und Maische: Die Arbeiter

An jungen Männern, die das Bier herstellen, herrscht in München kein Mangel. Der Ruf des Biers lockt viele Münchner, mehr noch kräftige Männer vom

Land. Vor 1914 sind in den 23 Münchner Brauereien 7500 qualifizierte Arbeiter (davon nur einige Dutzend Arbeiterinnen, zumeist in der Flaschenabfüllung) beschäftigt. Man verdient – vergleichsweise – gut in der Branche. Ein Braumeister mit Spezialkenntnissen kann es mit dem Jahresgehalt eines hohen Beamten aufnehmen und verkehrt mit den Eignern auf Augenhöhe. Auch die »Vorburschen«, die Mälzer und sonstige qualifizierte Positionen werden mit durchschnittlich 1325 Mark im Jahr (1902) besser bezahlt als die meisten anderen Fabrikarbeiter und Handwerksgesellen. Ein leichtes Lohngefälle setzt ein, je weiter man von den Oberstübchen und Herzkammern der Brauerei an die Peripherie des Geländes kommt, also dahin, wo geschraubt, gesägt, gepicht, geschwefelt und geschleppt wird. Schattig wird es bei den Hilfsarbeitern. Ganz ordentlich verdienen hingegen die Bierfahrer in ihrer schicken Dachauer Tracht, die als Verbindung zu den Kunden eigentlich Außendienstmitarbeiter sind. Was gerade den Zuzüglern vom Land besser behagt als in den Papier-, Maschinen- oder

Getreidelieferung vor dem »Lodererbräu«, Oberanger 11, um 1900.

Textilfabriken: Die Arbeit in den »Bierstädten« erinnert in ihrer Struktur an die traditionelle Gemeinschaft eines Großbauernhofs – Historiker sprechen vom »ganzen Haus« – wo nach den Regeln des Patriarchen alle zusammenarbeiten, die Früchte ihrer Arbeit gemeinsam verzehren und unter einem Dach schlafen, wenn auch geschieden durch eine oft schikanös strenge Hierarchie. Auch die Brauereiarbeiter verbringen den größten Teil ihrer Lebenszeit in der Bierstadt. Wenn gerade keine Arbeit anfällt, wird in den »Schalandern«, den Aufenthaltsräumen, zusammen gegessen (meist gut und reichlich) und noch mehr getrunken, auch geratscht, Karten gespielt oder geträdelt. Viele, zumal die ledigen Arbeiter, wohnen ganz in der Fabrik – bei der chronischen Wohnungsnot in München ein nicht zu unterschätzender Vorteil.

Einer von denen, die mit der Arbeit in der Brauerei im Ganzen zufrieden sind, ist der Sozialdemokrat Georg Kandlbinder (1871–1935). Der sechste Sohn einer niederbayerischen Kleinbauernfamilie hat sich schon mit 13 sein eigenes Geld verdienen müssen, erst als Erntehelfer und Messgehilfe am Bahnbau, dann in der Dorfbrauerei Straßkirchen bei Passau. Die Bezahlung der 30 Arbeiter dort ist mies, »die Arbeitszeit dauerte Tag und Nacht, bis wir halt fertig waren«, so Kandlbinder lakonisch in seinem Lebensbericht. Als er sich einmal lautstark beim Brauereibesitzer beschwert, sperrt ihn der Dorfgendarm umstandslos für eine Woche ins Gefängnis. Insofern ist es ein Fortschritt, dass beim Münchner Thomasbräu, wo er 1896 nach einigen gescheiterten Anläufen eine Festanstellung bekommt, ab 1904 wie in allen Münchner Brauereien ein Tarifvertrag gilt, der die Arbeitszeit auf zehn Stunden – bei einer »Präsenzpflicht« von 13 Stunden – begrenzt. Kommt es zu innerbetrieblichen Streitfällen, wird in München häufig das (schon 1890 im Prinzip reichsweit eingeführte) Gewerbegericht angerufen, ein paritätisch besetztes »Tarif- und Einigungsamt«, in dem auch Kandlbinder bald als Schlichter mitwirkt. Dort wird beispielsweise festgestellt, dass zwei Badewannen für 140 Arbeiter im Kochelbräu nicht mehr ausreichen. Wirkung zeigt auch, dass um die Jahrhundertwende ein Viertel der städtischen Brauer gewerkschaftlich organisiert ist, wenig später bereits die Hälfte. Gestreikt wird in der Branche vergleichsweise selten, dann aber erfolgreich. Ein Vorteil der Brauer: Zu den Kampfmitteln der Gewerkschaften gehört damals auch der Aufruf zum Boykott von Produkten der eigenen Branche – was bei Brauern naturgemäß effektiver ist als bei den Arbeitern einer Handschuh- oder gar Lokomotivfabrik.

Noch sind die Rituale von Konflikt und Verständigung nicht eingeübt. Nicht immer ist eindeutig, ob die Solidarität eines Dynamowärters in der

Die Paulaner-zentrale am Nockherberg, ca. 1907.

Maschinenhalle nur den engsten Berufskollegen, der gesamten Brauereibelegschaft, der Arbeiterbewegung an sich oder doch eher dem Unternehmen gilt. Der Stolz der Münchner Brauer auf ihre Handwerkstradition jedenfalls ist groß. Und er spricht eine eigene Sprache, die alle, die anschieben, also in der Brauerei arbeiten, verbindet. Zwischen Ausschlagbottich und Wichsmaschine tummeln sich Darrfaxen, Hopfenstopfer und Schlupfkolonnen, dazu mehr Viecher als im Hirschgarten: nämlich nicht nur Hirschen und Haserl (große und kleine Fässer), sondern auch Laufkatzen (zum Lastentransport), der Verschneidbock (eine Art Mischanlage) und eine Sau – das ist der schwer zu reinigende Hohlraum unter den Darrhorden. Technischen Neuankömmlingen in diesem stets sich ausdehnenden Kosmos, besonders dem englischen Dampf und seinen Begleitern, stehen die Brauer reserviert gegenüber. Sie fürchten, dass ihrer Muskelkraft aus den neuen Maschinen Konkurrenz erwächst, ein diabolus ex machina – nicht immer zu Unrecht. Den meisten aber erleichtert der Fortschritt die Arbeit. So entfällt mit der künstlichen Kälte des Herrn Linde das existenzbedrohende »Sommeraussetzen«. Aus den oft höllenmäßig verrauchten Katakomben überalterter Kleinbrauereien mit ihren müffelnden Holzbottichen und dem gefährlichen Verhau kraftübertragender Stangen und Lederriemen werden hygienisch und fotografentauglich gekachelte und geflieste Braustätten mit blitzblanken, im elektrischen Licht glänzenden Kupferpfannen.

Zu einem Paradies der Arbeit wird die Brauerei damit noch nicht. Die Wochenarbeitszeit beträgt vor 1919 im Schnitt 60 – also sechs mal zehn – Stunden. Auch an Sonn- und Feiertagen wird in den meisten Betrieben gewerkelt, weil das 1891 in Bayern eingeführte Verbot von Sonntagsarbeit »unaufschiebbare« Tätigkeiten weiterhin gestattet. Das Arbeitsklima ist rau, im übertragenen wie im wörtlichen Sinn. Die Arbeiter wechseln zwischen mehreren Temperaturzonen: aus der Bruthitze der Darre in die Feuchte des Sudhauses und weiter in die Eiseskälte der Keller. In den Silos flirrt der Feinstaub, in den Gärkellern drohen Gase, an denen Arbeiter erstickt sein sollen, so ein Lagebericht des Brauerverbands von 1901. »Regelmäßig« litten die Brauer an Rheuma und Atemwegserkrankungen. Wenn sie dennoch oft einen kräftigen und gesunden Eindruck machten, erklärt der Verfasser, so nur der muskelstählenden Arbeit wegen und weil »alte Brauer, das heißt Leute über 50, selten noch in ihrem Beruf tätig« seien. Das Brauwesen »powert« seine Leute »aus« – so ein neuer Kampfbegriff der Gewerkschaften. Entsprechend häufen sich Fehlzeiten, fast ein Drittel resultiert aus Fehltritten und Betriebsunfällen.

Auch Georg Kandlbinder kann fast ein Jahr lang nicht arbeiten, nachdem er von einem großen Lagerfass stürzt und sich die Schulter bricht; immerhin zahlt die Berufsunfallversicherung zwei Drittel seines Lohns. Kandlbinder macht das Beste draus und nutzt die Zeit »zum Lernen und zur Bildung für meine Person, was ich dringend brauchen konnte« – eine Voraussetzung zur Erlangung des Münchner Bürgerrechts. Die andere: die Zahlung von 85 Mark, also beinahe eines Monatslohns an die Stadtkasse. Danach zählt er zu jenen nur 5,8 Prozent Münchnern, die wählen dürfen. Und so trägt auch seine Stimme dazu bei, dass die SPD nach der Einführung des Verhältniswahlrechts 1908 erstmals zur stärksten Partei im Stadtrat aufsteigt.

Kapitel 3
Wo das Gold fließt: Boazn, Bierpaläste und Cafés

Europaweit renommiert: Das »Café – Restaurant Luitpold«.

Auch wer nicht in der Brauerei arbeitet, muss in München anno 1900 selten Durst leiden. An die 2000 gastronomische Einrichtungen mit Alkoholausschank buhlen um Einkehrwillige. »Eine Zahl, die im Hinblick auf die Größe der Bevölkerungsziffer wohl kaum von einer anderen Großstadt erreicht wird«, schreibt August Rollinger. Beides – die Zahl der Münchner und ihrer Wirtschaften – steigt bis zum Kriegsausbruch kontinuierlich an, 1914 gibt es für 636 000 Einwohner 1916 Bierlokale, 240 gehobene Restaurants oder Cafés mit Nachtbetrieb und 120 Weinwirtschaften, neben diversen alkoholfreien Einrichtungen. Das Verhältnis bleibt seit der Reichsgründung relativ konstant, auch weil die Stadt auf Druck des Wirteverbands Neukonzessionen zeitweise sehr restriktiv handhabt.

Lokalrunde: Vom Feenpalast …

Ob das Angebot einer Weltstadt entspricht, darüber gehen die Meinungen auseinander. Immerhin ist die Auswahl größer, als man heute vielleicht annehmen würde. Unbestritten eine Attraktion sind die Münchner »Kaffeehäuser« (was hier den reinen Tagesbetrieb meint) und die großen »Cafés« (auch »Kaffees«), die vor dem Krieg zumindest optisch mit ihren berühmten Wiener Pendants konkurrieren können. Auf nicht weniger als 84 beziffert der Autor und Illustrator Edwin Heine in der »Neuen Illustrierten Zeitung« 1893 die Münchner »Prachtcafés«, dazu kommen zahllose einfachere »12-Pfennig-Kaffees«. Dass diese kulturbürgerlich-gediegenen bis gewagt-bohemistischen Einrichtungen in den 1920er-Jahren nur noch eine Nebenrolle spielen und danach nie wiederkehren, lässt sich als Indiz für den sozialen und politischen Klimawandel in der Stadt deuten und wäre eine eigene Untersuchung wert. Für

Damenrunde im »Café Luitpold«, 1903.

Unterscheidbarkeit sorgt erst in zweiter Linie das kulinarische Angebot zwischen Kraftsuppe, Mehlspeisen und Komplettmenü. Das »Café Fahrig« am Karlstor wirbt mit täglicher Tanzkapellenbeschallung, das »Gröber« an der Frauenstraße mit einer eigenen populärwissenschaftlichen Bibliothek. »Heck«, »Lutz« und »Tambosi« wetteifern um die schönsten Freisitze im Hofgarten. Andere schwelgen in hemmungsloser Prachtentfaltung. Das »Prinzregent« verweist stolz auf seinen Erbauer, den Hofrat Brandl, der hier en miniature den von ihm entworfenen Spiegelsaal von Schloss Herrenchiemsee nachmodelliert. Das Café – pardon »Grand Etablissement« – »Wittelsbach« an der Residenz annonciert zwölf moderne Billardtische, punktet aber auch durch Eleganz. Ähnlich das turnhallengroße »Café Victoria« (Architekt Gabriel von Seidl) in der Maximilianstraße mit seinen Säulen, üppigen Stuckdecken und blinkenden Kandelabern.

All das aber wird überragt durch das »Café Luitpold«. Es ist das Herzstück und pars pro toto des 1888 von Otto Lasne entworfenen Luitpold-Blocks an der Brienner Straße, in dessen etwas schlichterem Nachkriegsnachbau heute eine charmante Dauerausstellung an die großen Jahre erinnert. »Block« trifft die Größe des palastartigen Baus; seine Anmutung spiegelt eher der Kosename »Feenpalast« wider, unter dem das »Luitpold« bald europaweit bekannt ist. Dem Wesen nach ist es eine Unterhaltungsmaschine. Wer ins »Café Luitpold« geht, betritt in Wahrheit ein Ensemble aus 20 Sälen vom Palmengarten bis zum Kramersaal, einem neuschwansteinhaft üppigen Rokoko-Separee. 2000 Leute können hier speisen, trinken und tanzen, in (laut Eigenwerbung) 200 Zeitungen blättern, rauchen und debattieren, Billard oder Ping Pong spielen. Das Licht ist elektrisches Feenlicht, gefasst in 2400 gläserne Lilien. Im Großen Saal flankieren starkfarbige Sehnsuchtslandschaften die Besucher – zwei 12 ½ Meter lange Friese, links italienischer Garten, rechts venezianischer Hafen im Abendlicht, die das Raumwunder noch weiter entgrenzen. »Ich schritt verhaltenden Schrittes durch die heiligen Hallen, um die Göttinnen, die von den Gewölben lächelten, nicht zu stören«, erinnert sich Stammgast Hans Carossa. Die Deckenmalerei verdoppelt in ihren vier Quasi-Kirchenkuppeln den Kaffeebetrieb, illustriert den Morgen, den Mittag, den Abend, die Nacht im »Luitpold«. Stundenweise oder ganze Tage lang darf sich hier jeder Münchner – Liquidität vorausgesetzt – als König fühlen. Besser: wie ein Märchenkönig von eigenen Gnaden.

Anschaulich beschreibt Edwin Heine den Wechsel der Besucherströme in den Cafés. Das »Luitpold«, wie etliche andere auch, öffnet schon früh um

5 Uhr, um Reisenden, die auf den Morgenzug warten, und fleißigen Angestellten den Tagesanbruch mit Kaffee und Schokolade (zubereitet von der »ersten Kaffeeköchin«) zu versüßen. Gegen 9 Uhr trudeln die höheren Beamten ein. Mittags herrscht bereits Hochbetrieb, der sich am Nachmittag durch regen Damenbesuch weiter steigert. Gegen Abend stößt man vermehrt auf Künstler und Lebeleute, die gern später kommen, um viel später wieder zu gehen. Schriftsteller (neben Carossa sind regelmäßig auch Ganghofer, George und Wedekind da) und Maler (etwa der – sic! – Luitpold-Gruppe). Auch der Namenspatron selbst schaut gern herein. Noch mehr Zeit im Café als die Künstler verbringt ein Menschenschlag, der als »Zeitungsmarder« berüchtigt ist. Studenten und Schreiberlinge, meist aber grimmige Kleinbeamte und Dreiquartelprivatiers, die einen ganzen Stapel Tageszeitungen in Beschlag nehmen und jedem, der um Lektüre nachsucht, knurrend bescheinigen, dass sie noch lang nicht fertig sind.

… ins Automatenrestaurant

Es ist eine Art Möbiusschleife: Die Zeitungen liegen vorne im Café, die Cafés stehen hinten in der Zeitung. Das Neueste im gastronomischen Angebot der Stadt taucht aber nicht nur im Annoncenteil auf, sondern wird breit diskutiert. Der letzte Schrei sind nach 1900 erlesen schummrige Whisky-Quellen wie die »American Bar« des »Vier Jahreszeiten« oder der »Grill-Room« am Färbergraben – ebenso wie ihr Gegenteil: Trinkhallen für Abstinenzler (der »Jungbrunnen« in der Arcostraße), die oft in Lokalunion auch Gaststätten für Vegetarier sind und sich mit ihren blütenweißen Tischdecken und blitzsauberem Besteck betont hell, frisch und luftig geben. Dass beide eine begrenzte Klientel anziehen, unterscheidet sie von der dritten Gastromode der 1910er-Jahre, die eine Blitzkarriere macht, bevor sie ebenso schnell wieder verschwindet.

Das Prinzip der neuen Automatenrestaurants ist augenfällig: eine lange Reihe metallisch glänzender Maschinen, die nach Einwurf eines Zehnerls (»Einheitspreis!« ruft die Werbung) mit leisem Knacken kalte und warme Getränke und Speisen unter einen Glassturz befördern: Semmeln und Kuchen, aber auch »Krebs-, Mocturtle- und Erbsensuppe«, ferner »prima Weiss-, Wiener- und Delicatesswürstl, Goulasch, Beuschel etc. etc.« werden annonciert und das alles zu fast jeder Tages- und Nachtzeit, ohne trutschiges oder gschnappiges Bedienungsbenehmen und vor allem ohne Trinkgeldforderungen. »Bediene dich selbst!« Die Idee ist überraschenderweise kein Import aus USA, sondern stammt von einem Tüftlerkreis um den Kölner Schokoladenfabrikanten Stollwerck, der sie leidlich erfolgreich nach Amerika exportiert. Und nach München. Hier öffnet 1896 gleich beim Hauptbahnhof »Strebl's Automat«. Weitere folgen, viele schließen wieder, manche eröffnen mit immer splendiderem Interieur und magischen, marmor- und mahagonivertäfelten Manna-Maschinen neu. Den größten Erfolg hat die Bavaria-Automat GmbH, in deren Residenz-Automat sich nach Angaben des Lokalanzeigers 1905 schon wenige Monate nach der Eröffnung drei Millionen Gäste bedient haben sollen. »Wie angenehm ist es doch, ungezwungen und ungeniert«, so das Blatt, eine Stärkung zu erstehen »und nach raschem Genusse seinen Geschäften nachgehen bzw. seinen Weg fortsetzen zu können«. Billig ist es auch: Für zehn Suppen hier bekommt man im »Luitpold« gerade mal eine. Von Zauberhand funktionieren die Automaten freilich nicht. Im Gegenteil stellt der Einsatz zu vieler im Verborgenen hantierender Buffetdamen- und Mechanikerhände das Geschäftsmodell infrage. Der Erste Weltkrieg, mehr noch die anschließende Inflation, in der die Gabelhappen statt einem Zehnerl plötzlich tausende Mark kosten müssten, setzen

»Zwanglos gut und rasch«: »Strebl's Automat« am Hauptbahnhof.

Allseits beliebtes Stammlokal: die »Osteria Bavaria«, Schellingstraße 2.

dem Münchner Automatenboom ein Ende. Nur einzelne überleben als Imbisshallen – zaghafte Vorläufer der modernen Fast Food Kultur.

Länger hallt der vorletzte Schrei in der Münchner Gastroszene nach: Die mit den Weltmacht- und Kolonialfantasien der 1880er- und 1890er-Jahre korrespondierende Orient- und Exotikmode, die an jeder dritten Straßenecke der Innenstadt ein Mokka-Etablissement hervorbringt. Zu den größten zählt seit 1888 das »Türkisch-Arabische Café« in der Rumfordstraße 2, dessen mit Koransprüchen und reichlich Goldfarbe geschmückte Inneneinrichtung kein Klischee aus 1001 Nacht auslässt. Dazu kommen dutzendweise holländische, englische, chinesische oder japanische »Thee-Salons«. Die China-Variante in der Burgstraße 16 macht mit üppiger Dekoration aus Fächern, Buddhas und exotischen Vogelmotiven auf sich aufmerksam, die in gewissem Kontrast zur Tracht der Bedienungen stehen. En vogue ist – Erbfeind hin oder her – auch die französische Küche, die im Restaurant »Français« des »Luitpold« vorzüglich sein soll. Und auch die italienische Küche hat noch vor anderen deutschen Städten ihren Platz in München gefunden, in der »Osteria Bavaria« in der Schellingstraße. »Von Mal- und Tonkünstlern, Schauspielern, Schauspielerinnen, Scharfrichtern und Tantenmördern frequentiert«, schreibt ein München-Handbuch nach der Jahrhundertwende. Letzteres ist eine literarische Anspielung auf Frank Wedekind und seine Kabarettkollegen, passt aber auch und viel wörtlicher zu einem Gast, den der Reiseführer noch nicht kennen kann, nämlich Adolf Hitler, der ab 1913 als Untermieter des Herrenschneiders Popp gleich um die Ecke wohnt und für viele Jahre zu den Stammgästen der »Osteria Bavaria« zählt. »Da saß der Mann mit einigen seiner Paladine, saß da wie nicht für den Zivilanzug geschaffen und war unbeschreiblich öd anzuschauen, wenn er sich leger gab und ab und zu kurz auflachte.« (Oskar Maria Graf, Gelächter von außen).

Als Faustregel gilt: Je jünger, hipper und liquider das Publikum ist, umso weniger bleibt es am Stammtisch kleben, sondern streift wie der Bonvivant Oscar Adolf Hermann Schmitz mit einem Freund quer durchs Angebot. »Mit Rodé nach der ›Grube‹. Beim Giesinger Weinbauern gemütlich gegessen und Maibowle getrunken, was für Rodé neu ist. Dann in die Tea-Rooms in der Sonnenstraße. Kleine Kokotten. Zu Fuß Schwabing.« Tagebucheintrag Ende. Falls noch Durst vorhanden gewesen sein sollte, sind die Freunde nach Mitternacht vielleicht in einem der dortigen Szenecafés wie dem »Simplicissimus« oder dem »Stefanie« (vulgo »Café Größenwahn«) gelandet, die es mit der Sperrstunde um Mitternacht (nach 1908 sogar erst um 2 Uhr morgens) nicht allzu genau nehmen. Vorsicht ist zu später Stunde allerdings angesagt, gibt es doch etliche »Winkelschänken« und traurige Amüsierlokale, deren Hauptgeschäft – so ein selbstkritischer »Lagebericht« des Gastwirtsverbands – darin liegt, spät nachts »enorm teuer verabreichte Speisen und Getränke an Unerfahrene, Säufer und Wüstlinge« auszugeben. Erfahrene verbringen die blaue Stunde daher lieber in irgendwelchen Separees, notfalls in der Bahnhofsrestauration oder »im Automaten«. Die regulären Cafés sperren eh bald wieder auf und die ersten Bierlokale gleich nach ihnen.

Warum man(n) ins Wirtshaus geht

Gibt es zu wenig internationales Niveau in München? Oder schon zuviel? Ein Kulturkampf tobt. Für August Rollinger sind Münchens Restaurantbesitzer fast ausnahmslos »unter falscher Flagge segelnde Bierwirte«. Andere – nicht zuletzt zugewanderte Nordostmenschen wie der Schlesier Otto Julius Bierbaum – singen das traurige Lied von der neuen Zeit, die der altbairischen Wirtshausgemütlichkeit den Garaus macht. Am Neuzugang »Zum Gambrinus« lobt ein Zeitungsbericht vor allem, dass er alles Weltstädtische peinlich genau vermeidet und »ohne schwarz geschwänzte Wischlappen fuchtelnde Kellner, ohne imitierte Salondämchen, spindeldürre Elstern mit lüsterner Zuthunlichkeit – nein ohne alles fin de siècle« eröffnet hat. Noch aber sterben die Boazn und

Bierlokale nicht aus. Über Jahrzehnte kommen auf je 10 000 Münchner nie weniger als 33, in der Spitze 40 davon – eine beachtliche Quote. Die Stadt lebt gut damit, die Wirte nicht immer.

Es ist nicht nur der Durst, der die Leute ins Wirtshaus bringt. Auch nicht nur der Wunsch, den langen Arbeitstag am Biertisch ausklingen zu lassen (respektive einzuläuten oder sonst wie individuell zu restrukturieren). Nicht nur die Notwendigkeit, den oft brutal beengten Wohnverhältnissen und daraus resultierenden Spannungen zu entfliehen. Es ist eine seit alters her in Stadt und Land und über viele Standesgrenzen hinweg eingeübte, urbayerische Form der Geselligkeit. Je mehr Leut, desto besser – schon, weil man sich dann ergiebiger über die anderen mokieren kann. Das Nordlicht Paul Heyse wundert sich schon in den 1850er-Jahren, dass selbst gut situierte Münchner ohne häusliche Raumnot, wenn sie Besuch empfangen, diesen nicht zuhause bewirten, sondern schnellstmöglich ins Wirtshaus schleppen. Man bleibt nicht so gern mit sich allein daheim. Allenfalls verbringt man den Abend in einem Gesprächszirkel oder Damensalon, von denen es in München weniger als in vielen anderen Großstädten gibt, aber doch genug, dass ein Reiseführer für die besseren Stände von 1907 etwas aufzulisten hat. Ihre Besetzung ist meist elitär, das Programm ohnehin nicht jedermanns Sache. Drei Beispiele werden genannt: »Freifrau von Cramer-Klett: Belehrende Vorträge, Musik. Nicht aufregend. Freifrau von Riederer: Exklusiv, zeremoniell, Stil 1865, Konversation französisch. Freifrau von Schrenck-Notzing: Tees, Diners. Experimentell-psychologisch-automobil.«

Von Kegelbrüdern, Pfeifenfreunden und Verpfiffenen

100-fach größer ist quer durch fast alle Schichten die Zahl der Stammtische und lustigen Runden. Ein jedes findet seinen Ort. Im »Franziskaner« genießen pensionierte Offiziere an ihrem Stammtisch beim Fenster Bockbier und Würstl, ein Stück weiter am eisernen Ofen haben sich die Autokutscher platziert, Pferdedroschkenfahrer treffen sich beim »Bögner« im Tal, ein paar Meter weiter beim »Metzgerbräu« die Kraftsportler, sofern sie nicht am Sonntag in die Vorstadt ziehen, um dem Steyrer Hans dabei zuzuschauen, wie er seinen Sohn auf einer eisernen Langhantel in die Luft stemmt, der dort auch noch akrobatische Kunststücke vorführt. Der Steyrer Hans ist der berühmteste Wirt Giesings. Er kann mit einem Finger einen 528 Pfund schweren Stein heben und darf sich nach diversen Meisterschaften von Amsterdam bis Paris offiziell »stärkster Mann der Welt« nennen.

1800 »gesellige Vereinigungen« gibt es vor dem Krieg, nicht mitgerechnet die Vereine mit explizitem Vereinszweck: Schützen-, Kegel- und Kartenbrüder, Wohltätigkeits- und Sparvereine, Laienschauspieltruppen und Liederkränzchen, Kirchen-, Kunst- und Hundefreunde, Schmalzlerrunden und Briefmarkensammler. Hier finden Gleichgesinnte unterschiedlicher Profession, manchmal auch aus verschiedenen Schichten zusammen. Im Vorstand des »Dramatischen Clubs Haidhausen« etwa sitzen: ein Bürodiener, ein Schankkellner, ein Konzessionär, ein Maler, ein Zinngießer und ein Gipsformator. Fast alle Vereine treffen sich beim Wirt, ein eigenes Vereinshaus haben nur wenige bessergestellte Sozietäten wie die Künstlervereinigung »Allotria« (bekannt für ihre Faschingsfeste), der Bildungsclub »Museum« oder die »Hauptschützengesellschaft« mit ihrem schmucken Stammsitz in Sendling. Übrigens verbringen auch manche Mitglieder der nach englischem Vorbild rasant sich vermehrenden Sportvereine, der Alpinisten-, Fußball- und Radlerclubs nicht mehr Zeit im Freien als unbedingt nötig: der 1. Münchner Velociped-Club trifft sich praktischerweise gleich in der Maximiliansbrauerei. Für manche Wirte sind daher die Nebenzimmer, in denen sich auch die Sperr-

Raum zum Schießen: Die »Neue Schießstätte« der Königlich privilegierten Hauptschützengesellschaft in Sendling, um 1898.

stunde leichter umgehen lässt, das Hauptgeschäft. Allerdings müssen sich die Vereine laut Vereinsgesetz aus dem Jahr 1850 polizeilich registrieren lassen. Mindestens anzuzeigen sind Namen und Beruf des Vorstands, Vereinszweck und ein eventueller Wechsel der Lokalität. Politische Vereine müssen zusätzlich Angaben über die verhandelten Themen machen; für Frauen ist die politische Betätigung vor 1908 ganz verboten.

Besondere Brisanz hat das in der Zeit der bismarckschen Sozialistengesetze (1878–1890). Damals versuchen viele Sozialdemokraten, dem Versammlungsverbot zu entgehen, indem sie sich als Sängergesellschaft oder »Philippsstiefelpfeifen-Klub« tarnen. Der berüchtigte Münchner Polizeichef Michael Gehret reagiert darauf, indem er Polizeispitzel einschleust, deren zweifelhafte Aussagen mehrfach zu Haftstrafen führen, einmal sogar mit Todesfolge. Dass Gehret im letzten von vier »Geheimbundprozessen« des Meineids überführt wird (und also von den Genossen zurecht »Meineidmichel« genannt wird), ist eine reichlich späte Genugtuung. Auch nach 1890 ist der Besuch von Polizisten in Zivil oder in Uniform bei Parteiversammlungen üblich – auch wenn Bayerns Behörden weniger scharf vorgehen als die in den norddeutschen Staaten und auch die bayerischen Sozialdemokraten sich bemühen, den Bierfrieden nicht zu strapazieren. Eine Karikatur von Thomas Theodor Heine im »Simplicissimus« zeigt eine rote Maifeier im Regen, bei der ein Gast dem anwesenden Gendarmen Unterschlupf unter seinem Regenschirm gewährt – freilich verbunden mit der Aufforderung, sich bei der nächsten Überwachung ein eigenes »Regendacherl« mitzunehmen.

Die Beziehungen zwischen Brauern, Wirten und der SPD sind vielschichtig. Als der Nationalliberale Johann Sedlmayr – ein Sohn der Braudynastie – 1884 mit Unterstützung der SPD in den Berliner Reichstag gewählt wird, stimmt er dort zur herben Enttäuschung der Genossen gegen eine Aufhebung der Sozialistengesetze. Andererseits lehnt Gabriel Sedlmayr junior eine allzu enge Zusammenarbeit seiner Pächter mit der Polizei ab, schon, um einen Boykott seiner Lokale zu vermeiden. Und es werfen immer mehr Wirte ihr Gewicht als Träger von Öffentlichkeit in die Waagschale der Arbeiterbewegung – zum beiderseitigen Vorteil. Als 1890 die ersten beiden bayerischen Sozis in den Reichstag einziehen, ist das neben Georg von Vollmar, dem Parteichef, auch Georg Birk, Wirt in der Baaderstraße 70. Bei den Gemeindewahlen kommt die SPD im gleichen Jahr auf 11,6 Prozent, vor dem Krieg stellt sie hier wie dort die stärkste Fraktion. Bemerkenswert diese Zahl: 1911 sind von 2228 Münchner SPD-Mitgliedern 558 Gastwirte.

Sauber geht's zu beim Wirt (nur nicht immer rein)

Faustregel für Zeitreisende aus der Gegenwart: Wo unter hohen, bemalten oder stuckierten Decken in geräumiger Anordnung Bugholzstühle von Thonet an weiß gedeckten Tischen stehen, befindet man sich wahrscheinlich in einem »besseren Lokal«, also einem Kaffeehaus, Café, Weinhaus oder Speiserestaurant. Im Wirtshaus sitzt man in halbhoch getäfelten Räumen dicht gedrängt auf Holzbänken, die sich die Wände entlangziehen, oder auf schlichten Bauernstühlen an Tischen mit heller, sandgestrahlter Platte, oft aus Ahornholz. Manche der Schänken sind ausufernd geschmückt mit Bildern, Hirschgeweihen, Veteranenkrügen und »Lokalkolorit«: Beim »Metzgerbräu« (dem mit den Kraftsportlern) stehen Vitrinen mit eisernen Hanteln und als Prunkstück ein 48-Pfund-Trumm von Schnupftabakdose. Anderen Wirten sind ihre Gäste Zierde genug. Im Zentrum bullert ein Kachel- oder Kanonenöfchen, an dem sich nach Schankschluss bisweilen die Kellnerin ein improvisiertes Nachtlager richtet. Gemütlich ist's. Für den Zeitreisenden jedoch gewöhnungsbedürftig. Was zum einen am massiven Tabakkonsum liegt, der die Gemütlichkeit in stetes Dämmerlicht taucht – »einen Dunst aus Bier und Rauch und Volk«, wie Rilke in einem Brief an seine Frau Klara am 7. November 1918 schreibt. Zum Zweiten am enormen Geräuschpegel, den diese Gemütlichkeit verursacht: eine Klangmischung aus klatschenden Tarockkarten, querfeldein geplärrten Bestellungen und lautstark geführten Debatten, gern grundiert von kollernden Kegeln und räudigen Gesängen. Die Tische stehen so eng, »dass die Kellnerinnen nur wie Holzwürmer durch die dicke Menschenstruktur sich durchfraßen«, so noch einmal Rilke. Dennoch sollte man dankbar sein, wenn man mal die Füße heben muss, denn dann wird nass raus gewischt, was bitter nötig ist. Tischabfälle tragen ihren Namen zurecht und landen umstandslos unterm Tisch. Auch das Auf-den-Boden-spucken ist keineswegs nur im Freien, sondern auch in der Tram, in Stiegenhäusern und eben in den Bierwirtschaften gang und gäbe. In sehr schlichten Etablissements sind die Dielen deshalb mit Sand oder Sägespänen bestreut.

Hygieneprobleme sind evident und werden nicht selten gerichtsmassig, worüber die Presse dann genüsslich berichtet. Die Bierkrüge werden nur nachlässig in Spülbecken geschwenkt, in denen der Wasseranteil oft bedenklich niedrig ist. Es kommt vor, dass Teller mit dem Toilettenwischlappen gesäubert werden oder die Bedienung ihre Leibwäsche im Kochgeschirr wäscht. Fast regelmäßig werden Essensreste zu neuen Mahlzeiten recycelt. Im »Domhof«, einem Restaurant der gehobenen Preisklasse, lässt die Wirtin Geflügel, das trotz großzügigem Einsatz von Rattengift in der Speisekammer angenagt wurde, mit Nähgarn tischfein zusammenflicken.

Körperliche Unversehrtheit kann in Münchens Bierwirtschaften leider nicht garantiert werden. Bauchschmerzen dürfte manchem Zeitreisenden schon die fettreiche Kost verursachen. Kopfschmerzen sind quasi ab Werk verbaut. Weitere Nebenwirkungen – gelegentlich: blaue Flecken und Prellungen; selten, aber nicht sehr selten: Stichwunden und eingeschlagene Schädel. Raufereien sind üblich und häufig »zünftig«, so der landläufige Euphemismus für leichte bis mittlere Personenschäden. Zumindest hinterlassen fliegende Keferloher Steinkrüge – anders als heutige Glasmassen – in der Regel keine Splitter im Gehirn. Die Anlässe sind meist nichtig: schlecht eingeschenkte Krüge, lauter Gesang oder saudummes Gred am Nachbartisch, allgemeiner Weltverdruss. Gern aneinander geraten Soldaten und Zivilisten, Alt-, Neu- und Nichtmünchner sowie Angehörige verschiedener Schichten. Reiseführer warnen insbesondere Norddeutsche davor, sich beim Bier despektierlich über München zu äußern oder mit »hohem Hut« zu Trinkveranstaltungen der unteren Schichten zu erscheinen. Ein solcher wird allgemein als Auslöser der legendären Salvatorschlacht des Jahres 1888 angenommen: Nach-

Raum zum Schönsaufen: Gastwirtschaft »Zum Lilienbräu« in der Lilienstraße 12 in der Au, 1890. Karl Valentins Vater hatte hier seinen Stammtisch.

dem einem Zylinderträger sein Hut vom Kopf geschlagen wird, drischt dieser einem Unbeteiligten seinen Maßkrug auf den Kopf. »Es entstand nunmehr eine große allgemeine Schlägerei in der Halle und im Garten. Die als Wurfgeschosse benutzten Krüge flogen über den Zaun hinaus auf die Straße. Viele Personen wurden erheblich verletzt. Mittels Telephon wurde Gendarmerie zu Pferd und zu Fuß requiriert.« So lesen wir es in den »Münchner Neuesten Nachrichten« vom 27. März 1888. Am Ende müssen 50 Kavalleriereiter mit gezücktem Säbel anrücken, um »den riesigen Skandal zu beenden«.

Bierpaläste: Die Sortierung der Saufhaufen

Ab 1900 werden die ausgeschlagenen Zähne, die man im Bier zählt, etwas weniger, was zu dem Trugschluss verführen könnte, die Menschheit insgesamt mache Fortschritte. Doch nur der Fortschritt schreitet voran. Auf großen Schiffen dampft Münchens goldenes Kellerkind über bierschäumende Wellen in die Welt hinaus, landet in Häfen auf vier Kontinenten. Daheim muss sich das eben noch unangefochtene Grundnahrungsmittel der Stadt gegen flüssige Konkurrenz mit und ohne Alkohol behaupten und gegen gesundheitsbewusste Kritiker, die man nicht alle als Preußen und Zwiderwurzn, also Spaßbremsen, abtun kann. Die Brauer reagieren mit dem ihnen eigenen Stolz: Sie bauen ihrem Bier und seinen Freunden Paläste. Bierpalast: Das Wort geistert schon zur Jahrhundertmitte herum. Zum Großthema wird es in den beiden Jahrzehnten vor der Jahrhundertwende, die die pompöse Einweihung von nicht weniger als 20 solcher raffiniert konzipierten Riesenbierumschlagplätze für mehrere 100 bis 6000 Gäste erleben. Ein Teil davon – »Spaten«- und »Augustinerkeller«, die »Pschorr-Bräuhallen« – entsteht durch Totalumbau der aufgegebenen Braustätten in der Innenstadt, oft durch Zukauf der Nachbarhäuser. Die anderen firmieren als völlig neu aus dem Boden gestampfte »Flagship Stores« der Brauereien im Eingangsbereich der Bierstädte, deren Produktions- und Vermarktungskreislauf von der Rohstoffanlieferung bis zum Endverbraucher so einen adäquaten Abschluss findet. Das Riesenbaby der Branche ist die 1600 Quadratmeter große Bierhalle der Münchner-Kindl-Brauerei auf dem heutigen Motorama-Gelände Ecke Rosenheimer / Hochstraße, doch auch der »Arzbergerkeller« an der Nymphenburger Straße / Sandstraße und der (mehrfach umgebaute) »Mathäser« sind echte Brocken. Heute ist, was sich über die Zeit gerettet hat, eine Nummer kleiner. Das »Hofbräuhaus«, die Augustiner-Wirtschaften in der Neuhauser und der Landsberger Straße, »Löwenbräu« am Stiglmaierplatz und das »Paulaner Bräuhaus« (ehemals »Thomasbräu«) am Kapuzinerplatz lassen zumindest erahnen, wie es hier einmal aussah.

Burghof mit Ausschank: Die »Pschorr-Bierhallen«, 1903.

Die Münchner Bierpaläste prägen das Stadtbild nicht nur durch ihre Größe. Sie sind Hochburgen des Historismus, tragen Altstadtgefühle in die Vorstädte, inspirieren auch andere Bauprojekte. Während in Chicago und New York die ersten Wolkenkratzer entstehen, schwelgt München in Erkern und Zinnen, Gewölben, Holztäfelungen und Butzenglas; manches erinnert an die (ebenfalls oft erst im 19. Jahrhundert gebauten) Burgen im Isartal. Das meiste entspringt der Fantasie und dem Verstand nur zweier Architekturbüros: Die Brüder Gabriel und Emanuel Seidl – Neffen von Gabriel Sedlmayr dem Älteren, welchem Gabriel Seidl auch sein Grabmal auf dem Südfriedhof entwirft – sind Meister darin, verschiedene Epochen gefühlvoll ineinanderzublenden. Auf Gewölbe, statische Herausforderungen und Großprojekte aller Art abonniert ist das größte Münchner Bauunternehmen Heilmann & Littmann, die die alte Zeit mit der Stahlbetonbauweise bekanntmachen. Gemütlichkeit ist Bedingung fürs Geschäft. Die »mit allem modernen Komfort und Luxus versehenen, künstlerisch reich ausgestatteten großen Lokale«, urteilt Fritz Trefz 1899 in einer Studie zur Münchner Gastronomie, »stellen den intensivsten Großbetrieb im Wirtschaftsgewerbe dar und haben einen nirgends sonst erreichten Umsatz und Konsum aufzuweisen«. Zum Vergleich: Gaststätten üblicher Größe schenken damals pro Woche zwischen 20 und 70 Hektoliter Bier aus. Die Gäste des »Hofbräuhauses« lassen 1898 allein in der zweiwöchigen Bockbiersaison 850 Hektoliter Bier verschwinden, dazu 110 Kälber, 119 000 Würste verschiedener Art und 70 000 Brote. Das neue Gebäude übrigens ist ein Politikum wie der Abriss des alten. Jenes unterschied sich außer durch seine Größe und den Ruf des ausgeschenkten Biers wenig von einem x-beliebigen Bierlokal: Draußen eine schmutzige Fassade, drinnen rauchgelbe bis rußschwarze Wände und ein solches Gedränge, dass gewitzelt wurde, man müsste sein Bier hier auf einem Bein stehend trinken. »An Unscheinbarkeit und Unreinlichkeit«, schreibt ein österreichischer Korrespondent über das »Hofbräuhaus I.C«, bleibe hier »gewiss nichts zu wünschen übrig«. Aber so etwas gefalle dem Münchner Publikum nun mal: »Ein ächter Biertrinker ginge sicher nicht in eine Schänke, vor der ein Schuheisen angebracht wäre.« Im Fasching 1897 ist »der letzten Mass im alten Hofbräuhaus« ein melancholischer Motivwagen gewidmet. Der Neubau mit seinem markanten Erker breitet sich über das ganze frühere Brauereigelände aus. Er ist ein Trunk und Trubel gewidmetes Raumkonglomerat, das mehr vom Luitpold-Block hat als von der alten Wirtschaft, nur, dass die Bürger sich hier nicht als Märchenkönig fühlen sollen, sondern als alte Rittersleut und Burgfräulein. Im Untergeschoss befindet sich – hier gleich in zweifacher Ausführung – die »Schwemme«. So heißt seit jeher ein Durchgangsbereich, wo die Bierfässer abgestellt waren und wo Dienstboten oder Fuhrleute am Expressausschank »ihre Zunge in die Schwemme ritten«. Ab 1897 gruppieren sich hier mehrere 100 Gäste auf einfachen Holzbänken (von denen einige noch erhalten sind) oder nebenan im durch einen Brunnen und Lauben anromantisierten Innenhof, wo man seine Stehmaß an Bierfässern herunterspült. Beides soll den Traditionalisten den Verlust des alten »Hofbräus« verschmerzbar machen. Dahinter liegt eine gediegene Bräustube, in der das Auge mitessen darf. Im ersten Stock dann das Prunkstück, das 10 Meter hohe Tonnengewölbe des Festsaals, eingerahmt von diversen Gesellschaftszimmern. Diversifizierung ist das Konzept: Statt gemeinsamem Saufen auf einem

Haufen sortieren sich die Gäste jetzt nach Geldbeutel und Geschmack wie in einem Multiplexkino. Auch Frauen ohne Begleitung sind jetzt viel häufiger hier anzutreffen. Beides gefällt nicht jedem. Ein Reiseführer notiert reserviert: »Die bekannte Mischung aller Stände, die besonders im alten Hofbräuhaus hat beobachtet werden können, besteht nicht mehr. Im neuen Hofbräuhause sind verschiedene Lokale von verschiedener Güte und verschiedenem Bierpreise.«

Am wenigsten gefällt das Konzept der Bierpaläste den kleinen Wirten, denn, so Trefz, »ein solches Riesenunternehmen kann die Konkurrenz von 20 Wirtschaften in Schatten stellen«. Besonders wurmt es die Boaznpächter, wenn ihre Stammgäste, die ihnen unter der Woche »im Schurzfell und im Arbeitskittel« Zehnerlbeträge hinterlassen, am Sonntag als Anzugträger im Bierpalast große Zeche machen. Echte Goldgruben aber sind auch die Bierpaläste nur einige Jahre lang. Schon die Rezession der Nullerjahre bremst den Boom aus. Nach dem Krieg sind die Brauer froh, dass die Politik Einzug in die Hallen hält. Das Gegrantel am Biertisch wird erst übertönt, am Ende ersetzt durch das laute Wort auf großer Bühne, wobei es vielen Wirten relativ egal ist, ob am Podium Georg von Vollmar, Rosa Luxemburg oder Adolf Hitler die Massen durstig reden.

Die Biergärten: Münchens grüne Auszeit

Hetzreden, Platzwunden, geflicktes Geflügel und schlechte Luft: nicht, dass es hier immer und überall so zuginge. Es gibt einen Ort, wo zumindest der Idee nach ewiger Friede herrscht: der »Locus Amoenus« der Münchner, der Biergarten. Eine Lichtung im Stadtdschungel. Helles Grün, gruppiert um eine aus Zapfhähnen plätschernde Quelle. Der Biergarten ist der Ort, wo der Münchner für Augenblicke vom unbarmherzig in die Zukunft gerichteten Zeitgeist abspringen kann wie von einem ins Ungewisse beschleunigenden Zug, und eintauchen in das zyklische, am Jahreslauf orientierte Zeitgefühl älterer Kulturen. Nicht stetig voran geht es hier, sondern gemächlich im Kreis. Das Bier bremst die Fliehkraft. Was der Wiener Alfred Polgar über das Kaffeehaus schreibt – dass dort Leute sitzen, die allein sein wollen, aber dafür Gesellschaft brauchen – gilt manchmal auch für den Biergarten, doch überwiegen die Unterschiede. Während sich im Kaffeehaus der urbane Geist verdichtet, holt der Biergarten die Natur in die Stadt, was bequemer und tendenziell billiger ist als ein Ausflug ins umliegende Grün. Hängen im Kaffeehaus Zeitungen von den Garderobenständern und liefern zweimal täglich pflückreifen Debattenstoff, so vermittelt hier das träge Gesprächsgemurmel zusammen mit dem Blätterrauschen der Kastanien ein Gefühl von zeitlosem Jetzt, dem »Nunc Stans«

der Philosophen, das nur gegen Ende der Saison jäh unterbrochen wird, wenn ein welkes Blatt auf den Tisch segelt, oder, schmerzhafter, eine Kastanie auf den Kopf plumpst. Bis dahin trifft sich im Biergarten das ganze Volk, einschließlich Frauen und Kindern. Nirgends ist München so bei sich selbst wie hier.

Natürlich ist es kein Münchner Sonderfall, dass Menschen sich unter Bäume setzen, um in ihrem Schatten Bier zu trinken. Der Münchner Biergarten aber bleibt etwas Besonderes – was auch mit seiner schon beschriebenen Genese aus der Bierlagerung in Eiskellern zusammenhängt. Dabei hat Münchens grüne Auszeit ein historisch feststellbares Anfangsdatum. Im Jahr 1812 legt Max I. Joseph, um einen Zwist zwischen Wirten und Brauern zu schlichten, fest, dass Letzteren gestattet sei, über ihren Bierkellern »in den Monaten Juni, Juli, August und September selbst gebrautes Merzenbier in Minuto zu verschleißen«, also auszuschenken, nicht aber, Speisen zu servieren. Mit der Liberalisierung der Gewerbeordnung 1825 war der Kompromiss zwar wieder hinfällig – gekocht werden durfte fortan hier wie da. Das Gewohnheitsrecht der Bürger, ihre Brotzeit von zuhause mitzunehmen, blieb aber intakt und ist es bis heute. Was als Maßnahme zur Marktregulation gedacht war, hat sich zur Win-Win-Situation für Anbieter und Konsumenten entwickelt. Für die Münchner ist sie eine soziale Errungenschaft, die auch den vielen, die sich das Essen im Lokal sonst kaum leisten können, die soziale Teilhabe ermöglicht. Den Brauern

1900: Wäldchen stehen an der Rosenheimer Straße stadteinwärts Spalier: der riesige »Kindl-Keller« (Ansichtskarte unten), nebenan der »Franziskaner«-Biergarten, gegenüber der »Bürgerbräu«.

bringt die Regelung neuen Zustrom. Rechnet man die Platzzahl nur der fünf größten Biergärten der Jahrhundertwende zusammen – »Hirschgarten«, »Augustiner«, »Löwenbräu«, »Kindl-Keller« und »Franziskaner« – kommt man auf an die 25 000 Plätze, die an guten Tagen auch gefüllt sind. Das sind so viele Menschen, wie München um 1700 Einwohner hatte und etwas mehr als Niederbayerns Hauptstadt Landshut um 1900 hat.

»Auf den Keller gehen« funktioniert im Prinzip wie ein Biergartenbesuch heute, im Detail aber doch anders. Man nimmt Platz, wo gerade Platz ist, sagt »Grüß Gott« zu den Anwesenden und stört sich nicht an den kulinarischen Hinterlassenschaften der Vorgänger. Die Musik spielt bereits – überwiegend Klassik, Mendelssohn oder Wagner. Brot, Wurst und Käse selbst gewählter Qualität und Menge hat man mitgebracht, für frischen Radi sorgen die allgegenwärtigen Radiweiber. Das Bier holt man selbst vom Fass, aber erst später. Ganz gemächlich, so schildert es der Verfasser eines Reiseführers, »wird die mitgebrachte Wurstbrotzeit verzehrt, zum Essen wird nicht getrunken. Dann geht der Münchner an die Schenke, sucht sich einen Krug, riecht erst hinein und schwenkt ihn vorsichtig am Brunnen aus, heftet ein Biermerkel an denselben, damit er nicht verwechselt werden kann, prüft noch einmal mit seinem Geruchsorgan, und holt sich die erste Maß.« Essensreste kann man im Hirschgarten an die zahmen Rehe verfüttern, im »Augustinerkeller« (bis 1891) an den Bierochsen, der, stetig im Kreis trottend, mithilfe einer Seilwinde frisches Bier aus dem Keller befördert. Beim »Löwenbräu« am Stiglmaierplatz gibt es außer Spatzen auf Steinlöwen keine Tiere, dafür neuerdings Tischtücher und Servietten – Zeit wird's, sagen manche, ein Schmarrn, finden andere, aber es ist auch ein bisschen egal.

Worauf es ankommt: das Bier und die Leut. Dazu die impressionistisch durchs Kastanienlaub über dem »Augustinerkeller« gesprenkelten Sonnenflecken, die Max Liebermann 1884 festgehalten hat (unser Covermotiv), die Lichtreflexe auf Trompeten und Posaunen, der Föhnhimmel über nahgerückten Bergen, das Fließen und Flimmern der Isar, kurz: das Münchner Leuchten, das sich aus all dem zusammensetzt, und aus vielem, was in den Jahrzehnten vor 1900 neu dazugekommen ist, und dem wir uns gleich noch ausführlich widmen. Vorher müssen wir aber noch schnell nach der Kellnerin schauen.

Kapitel 4
Münchner Kellnerinnen: Momentaufnahmen eines Mythos

Vom Tellerwäscher zum Millionär? Eine Münchner Variante geht so: vom armen Biermadl zur wohlhabenden Wirtin. Die Cinderella von der Au heißt Coletta. Eine Weltberühmtheit, wenn auch nicht unter diesem Namen. Coletta Möritz ist die »Schützenliesl«, ihr Leben eine echte Aschenputtelbiografie.

Coletta Möritz: Neun Bier im Arm und einen Wirt dazu

Kaulbachs bierseliger Künstlerblick macht aus Coletta einen Mythos.

Geboren 1860 als uneheliches Kind im schwäbischen Pöttmes, aufgewachsen bei den Armen Schulschwestern in der Münchner Au, mit 14 verdingt als Biermadl, also Hilfskellnerin im Künstler- und Promilokal »Sterneckerbräu«. Mit 18 ist Coletta schon ein begehrtes Model und umschwärmte Muse der Münchner Künstlerschaft, mit 21 eine internationale Marke: Die Münchner Kindl-Brauerei hat sich ihr Konterfei als Warenzeichen eintragen lassen. Ein Jahr später sichert die Heirat mit dem Großgastronomen Franz Xaver Buchner ihre gesellschaftliche und finanzielle Stellung. Gestorben ist Coletta 1953 mit 93 Jahren als Münchner Wirtshauslegende, deren Ruhm Fred Rauch mit seinem Wiesnschlager von der »Schützenliesl« (»… dreimal hat's gekracht«) just ein Jahr zuvor aufgefrischt hatte. Begründet haben Colettas Ruhm ihre Schönheit, ihr Charme und die – unter durstigen oder schon betrunkenen Männern unverzichtbare – zupackende Schnelligkeit, mit der sie ihr Hand- und ihr Mundwerk ausübt und jede Chance ergreift, die das Leben ihr bietet. Eine Schnelligkeit, mit der sie auch dem »Führer« um eine Armlänge voraus ist: Als die entstehende NSDAP 1919 ein Hinterzimmer des »Sterneckerbräus« zu ihrem Parteilokal ausbaut, ist Coletta schon weitergezogen und zur Brauereibesitzerin, Wiesnwirtin und Chefin wechselnder Lokale nicht nur in München avanciert; zeitweise auch im für 2000 Gäste ausgelegten »Bürgerbräu«, der als Ausgangspunkt des fehlgeschlagenen Hitlerputsches 1923 und des ebenso missglückten Attentats von Georg Elser 1938 zweimal in den Geschichtsbüchern steht – einmal als lumpige Farce, das zweite Mal als Tragödie. Doch da hat sich Coletta Möritz' Leben längst von dem der Schützenliesl getrennt.

Im »Augustiner Schützengarten« in Sendling, dem Traditionslokal der Münchner Hauptschützengesellschaft, kann man die Schützenliesl bis heute bewundern, gerade so, wie sie Friedrich August Kaulbach gesehen und auf einer Schützenscheibe verewigt hat, die auf dem »Deutschen Bundesschießen« von 1881 – einem Riesenspektakel auf der Theresienwiese – zum Publikumsmagnet und »Shooting Star« avancierte. Überlebensgroß, auf 5,20 x 2,80 Metern, tanzt die Kellnerin Coletta mit schwingenden Röcken auf einem Bierfass, im Arm neun schäumende Maß Bier, im Haar statt Hütchen eine Schießscheibe. Pop Art avant la lettre – ein bis heute sofort einleuchtendes Urbild bayerischer Bierseligkeit.

Kathi Kobus: Im Handstreich zur eigenen Szenekneipe

Wie ein mehr ins Bohemistische zielender Zwilling erscheint eine andere Wirtshausberühmtheit: Kathi Kobus, Erfinderin und Wirtin des »Simplicissimus« in der Türkenstraße 57, dem offenen Wohnzimmer des Schwabinger Geisteslebens, an dessen Tischen so unterschiedliche Figuren wie Bierbaum, Liliencron, Thoma, Ringelnatz, die Mann-Brüder, Mühsam, Graf und Hesse Platz genommen haben. Anders als Coletta ist Kathi kein uneheliches Kind. Sie hat aber eines, weshalb ihr Vater, ein Traunsteiner Lohnkutscher, die 17-Jährige enterbt und vor die Tür setzt, was natürlich nach München führt. Hier wird Kathi in Personalunion – und jedes der drei Ämter zur Gänze ausfüllend – Kellnerin, Kassiererin und Seele der Schwabinger Brettlbühne »Dichtelei«, ist bald darauf Königin der Schwabinger Nacht. Geschickte Heiratspolitik à la Möritz ist nicht ihre Sache. Kobus entscheidet sich für eine direktere Form der Machtübernahme: Am 30. April des Jahres 1903 – es ist Walpurgisnacht und geht schon auf Mitternacht zu – eröffnet sie ihren Stammgästen, sie wolle umziehen in ein leer stehendes Kaffeehaus in der Nachbarschaft und brauche ein paar starke Hände. Das Ganze sofort. Unter Führung des Gitarre spielenden Frank Wedekind setzt sich die Gesellschaft in Bewegung, um in einem grotesken Umzug »alles, was die Dichtelei enthielt, außer Mauer und Wänden« in das neue Lokal zu schaffen – so zumindest Wedekind. Den Namen und wohl auch einiges Mobiliar erobert ihr alter Arbeitgeber vor Gericht zurück, aber das Momentum bleibt bei Kobus. Den neuen Namen »Simplicissimus« und das Markenzeichens des Lokals, die von der Kette losgerissene rote Bulldogge, mopst sie von der berühmten Satirezeitschrift, deren Zeichner zu ihren Stammgästen gehören. Einwänden des Herausgebers Albert Langen kommt sie mit dem Hinweis zuvor, sie habe die teuren Wirtshausschilder leider schon bestellt. Kobus macht ihre eigenen Regeln, deren Beachtung sie dann entschieden einfordert. Das müssen auch zwei flegelhafte Studenten erfahren: »Mit jeder Faust im Hemdkragen eines der Sünder, stieß sie die beiden fortwährend gegeneinander und drängte sie dabei vorwärts, bis sie vor der Tür angelangt waren«, erinnert sich Erich Mühsam.

Das Schaffen vollendeter Tatsachen ist typisch für Kathi Kobus, ebenso ihr Sinn für das Theatralische und das Anzapfen aller verfügbaren Ressourcen. Durch Bitten, Betteln und Bier füllt sie die Wände mit Bildern ihrer malenden Gäste. Die dichtende Kundschaft nötigt sie auf die Bühne. Der Dichter Ludwig Scharf – eine markante Erscheinung nicht nur durch sein Holzbein – wird Kathis wichtigster Vortragskünstler (und Interimsverlobter). Bald darauf avanciert Joachim Ringelnatz bierdeckelbetextend zum Hausdichter. »Es gibt auf dem ganzen Globus / nur eine Kathi Kobus«, reimt er, um späterhin ernüchtert zu notieren: »Das weitverbreitete und von ihr selbst geschickt genährte Gerücht, daß sie eine Mäzenin sei und arme Künstler unterstütze, ent-

Tatkräftige Wirtin: Katharina »Kathi« Kobus.

sprach nicht der Wirklichkeit. Kathi Kobus schenkte niemals jemandem etwas, ohne Gegenleistung zu fordern oder ohne geschäftlichen Vorteil daraus zu ziehen.« Erich Mühsam zitiert aus einem Brief der Wirtin, der mit den Worten beginnt: »Sehr geehrter Herr Mühsam! Du bist mir noch über vierzig Mark schuldig!« Das Geld bleibt Mühsam schuldig, den Vortrag nicht. Und wenn mal niemand mit Schulden und Genie im Lokal ist, unterhält Kobus ihre Gäste in oberbayerischer Tracht halt selbst.

Angehimmelt, angefasst und ausgebeutet

Coletta Möritz und Kathi Kobus: Ihr Aufstieg und ihre Berühmtheit unterscheiden sie vom Heer der namenlosen Bedienungen. Doch alle zusammen stehen für einen Typus, ein Ur- oder Zerrbild, das berauschte Romantiker und nüchterne Fremdenverkehrsvermarkter gemeinsam in der Welt verbreiten. Die Münchner Kellnerin – wie die griechische Göttin der Jugend auch »Hebe« genannt – vereint höchst widersprüchliche männliche Konzepte von Weiblichkeit: Mutter und Geliebte, Ernährerin und Verführerin, ätherisch und handfest. Erich Mühsam singt ihr ein Loblied, um »ihren Anteil an Münchens kultureller Sendung als Deutschlands Florenz der Nachwelt zu übermitteln«, vielleicht auch, um seine Versorgung mit Freibier sicherzustellen. Der »Münchner Stadtanzeiger« serviert in seiner Rubrik »Unsere Kellnerinnen!« so etwas wie Bühnenrezensionen aus dem Schankraum. Und ein Reiseführer fachsimpelt: »Eigentlich kommt der Kellnerin in München besonders in geistiger und künstlerischer Hinsicht etwa die Bedeutung der alten Pariser Grisette zu.« Das Wort bezeichnet ein alleinlebendes Mädchen aus der Unterschicht, etwa eine Näherin oder Wäscherin, deren aus der Not geborener selbstbestimmter Lebenswandel jenseits bürgerlicher Moralvorstellungen sie zum Gegenstück des männlichen Bohemiens macht. Nur der auf Krawall gebürstete Franzose Victor Tissot rümpft 1876 die Nase über Münchens »mit Küchengerüchen parfümierten Sauerkrautfeen«.

Doch schon in Kaulbachs Coletta-Bild lassen sich, wenn man genau schaut, die Abgründe dieser bayerischen Märchenmädchenexistenzen erahnen. Mehr als 20 Kilogramm wiegt, was die Liesl lächelnd schleppen muss, ihre Stellung auf dem rollenden Fass ist jederzeit vom Absturz bedroht. Abgebildet auf einer Zielscheibe ist ihr Körper von Einschusslöchern und den Namen der Schützen übersät. »Target Girl« nennen die Amerikaner die Schützenliesl. Freiwild?

Die gesellschaftliche wie die arbeitsrechtliche Stellung der Frauen sind prekär. Sie verdienen (bei freier Kost und Logis) wenig bis nichts, leben hauptsächlich von ihren Trinkgeldern. »Freundliches Entgegenkommen« der meist männlichen Stammkundschaft gegenüber gehört daher also mit zum Job. Vieles, was sich zwischen Gast und Kellnerin abspielt, erfüllt nach heutigen Begriffen die Tatbestände der sexuellen Belästigung oder der illegalen Prostitution. Es entstehen Wirtshausschlägereien, weil Stammgäste sich um »ihre« Kellnerin raufen oder sie vor den Übergriffen anderer verteidigen. Als ein in eine Kellnerin verliebter russischer Student auf der Sandstraße einen Nebenbuhler über den Haufen schießt, macht das reichsweit Schlagzeilen. So geht es also zu im »wilden München«, meint das »Berliner Tagblatt«, und kritisiert, dass in der hiesigen Gastronomie »die notwendige Objektivität des Verkehrslebens nicht gewahrt wird. Die Bedienung wird zum Liebesspiel.«

Die dunkle Seite: Im Wirtshaus zum Geld verdienen

Was wie ein Hasenstall aussieht, ist eigentlich ein Hamsterrad. Die Arbeitszeit ist bis ins 20. Jahrhundert hinein ungeregelt. 14 bis 19 Stunden an sechs bis sieben Wochentagen dauert das Krüge-und-Teller-Schleppen. Wer sein Leben lang bedient – hat eine Kollegin der Coletta aus unserer Zeit mithilfe eines Schrittzählers ausgerechnet – umrundet zweimal den Erdball, ohne dabei viel von der Welt zu sehen. Die Hierarchie im Schankraum ist diffus, das Machtgefälle umso steiler und das schon vor Arbeitsantritt. Statt sich ihr Personal selbst zu rekru-

»Aufmarsch der Kavallerie«: Münchens Kellnerinnen sind ein beliebtes Motiv von Scherz- und Werbepostkarten.

tieren, beauftragen viele Pächter sogenannte Verdingerinnen von zweifelhaftem Ruf. Die Vermittlungsprovision tragen die künftigen Kellnerinnen. Mindestens 10 Mark sind für einen Knochenjob in der Schwemme zu berappen, bis zu 100 kosten die begehrteren Posten in Kaffeehäusern und Restaurants. Im Lokal regieren Wirt und Wirtin, mal absolut, mal als Könige ohne Land von Gnaden einer Brauerei. Oder sie beschränken sich aufs Repräsentieren, dann herrscht die Zwischenebene der Schankkellner und Büffetdamen. Zähigkeit, Dauer der Betriebszugehörigkeit und persönliche Vorlieben bestimmen die Hackordnung der Bedienungen und begründen Privilegien wie besonders lukrative »Reviere«. Auf der untersten Sprosse der Leiter stehen die Bier- und Wassermadl und die Piccolos, oft noch Kinder, die für Pfennige und etwas zu beißen abräumen und sauber machen müssen.

Genaueren Aufschluss über den Verdienst der Kellnerinnen gibt uns ein Wortgefecht im Reichstag, das der Münchner Ökonom Arthur Cohen 1902 protokolliert hat. Die Opponenten sind drei Münchner Abgeordnete, alle mit Vornamen Georg: Biehl (Zentrum), von Vollmar und Birk (SPD). Nachdem ein preußischer Abgeordneter Missstände in der Gastronomie angeprangert hat, meldet sich zunächst Georg Biehl zu Wort, um vehement in Abrede zu stellen, dass Derartiges in Bayern auch vorkommen könnte: »Wir sind viel besser als die Herren in Berlin, der Metropole der Intelligenz, wie man sie so boshafterweise nennt (Heiterkeit im Plenum). Es kommt bei uns gar nicht vor, daß ein Kellner oder eine Kellnerin gar keinen Lohn beziehe.« Heftiger Widerspruch der Sozialdemokraten: Georg Birk, der sich nach knapp vier Jahrzehnten als Wirt in der Isarvorstadt auch hinterm Tresen auskennt, berichtet von Praktiken, die an heutige Umgehung des Mindestlohns auf dem Bau erinnern. Auch wenn ein Tageslohn von einigen Mark vereinbart sei, so Birk, bleibe von diesem kaum etwas übrig, weil die Kellnerin davon den Sold für ihre Wassermädchen, deftige Strafen für Verspätung oder das Fallenlassen von Geschirr, ja sogar die Kosten für Zahnstocher, Zündhölzer und Zeitungsabos zu begleichen habe. Und Birk schildert, was »freie Kost und Logis« in der Praxis bedeuten kann: Küchenabfälle und Essensreste von den Tellern der Gäste, ungeheizte Fünfbettzimmer unter der Mansarde. Was in der Nahkampfzone Gastronomie beginnt, endet oft in den Einigungsämtern der Gewerbegerichte oder gleich im Gerichtssaal.

Da klagt ein Pächter, er habe sich in seiner direkt über dem Eiskeller einer Brauerei gelegenen Dienstwohnung die Gicht geholt. Die Aushilfskellnerin einer Wirtschaft an der Karlstraße berichtet, sie sei, weil sie beim Schankkellner Beschwerden der Gäste über schlecht eingeschenkte Maßen vorgetragen habe, nach Schankschluss auf Geheiß der Wirtin misshandelt worden: »[…] einer Köchin hatte die Wirtin einen Bratschlegel in die Hand gegeben und sie aufgefordert, sie soll damit die Kellnerin hauen.« Zu den zweischneidigen Waffen der Angestellten zählt das Ausbreiten von Interna. Die weiter vorne geschilderte sogenannte Rattenaffäre im »Domhof« kommt durch die Aussagen eines Kellners ans Licht, der wegen Diebstahls gekündigt worden ist und vor Gericht den Spieß umdrehen will – worauf sich Kellner und Wirtin in Stadelheim wiedersehen.

Es fehlt nicht an Versuchen, Abhilfe zu schaffen. Der »Erste Allgemeine Bayerische Frauentag« macht sich 1899 im »Café Luitpold« Gedanken über die Organisation von Frauen in der Gastronomie. Ein Jahr später gründen im Schrannenpavillon 200 Betroffene und Unterstützerinnen aus der besseren Gesellschaft den Münchner Kellnerinnenverein, eine Interessenvertretung, die mit Flugblättern und Aktionen auf Missstände aufmerksam machen und juristische Hilfestellungen geben will. Am längeren Hebel aber sitzen weiterhin die anderen. 1910 kündigen die Wiesnwirte ihren Bedienungen umstandslos den Tarifvertrag, als diese sich weigern, ihre immer aufwendigere Arbeitskleidung selbst zu bezahlen. Nach zäher Verhandlung am Einigungsamt sieht der Kompromiss so aus: Die Wirte kehren zum alten Tarif zurück und die Kellnerinnen greifen für ihr fesches Trachtengewand weiter tief in die Tasche.

Der Mythos der Münchner Kellnerinnen ist nicht das einzige Märchen der schönen Münchnerstadt, in dessen Bauch steinige Fakten rumpeln und dessen glückliches Ende nicht gesetzt ist. Doch für Märchen gilt nun mal: Wenn sie nicht vergessen sind, dann leuchten sie noch heute.

Das Leuchte

München leuchtete. Über den festlichen Plätzen und weißen Säulentempeln, den antikisierenden Monumenten und Barockkirchen, den springenden Brunnen, Palästen und Gartenanlagen der Residenz spannte sich strahlend ein Himmel von blauer Seide.

THOMAS MANN, GLADIUS DEI, 1901

Ich bin der Lampenputzer
Dieses guten Leuchtelichts.
Bitte, bitte, tut ihm nichts!

ERICH MÜHSAM, DER LAMPENPUTZER, 1907

Kapitel 1
Isarmärchen: Wie der Fluss in die Stadt kam

Eine Stadt baut sich nicht allein. Kartoffeln springen nicht von selbst vom Feld in den Topf. Auch das Holz, das den Topf befeuert, rollt nicht einfach so ins Ofenloch. In München allerdings war zumindest eine dieser drei Regeln außer Kraft gesetzt und das über Jahrhunderte. Die Isar hat's möglich gemacht.

Was München an Bau- und Brennholz brauchte, rutschte, einmal gefällt, von den steilen Hängen des Oberlands bis in die Stadt, folgte der Schwerkraft durch Schneisen und Rinnen (»Holzriesen« genannt), gelenkt und geschoben von Männern mit Wendehaken, im Winter per Schlitten über vereiste Ziehwege hinab ins Tal – der Isar und ihren Zuflüssen entgegen. Zu Flößen gebunden gelangten die Baumstämme, ihre Kapitäne und dazu diverse andere Waren vor die Tore Münchens.

1900: Der Ländeplatz der Zimmerei Wieser am Stadtbach, Kapuzinerstraße 56, rechts die Isartalstraße.

Wobei »einfach so« und »von selbst« natürlich nicht ganz stimmt: Das Fällen der Bäume im Bergwald, das »Hinunterholzen«, die Flößerei genau wie das Triften der ungebundenen Stämme waren eine Plackerei und gefährlich dazu. Wer's aber beherrschte, verdiente besseres Geld als in den meisten anderen Knochenjobs. Manche Holzbauernfamilie aus Bichl, Benediktbeuern oder Tölz entwickelte sich zur wohlhabenden Münchner Flößerdynastie. An der Schwelle zum 20. Jahrhundert hat das Holz seine zentrale Bedeutung eingebüßt. Zu den Konkurrenten Stein, Eisen und Kohle kommen Wasserdampf, Strom und Beton. Doch bis dahin waren die leicht transportierbaren Holzvorräte aus dem Hinterland für die Stadt ein Segen. Selbst wenn die städtischen Forsten und die nahen Waldgebiete um Erding und Ebersberg dezimiert waren: Holznöte, die im 18. und 19. Jahrhundert weite Teile Mitteleuropas plagten, kannte man in München kaum. Noch dazu transportierte der Fluss vieles, was die Stadt zum Leben brauchte: Getreide, Vieh, Wolle und Textilien, Milchprodukte, sogar Bier aus Tölz, nur das Salz, dem sie ihre Gründung verdankt, fuhr auf der Straße. Die Ludwigsbrücke, deren Version 1.0 Heinrich der Löwe 1158 bauen ließ (nachdem er die der Freisinger Bischöfe bei Oberföhring in einem Willkürakt zerstört hatte) war bis 1804 die einzige Querung nach Bogenhausen weit und breit.

Hafenstadt München: Bäche, Stämme und Kaschemmen

Alte Stadtpanoramen verraten, wie freudig man in München erwartete, was die Isar anspülte – während die Stadt den Fluss selbst an sich vorbeiziehen ließ. Seit dem Mittelalter und noch im letzten Drittel des 19. Jahrhunderts glich das linke, zur eigentlichen Stadt hin gelegene Isarufer einer einzigen, langgezogenen Warenannahmestation. Das rechte Ufer hingegen war exterritoriales Sumpfland, das die meisten Münchner Bürger nicht mal ignorierten. »Neben dem kanalartig für die Zwecke der Flößerei regulierten Hauptbett breitete sich wild und regellos, mit niedrigem Buschwerk bewachsen, aus welchem geschlängelte Sandwege und Kiesbänke weiß herausglänzten, das vom Hochwasser alljährlich überflutete Feld aus, eine Art flaches Reservebett, wohl viermal so breit als das Hauptbett, um den Überschwall gefahrlos aufzunehmen und durch Wehre und Kanäle und Seitenbäche abzuleiten«, schreibt Michael Georg Conrad in seinem in Teilen sehr aktuellen Roman »Was die Isar rauscht« von 1888. Zwei große und mehrere kleine Länden nahmen die Flöße in Empfang. Auffanggatter und Abrechen führten das Triftholz in die Stadt, ins zentrale Lager an der Holzstraße oder weiter das 300 Kilometer lange Netz der Stadt-

1880: Flößergaststätte »Zum Grünen Baum« in der St.-Anna-Vorstadt. Über die Ludwigsbrücke rumpelt eine Pferdetrambahn.

bäche und Kanäle hinab zu den vielen Mehl-, Öl-, Säg- Schleif- und Papiermühlen der Isarstadt. Oft spülten die Fluten auch anderes, atmendes oder nicht mehr atmendes Treibgut an die Rechen: Nächtliche Zecher, die von glitschigen, schlecht gesicherten Stegen abgekommen waren, verunglückte Kinder, Lebensmüde. An einen Fall ihrer Jugend erinnert sich Maria Walser, Mühlenbesitzerin im Lehel, in ihren Memoiren von 1927 besonders, nämlich »an einen kleinen Lehrbuben, welcher an einem grimmigen Wintertag für seinen Meister Bratwürste holen mußte, am Heimweg auf der Brücke nahe des Isartores ausglitt und in das Wasser fiel. [...] Aber tapfer wie das Bürschlein war, hob er mit letzter Anstrengung noch immer sein braunes Wursthäferl aus den Wellen und nur dieses wurde zu seiner Rettung gesehen.« Im Schwemmland tummelten sich die Flößer, Holzwerker und andere Tagelöhner, dazu Wäscherinnen, spielende Kinder und streunende Hunde. Nachts durchschwärmten Arbeiter, durstige Soldaten der benachbarten Kasernen und erlebnishungrige Studenten diese »verwahrloste, träumerische Haidelandschaft« und ihre Gastronomie. Legendär ist die Wirtschaft »Zum Grünen Baum« (an der Stelle der heutigen Lukaskirche), wo sich auch die Künstler und diverse Honoratioren der Stadt, sowie, ausweislich einer Gedenktafel, sogar die Könige Ludwig I. und Max II. an Kalbsbraten und Bier delektierten. Wie ein Delta schlängelten sich von hier aus neben den Bächen die Billigamüsiermeilen der Fraunhofer- und Müllerstraße mit ihren Bordellen sowie diverse andere Trampelpfade des Nachtlebens in Richtung Stadt.

Wohnen wollte hier nur, wer sonst nirgends unterkam. Das allerdings waren viele. Der Grund war sumpfig, die Seuchengefahr groß, Feuchtigkeit zerfraß die schlichten, oft völlig überbelegten Herbergshäuseln. Regelmäßig im Frühjahr und / oder Herbst forderte der Fluss seinen Tribut, verwandelte sich »in einen brausenden, gurgelnden, gelb schäumenden See, gepeitscht vom Föhnsturm und umrauscht von den gewaltigen, vielhundertjährigen hochwipfeligen Weidenbäumen und Pappeln« (Michael Georg Conrad). Am 13. September 1813 riss das schlimmste Hochwasser seit Menschengedenken von den Floßländen Baumstämme los, die ein Wehr zertrümmerten. Auf der Brücke beobachteten Schaulustige fasziniert, wie rechts der Isar ein Wirtshaus von den Wassermassen weggespült zu werden drohte. Dass die Brücke selbst zu zittern begann, entging der Aufmerksamkeit der Menge. Bis die Brücke einstürzte und über 100 Menschen in den Tod fielen.

Die Zeit der Brückenbauer

An Plänen, die widerspenstige Isar zu zähmen und ihre Ufer für die besseren Bürger in Besitz zu nehmen, fehlte es nicht. Doch die diversen mehr oder weniger zuständigen städtischen und staatlichen Behörden und die Wasserbauexperten konnten sich nicht einigen – was Flößern und feuchtfröhlichen Zechern nur recht war. Dabei wuchs die Stadt mit Macht über den Fluss, nahm neue Gestalt an. 1854 erfolgte mit der Eingemeindung von Giesing, Haidhausen und der Au die flächenmäßig größte Erweiterung. Die Isar, bislang eine Tangente der Stadt, floss jetzt mitten durch sie hindurch, das rechte Ufer wurde Teil der Stadt. Auf die in Stein wiederaufgebaute alte Doppelbrücke vom Gasteig über die Isarinsel in die Stadt, die heute Ludwigsbrücke heißt, und die zweite Querung nach Bogenhausen, folgte 1832 als dritte die

Reichenbachbrücke, 1865 die schon stabil aus Stein gebaute Maximiliansbrücke als Abschluss der von König Maximilian II. geplanten und von Architekt Friedrich Bürklein ausgeführten gleichnamigen Prachtstraße. 1871 brauste auf der Braunauer Brücke erstmals eine Dampflok über die Isar. So mancher Flößer, der auf dem Fluss sein Holz in die Stadt trieb, mag geahnt haben, dass das für ihn nichts Gutes bedeuten konnte.

Zur Jahrhundertwende lässt sich die innerstädtische Isar alle ein bis zwei Kilometer trockenen Fußes oder Rades queren. Die Isarmetropole, die jahrhundertelang mit nur einem permanenten Übergang ausgekommen war, verfügt jetzt über sieben Isarbrücken, dazu zwei Eisenbahnbrücken und diverse vielfrequentierte Fußgängerstege – viel mehr sind es, von den Überführungen des Mittleren Rings einmal abgesehen, auch heute nicht. Eine Verkehrszählung im Jahr 1899 notiert für jede der großen Brücken pro Tag bis zu 2500 Fuhrwerke und mehr als 300 Trambahnen, über die Reichenbachbrücke wälzen sich 28 000 Fußgänger. Fast ein Drittel der Münchner wohnt jetzt »im Osten«. Es wächst zusammen, was zusammengehört.

Königsträume: Aufbruch zu neuen Ufern

Der erste, der den Weg zum Fluss suchte, war König Ludwig I. Doch zwischen seiner Residenz und der Isar stand noch »das vorsintflutliche Gerümpel und Winkelwerk der Sankt Annavorstadt vom Lehel«, so formuliert es die ziemlich lebensnah getroffene Romanversion des Wittelbachers in Michael Georg Conrads »Majestät« von 1902. Majestät wollte kurzen Prozess: »Da brechen wir durch! Da räumen wir auf! Da machen wir uns Luft bis an die Isar und darüber hinaus!« Zwar machte sich vor dem großen Durchbruch erst mal der Volkszorn Luft und zwang Ludwig 1848 zur Abdankung; doch auch sein Nachfolger Maximilian II. war vom Isarflimmern infiziert. Bereits 1832 – 16 Jahre vor seiner Thronbesteigung – malte sich der Kronprinz in seinem Tagebuch aus, wie auf der anderen Seite der Isar »ein herrlicher neuer Stadtteil mit ganz großen Quais« entstehen könnte.

Als Erstes wollte Max am Hochufer ein Flaggschiff vor Anker gehen lassen, das die Blicke der Stadt und des Landes auf sich und weitere Bautätigkeit nach sich ziehen sollte: einen »großen Nationalbau« im neogotischen Stil, sein später in Maximilianeum umgetauftes »Athenäum«, in dem der König die Talentiertesten aller Volksschichten bei freier Kost und Logis ausbilden lassen und für den Staatsdienst rekrutieren wollte. 1857 legte Maximilian den Grundstein. Die Fertigstellung des architektonisch längst in die Renaissance weitergesegelten Prachtbaus im Jahr 1876 erlebte er nicht mehr. Fast wäre das Isarhochufer zur Prachtpromenade geworden. Max' Nachfolger Ludwig II. beauftragte den genialen Dresdner Architekten Gottfried Semper, für seinen ebenso genialen Günstling Richard Wagner (einen Spezi des Architekten aus jenen Revolutionszeiten, die seinen Großvater den Thron gekostet haben) gleich neben der Dauerbaustelle des Maximilianeums ein konkurrenzloses Festspielhaus zu bauen. Das Projekt lief noch vor dem Start auf Grund, zerschellte an monetärer Schwindsucht, am Herrschaftsgebaren des Monarchen und am Unverständnis der Münchner Bürgerschaft. Der »Märchenkönig« zog sich schimpfend und bauend Richtung Alpen zurück. Dafür übernahmen jetzt die Bürger das Ruder, um dem Isarmärchen der Wittelsbacher eine pragmatischere Wendung zu geben.

Kulissenstadt auf der Kohleninsel: Blick von der Baustelle des Maximilianskirchturms zur II. Kraft- und Arbeitsmaschinenausstellung.

München. Blick vom Maximilianeum.
8127

Stadtblick auf die Maximilianstraße mit Max-Monument nach Westen (links) und nach Osten auf das Maximilianeum.

Bürgerträume: Münchens neuer Goldstrom

Was die Träume der Bürger von denen des Königs unterscheidet: Sie sollen sich rechnen, was überschießende Fantasien und die Tendenz zum Größenwahn nicht ausschließt. Kulminationspunkte des Denk- und Machbaren sind regelmäßig die großen Messen, Ausstellungen und Leistungsschauen für Technik, Kunst und Gewerbe aller Art. Seit die Briten 1851 in London die erste Weltausstellung abgehalten haben, deren Glaspalast in München schon drei Jahre später einen ehrgeizigen Nachahmer gefunden hat, verwandelt sich die zuvor eher nüchterne Spezialistenwelt der Messen in ein massentaugliches Spektakel. Mit Buden und Zelten ist es da nicht getan. Das Messewesen bringt eine heute halb vergessene Kunstform sui generis hervor: Architektur auf Zeit. Und München ist hier ganz vorn dabei. Bevor Gabriel von Seidl 1908 das Messegelände am Bavariapark fertigstellt, spielt, wenn der Glaspalast besetzt oder zu klein ist, die Musik der neuen Zeit fast immer an der Isar, wo ausreichend unbebauter Grund, Wasserenergie und schöne Aussichten zur Verfügung stehen. 1888 – Paris schraubt vor der Revolutionsweltausstellung gerade den Eiffelturm in den Himmel – prescht München mit gleich zwei Aus-

So geht's dahin: Die Isarrutsche ist die Hauptattraktion der Maschinenschau 1898.

stellungen vor, nämlich der »Großen Deutsch-Nationalen Kunstgewerbeausstellung« und der »I. Kraft- und Arbeitsmaschinenausstellung«, für die an der Isar ein ganzes neues Stadtviertel auf Zeit entsteht: aufs Herrlichste historisierende Fassadenbauten mit einer römischen Triumphpforte aus Holz, kunstvollen Treppenanlagen, Wassergrotten und einem 42 Meter hohen Turm, inspiriert zu ungefähr gleichen Teilen von internationaler Ausstellungsarchitektur, königlichen Traumschlössern und Potemkins Dörfern, angestrahlt von neuen Bogenlampen und berauscht von Fontänen, die mehrere Meter hoch aus der Isar schießen. Noch größer dimensioniert ist zehn Jahre später die II. Kraft- und Arbeitsmaschinenausstellung mit 496 Ausstellern aus 32 Ländern (und einer königlich tiefroten Schlussbilanz). Architekt Michael Dosch hat seiner Planung den Titel »Arbeit ist des Bürgers Zier« gegeben, wozu nur bedingt passt, dass die Hauptattraktion für viele der 600 000 Besucher eine Riesenrutsche ist, die die Gäste in kleinen Booten kreischend ins Isarwasser sausen lässt. Was wirtschaftliche Relevanz und internationale Bedeutung angeht, spielt die Messestadt München nur im Mittelfeld. Die Verschmelzung architektonisch ausgefeilter Kulissen mit der kulissenhaften Architektur drumherum aber hat Flair. Alles scheint in diesen Jahren möglich an der Isar und wird in Ideenwettbewerben zum urbanen Re-Design ausgebreitet und debattiert. Soll man den rechten Isararm trockenlegen? Oder besser den linken und den rechten zum See stauen? Auf der Insel einen zweiten Hauptbahnhof und Verkehrsknotenpunkt nach Pariser Vorbild errichten? Eine gigantische Stadthalle im Look des Berliner Reichstags? Oder doch lieber eine sich ins Mittelalter zurückträumende Retortenkleinstadt in der Großstadt?

Holz, Stein, Papier: Ein Fluss wird eingebürgert

Am Ende setzt sich im zwei Jahrzehnte dauernden Ringen um das Filetstück im Fluss ein Mann unter Strom und begabter Netzwerker durch: Oskar von Miller, dessen Projekt eines Deutschen Museums dann weitere 22 Jahre braucht, um vollendet zu werden. Für die bauliche Ausgestaltung sind auch hier die unvermeidlichen Seidl-Brüder zuständig. Auf Sicht bedeutsamer ist, was an den Ufern passiert. Hatte die Stadt den Fluss früher nur in ihre Holz- und sonstigen Handelskreisläufe eingebaut, wird er jetzt buchstäblich in Stein gefasst. Ab 1880 wird die große Isarparallele angelegt, erst zwischen Zweibrücken- und Maximilianstraße, ab 1893 dann ihre Verlängerung flussabwärts: die Quaistraße, später umbenannt nach den Bürgermeistern Kaspar von Steinsdorf (1854–1870) und Johannes von Widenmayer (1888–1893); der dritte, in der

Abfolge zwischen den Kollegen regierende Bürgermeister dieser Jahrzehnte, Alois von Erhardt (1870–1888), bekommt »seinen« Quaiabschnitt chronologiewidrig als letzter und weiter flussaufwärts. In kaum drei Jahrzehnten wandelt sich die Szenerie am Fluss stärker als in Jahrhunderten zuvor. Der Triftkanal und die meisten Stadtbäche werden zugeschüttet, die Flößer ein- ums andermal umgesiedelt, ihre Arbeits- und Vergnügungsstätten abgerissen, die Ufer massiv aufgeschüttet und mit dem neuen Baustoff Beton befestigt. Auch architektonisch wird geklotzt, nicht gekleckert. Über die 1897 frisch fertiggestellten Quaistraßen urteilt eine Zeitung großspurig, sie seien »Boulevards, wie man sie sonst in keiner Stadt der Welt sieht«. Und Michael Georg Conrad lässt in »Was die Isar rauscht« einen sonst kühl kalkulierenden Bankier namens Weiler schwärmen: »Die Isar wird das Zentrum einer wunderschönen Verjüngung Münchens, hier wird sich die Kunst, der Reichtum, die Aristokratie ansiedeln in pompösen, komfortablen Bauten.« In der neuen City die alten und die aufstrebenden Eliten, drumherum ein Ring von Fabriken, die ihren Strom aus dem Strom beziehen, und billig hochgezogene, teuer vermietete Wohnkasernen für die Arbeiter – so Weilers Vision. Die Gegenposition zu den Stadtutopisten und Bauspekulanten, die unablässig »verhandeln und verschandeln«, legt Romancier Conrad dem Architekten Zwerger in den Mund, der das »Barbarenwerk der Quaistraße« beklagt, »wie es mit seiner blöden, plumpen, protzenden Massigkeit die schöne malerische Silhouette der alten Stadt zudeckt«. Und ein Freund Zwergers – Uhrmacher von Beruf – unkt, die Isar werde künftig »zwischen Mauern eng und pomade dahinfließen wie ein Bach, daß man mit venezianischen Gondeln darauf herumfahren kann«. Schlimm auch die vielen Brücken: Da könne man die Isar auch gleich komplett deckeln wie die Stadtbäche und auf diese Weise noch mehr Bauland gewinnen. Alte Lebensader oder neuer Goldstrom? Milieuschützer gegen Gentrifizierung, Naturfreunde kontra Eventgesellschaft, Globaldenker und Hoch-hinaus-Wollende versus Lieber-Daheim-und-am-Boden-Bleiber: Manchen Debatten bleibt München bemerkenswert treu.

Abschied von Floß und Mühle

Die Isar kennt sich – bis zu ihrer Teilrenaturierung ab 2005 – selbst kaum wieder. Doch der Widerspenstigen Zähmung gelingt nur bedingt. Im Mai 1899 sind die Bauarbeiten für die neue, viel kleinere Zentrallände in Thalkirchen gerade abgeschlossen. Wenige Monate später, im September, lässt anhaltender Regen die Fluten anschwellen. Das eingemauerte Wildwasser gräbt sich tiefer in sein Bett, wird dadurch schneller. Erst reißt die Nordspitze der Kohleninsel ab, dann fallen die Max-Joseph-Brücke und die erst kürzlich fertiggestellte Luitpoldbrücke den wütenden Wellen zum Opfer. Aber in Rekordzeit werden die Schäden saniert.

Die Firma Sager & Woerner ersetzt oder erneuert binnen dreier Jahre nicht weniger als sechs Brücken. An den Quais wird beschleunigt weitergebaut. Der Strukturwandel in seiner Dialektik ist so wenig aufzuhalten wie die Isar. Die Flößerei, die trotz später Anbindung an die Eisenbahn gegen die Konkurrenz auf Schienen nicht ankommen kann, reduziert sich peu à peu zur nostalgisch aufgeladenen Freizeitgaudi für die Münchner und ihre Gäste. Die Flößer, sofern sie ihre Schäfchen nicht schon ins Trockene gebracht haben, müssen umschulen. Legendenbildung setzt ein: In einer Flößerfamilie aus Benediktbeuern erzählt man sich lang, der Großvater hätte ein Bein bei einem Arbeitsunfall im Fluss verloren und danach aufgeben müssen. Tatsächlich scheint fortgeschrittene Diabe-

Das Hochwasser 1899 beschäftigt auch die Ansichtskartenproduzenten. Weniger spektakulär jedoch der Text des Absenders: Rosl und Zenzl verabreden sich am Bahnhof.

tes für das eine, die rückläufige Auftragslage für das andere verantwortlich gewesen zu sein. Auch die wohlhabend gewordene Müllerfamilie Walser aus dem Lehel bekommt die neue Zeit zu spüren. Lang hatte der Fluss (respektive einer seiner Seitenarme, der Hacklmühlbach) ihr Geschäft mit Gips und Zement am Laufen gehalten. Jetzt fordert die Stadt die Räumung des Grunds, auf dem nach Zuschüttung des Bachs zwei neue Wohnstraßen aus dem Boden gestampft werden sollen. »Dem Unternehmer bleibt keine Wahl«, schreibt Maria Walser in ihren von Eva Graf und Christine Rädlinger herausgegebenen Memoiren, »Staat und Stadt waren unsere besten Kunden für Zement. Seit der Hochwasserkatastrophe hatten wir fast die alleinige Lieferung für die gewaltigen Ufermauern, welche jetzt von der Wittelsbacher- bis zur Bogenhausener Brücke gebaut wurden. Dadurch hatten sie uns vollkommen in der Hand. [...] Was tun! Bleiben wir, so geht das Geschäft langsam zugrunde, geben wir nach, so werden wir förmlich von Haus und Hof vertrieben. Mein Vaterhaus mit all seinen Erinnerungen, seinen idyllischen und patriarchalischen Schönheiten gehört dann der Vergangenheit an.« Zeitweise erwägt die Familie, nach Australien auszuwandern, verlegt ihr Geschäft dann aber doch lieber nach Berg am Laim, gleich neben das neue Gaswerk Steinhausen samt »Gleisanschluß«. Den Anschluss an die neue Zeit schaffen die Walsers dann doch nur durch Verlagerung ihres Geschäftsfeldes. Aus der Müllerdynastie wird eine Immobilienholding.

Kapitel 2
Alles fließt: Strom, Wasser, Dreck

München, 25. September 1882, eine Stunde vor Mitternacht. In wenigen Minuten wird sich im Münchner Glaspalast eine Weltsensation ereignen. Aber die Welt schaut nicht hin. Am Schirmherrn kann es nicht liegen: Kein anderer als König Ludwig II. hat geladen. Wo's der Inszenierung dient, ist der sonst so vergangenheitsselige und gegenwartsmüde Monarch durchaus zukünftig. 1885 wird er mit einem elektrifizierten Schlitten durch die bayerische Bergnacht brausen, wenig später sein Personal in Neuschwanstein via elektrischer Rufanlage fernsteuern. Die Gästeliste dieses Septemberabends aber ist eine Enttäuschung. Thomas Alva Edison, der berühmteste Erfinder seiner Zeit, folgt der Einladung nach München ebenso wenig wie Werner von Siemens. Ersterer ist entschuldigt, nämlich selbst gerade beschäftigt, Geschichte zu schreiben – er eröffnet in der New Yorker Pearl Street das welterste öffentliche Elektrizitätswerk. Das Fernbleiben des Letzteren ist ein kleiner Affront, eigentlich aber ein Kompliment für den Konkurrenten, der heute nie Dagewesenes versucht. Zugegen sind immerhin Vertreter der Firmen Rathenau, Berlin, und Einstein & Cie., München – zwei Namen, die ihrerseits in die Zukunft weisen.

Oskar von Miller: Schade um den schönen Wasserfall

Dass auch sie in diesem Moment nicht im Raum sind, hat Oskar von Miller – Sohn des Erzgießers Ferdinand von Miller, Bauingenieur und Wasserkraftpionier – selbst veranlasst. In letzter Minute hat er entschieden, sein Experiment im kleinsten Kreis durchzuführen. Er fürchtet den Vorführeffekt. Neben ihm steht, von Helfern abgesehen, nur sein Pariser Freund Marcel Deprez, der ein Jahr zuvor für die Behauptung belächelt wurde, man könne Elektrizität keineswegs nur am Ursprungsort nutzen, sondern auch in weiter Entfernung. Genau das soll jetzt bewiesen werden. Die große Ausstellungshalle liegt verwaist in dämmrigem Halbdunkel, als Miller das Startsignal gibt. Ein Assistent stellt via Telegrafenleitung Verbindung ins 57 Kilometer entfernte Miesbach her, wo unterirdisch, im Bergwerk, eine Dampfmaschine in Gang gesetzt wird, um über die gleiche Telegrafenleitung Strom nach München zu schicken. Dort, neben einem Dynamo und einer Zentrifugalpumpe, halten sie den Atem an. »Plötzlich fing der Motor an, sich zu drehen, immer schneller, immer schneller, und der Wasserfall, den der Motor betreiben sollte, kam in Betrieb«, erinnert sich Miller später, und dass ihm Deprez vor Freude einen Kuss aufdrückte.

Viele Menschen bekommen Millers Ideensprudel auch danach nicht zu sehen: Nach kurzer Zeit macht die Technik schlapp. Viel mehr beeindruckt die Münchner ohnehin ein anderer Blickfang, nämlich die elektrische Beleuchtung der Frauentürme, die Miller vom Dach des Glaspalastes aus anstrahlen lässt. Ein Reinfall ist der schöne Wasserfall dennoch nicht. »Eine elektrotechnische Revolution«, schreibt Friedrich Engels nach dem Versuch an Karl Marx. In den nächsten Jahren, so will es Miller, soll sich die Flussrichtung umdrehen: Statt Dampfstrom zu verwenden, um Wasser hinaufzupumpen und danach effektvoll wieder herabsausen zu lassen, soll die Ausnutzung der Fließ- und Fallgeschwindigkeit das Land mit Energie versorgen. 1884 baut Strompionier Miller am Fuß des Maximilianeums das erste Elektrizitätswerk Deutschlands. 1891 besorgt das Technische Bureau von Miller die Energieversorgung in dessen Geburtsort, dem Markt Bruck – heute: Fürstenfeldbruck – bei München. Die Kraft, welche die drei Turbinen aus dem Amperwasser zaubern, entspricht 200 Pferdestärken, der Stromverbrauch der Brucker ist danach deutschlandweit Spitze. Es folgen weitere Anlagen etwa in Höllriegelskreuth und in Pullach – die Isar-Amper-Werke.

Gruss
VON DER
Elektrotechnischen
Ausstellung
Bergrestaurant
und
Tatzelwurmgrotte

Millers elektrische Kaskade im Glaspalast – aus idealisierender Sicht des Illustrators.

Strom: Wetterleuchten aus der Zukunft

Wasser: Davon hat Bayern reichlich. Was fehlt, sind Maschinen und Geräte, die sich den Strom zunutze machen. Zwar zeigt schon 1886 eine Ausstellung in Berlin, wo Miller mit Emil Rathenau und anderen die Deutsche Edison-Gesellschaft (nachmals AEG) gegründet hat, Wunderspielzeuge wie strombetriebene Nähmaschinen, Teekessel und Zigarrenanzünder. Zu kaufen freilich gibt es sie weder dort noch hier. Noch 1899 hat das Münchner Stromnetz nur rund 2000 überwiegend gewerbliche Abnehmer, acht Jahre später sind immerhin zwei Drittel der Altstadt und halb Schwabing »elektrifiziert«. In den Küchen spielt der Strom bis weit in die 1920er-Jahre hinein keine Rolle. Für die breite Öffentlichkeit bedeutet Elektrizität vor allem »mehr Licht« (was im nächsten Kapitel zur Sprache kommt) und die vage Hoffnung auf eine leuchtende Zukunft. Auch der gewerbliche Einsatz bleibt jenseits finanzkräftiger Industriebetriebe die Ausnahme. Zusammen mit dem Münchner Bankier Wilhelm von Finck baldowert Miller Pläne für eine Gesellschaft aus, die kleinen Handwerkern Motoren und Turbinen vermietet, dazu Drehbänke, Webstühle und mehr. Doch es schwant ihm: »Nun wird noch viel Wasser hinunterlaufen, bis einer meiner Lieblingspläne erfüllt werden wird.«

1903 wird Oskar von Millers großes Jahr. Sein lang gehegter Traum von einem Museum, in dem er die Bayern für Stromerzeugung, Maschinenbau und andere Segnungen des Fortschritts begeistern will, tritt mit staatlicher Unterstützung in die Bauphase ein – das Deutsche Museum entsteht. Auch seine Vision eines bayernweiten Stromnetzes, gespeist unter anderem durch ein Wasserkraftwerk zwischen dem Walchensee und dem tiefer gelegenen Kochelsee kommt der Realisierung ein gutes Stück näher. Tauchgänge im Walchensee – offiziell als Suchaktion für einen Vermissten deklariert – ergeben, dass das Projekt machbar ist. Auf die Zeitgenossen übt die Elektrizität derweilen noch den zerstreuten Reiz entfernten Gewitterleuchtens aus. Schon lang bevor überall Strom fließt, entwickelt sie sich zur Generalmetapher für alles Mögliche vom Seelenleben über die »auspowernde« Fabrikarbeit bis zur Entwicklung der Metropolen. Egon Friedell zitiert in seiner »Kulturgeschichte der Neuzeit« einen Physikprofessor, der spottet, Elektrizität sei diejenige Naturkraft, mit der Leute, die nichts von der Elektrizität verstehen, alles erklären können.

Max von Pettenkofer: Der traurige Triumph des »Scheißhäuslapostels«

Weit mehr Bedeutung für das tägliche Leben haben zwei andere Formen verborgenen Fließens: die Versorgung der Münchner mit Trinkwasser und die Entsorgung ihrer Abwässer. Beides hat seinen Ursprung genau dort, wo Miller 1882 seinen Wasserfall rauschen lässt.

Tragischer Held der Wissenschaft: Max von Pettenkofer.

Zeitsprung zurück ins Jahr 1854. Gerade noch rechtzeitig zur 1. Allgemeinen Deutschen Industrieausstellung ist der Münchner Glaspalast fertig geworden. Ein beeindruckendes Gebäude: 25 Meter hoch, gefertigt aus nichts als Glas und 1700 Tonnen Eisen. Bei diesem Ereignis schaut die Welt hin, doch die Schlagzeilen beherrscht weder die Schau noch ihr Bau. Die Cholera bricht aus. Nicht zum ersten und nicht zum letzten Mal in München, diesmal aber besonders heftig. 3000 Münchner fallen dem Gallenbrechdurchfall zum Opfer. König Max II. holt einen Shooting Star der Münchner Universität zu Hilfe, der als Hofapotheker praktischerweise in der Residenz wohnt: Max Pettenkofer, Bauernsohn aus dem Donaumoos, jetzt Professor für Medizinische Chemie, bald Inhaber des ersten deutschen Hygienelehrstuhls. Akribisch recherchiert der junge Pettenkofer die Entwicklung der Krankheit in der Stadt, kartografiert Viertel für Viertel ihren Verlauf. Auf diese Weise findet er heraus, dass sich die Krankheit zuerst dort ausbreitet, wo München besonders dreckig ist, um dann die Stadtbäche hinab in die tiefergelegenen Regionen zu wandern. Anders als Städte römischen Ursprungs verfügt München nicht mal über eine rudimentäre Kanalisation, Münchens Bäche und der durchfeuchtete Boden sind Brutstätten für Cholera und Typhus. Pettenkofers Fazit und seine Mission: München braucht eine Schwemmkanalisation und »Water Closets« nach englischem Vorbild.

Wie man sich irrt und damit Recht behält

Es ist der Beginn eines jahrzehntelangen Kampfs. Der König, Max Pettenkofers Namensvetter und offenes Ohr, stirbt 1864. Ein bisschen wird danach noch weitergegraben, aber recht vom Fleck kommt das Projekt nicht. Dabei bedürften Pettenkofers Pläne herkulischer Anstrengungen. Im Grunde geht es darum, der Stadt unterirdisch ein zweites Straßennetz in Form von Kanälen einzuziehen, die, leicht abschüssig angelegt, den Großstadtdreck in die untere Isar befördern sollen. Die baustellengeplagten Bürger aber sind wenig erbaut von der Aussicht, dass die Stadt noch weiter aufgerissen werden soll. Die Grundbesitzer, die für das Projekt mitaufkommen müssten, erst recht nicht. Auch die Umlandbauern, die bislang die Sickergruben geleert haben, um so Dünger zu gewinnen und sich ein Zubrot zu verdienen, arbeiten gegen Pettenkofer. Als »Scheißhäuslapostel« wird er madig gemacht.

Es braucht unermüdliche Überzeugungsarbeit, einen Generationswechsel in der Stadtpolitik, einen erneuten Ausbruch der »kalten Pest« im Jahr 1873, die Entwicklung eines neuen, wasserundurchlässigen Zements und die Hilfe eines britischen Ingenieurs, um das Werk zu vollenden. Mit dem Ablauf des Jahrhunderts ist es dann endlich geschafft: München hat ein 225 Kilometer langes Kanalsystem. Vier von fünf Einwohnern sind daran angeschlossen. Ein Triumph für Pettenkofer, der inzwischen ein »von« zwischen Vor- und Nachnamen schreiben darf und der Akademie der Wissenschaften vorsteht. Leider fühlt es sich für ihn nicht so an. Denn Pettenkofer hat zuletzt noch einen zweiten Kampf ausgefochten, einen Kampf der Theorien. Im fernen Berlin sorgt ein junger Kollege für Furore, Robert Koch, der eine andere Theorie zum Ausbruch der Cholera hat. Er sieht die Schuld nicht bei Gasen aus dem Erdreich, sondern in einer bakteriellen Infektion. Nonsens, findet Pettenkofer, und schluckt zum Beweis eine von Koch produzierte Cholerabakterienkultur. Er überlebt – wohl nur, weil er durch eine Begegnung mit den Bakterien in seinen Kindertagen immunisiert wurde. Von der nächsten Forschergeneration nicht mehr ernst genommen, abgekämpft, seelisch ausgebrannt und von Meningitis gequält, erschießt sich Pettenkofer 1901 in seiner Apothekerwohnung in der Residenz. Unzähligen anderen Münchnern aber retten die Folgen seines Irrtums das Leben.

Die kerngesunde Stadt

Die Zahl der jährlichen Choleratoten sinkt auf maximal zweistellige Werte, die allgemeine Sterbeziffer in der Stadt von 41,7 pro 1000 Münchnern im Jahr 1870 auf 15,6 im Jahr 1910. Die hygienische Lebensqualität steigt. Zur schon beschriebenen Luftverbesserung in den Innenstadtquartieren kommt ein Komfort, den 1822 als erster Mann in der Stadt der Herzog von Leuchtenberg genießen durfte: ein »geruchloser Abtritt« nach englischer Methode, den Leo von Klenze dem Herzog in sein Palais schrauben ließ. Jetzt sind WCs mit Wasserspülung zumindest in den besseren Vierteln Standard.

»Assanierung« nennen das die Planer um Pettenkofer, Bürgermeister Alois von Erhardt und Baurat Arnold Zenetti. Das »Seuchennest« München soll sich – auch in der allgemeinen Wahrnehmung – zur gesündesten Großstadt des Reichs entwickeln. Mit Erfolg. Die Zahl der Touristen steigt von 157 000 in 1875 auf 582 000 im Jahr 1910. Etwas boshaft könnte man

1905: Was gibt's Neues am Sendlinger Tor? Erst Wasserfontänen, dann die Tram, dann elektrische Laternen.

konstatieren: Während Thomas Manns Novellenfigur Aschenbach in den 1870er-Jahren nicht extra nach Venedig hätte reisen müssen, um sich den Tod zu holen, kommen um 1900 reihenweise Touristen nach München, die in den Straßen der Kunstmetropole gesunde Alpenluft erschnuppern wollen.

Zur Assanierung trägt neben den Schwemmkanälen, dem Bau eines zentralen Schlachthofs und der Müllabfuhr vor allem eine Maßnahme bei, die mit dem Kanalbau sozusagen in einem Aufwasch erledigt wird: die längst überfällige Installation einer zeitgemäßen Trinkwasserversorgung. Holten die meisten Münchner ihr Wasser noch 1875 in einem der 13 Brunnenhäuser oder an den 69 öffentlichen Schöpf- und Laufbrunnen mit variierender, oft katastrophaler Wasserqualität, soll jetzt eine Quelle die gesamte Stadt versorgen. Fünf Gewinnungsgebiete von Großhesselohe bis zum Walchensee werden erprobt, die Sedlmayrs richten extra eine »Testbrauerei« ein. »Klar, farb- und geruchlos und frei von Trübung« sollen die zunächst 56 000 Kubikmeter Wasser pro Tag sein, die sich die Stadt mit Hochdruck ins System pumpen will. Am Ende einigt man sich auf jenes Gebiet, das München noch heute mit reinem Wasser versorgt: das Mangfalltal. 1883 schießt im neuen Brunnen am Sendlinger Tor zur Feier des modernen Nass' eine Fontäne steil in die Höhe. Kurz darauf stellt Bürgermeister Erhardt erfreut fest, dass sich das Unternehmen für die Stadt sogar rechnet. In den folgenden Jahren werden auch andere anfangs privatwirtschaftlich betriebene Unternehmen kommunalisiert: erst die Gaswerke und die Stromversorgung, 1907 auch die Trambahn. Die Zeit der kommunalen Daseinsvorsorge hat begonnen.

Kapitel 3
Durch nachthelle Straßen ins Lichtspieltheater

»München leuchtete«. Tatsächlich, nicht nur metaphorisch. Auch nicht nur an Föhntagen. Im 19. Jahrhundert liefern sich die großen Städte einen Wettstreit darin, die Nacht zum Tag zu machen. Paris hat vorgelegt. Berlin zieht 1826 mit den ersten Gaslampen nach. 1893 strahlt München für einige Augenblicke heller als alle anderen.

Das Licht und die Nacht

Danach sah es lange so gar nicht aus. Dabei hatte Kurfürst Karl Albrecht seinen Kammerdiener schon 1729 mit der Beleuchtungsfrage betraut. Der handelte wie ein echter Bürokrat, gründete ein sogenanntes Illuminationsamt und führte eine Laternensteuer für Hausbesitzer ein. Die städtischen »Illuminaten« taten allerdings gut daran, ihr behördliches Tagwerk vor Anbruch der Dämmerung zu vollenden: Danach sah man in München auch weiterhin wenig. Unschlitt – ungereinigter Rindertalg als billiger Wachsersatz – sorgte, angeliefert von den Metzgern und verteilt auf 717 Funzellampen, für mindestens so viel Geruch wie Beleuchtung. Oft musste eine Laterne für zwei Straßen reichen, von Juni bis August wurde gleich gar nicht »angezunt«. Rechts der Isar dauerte die Nacht noch länger. Wann in der Au und auf der Isarbrücke die Lampen brennen würden, fragte der »Münchner Kurier für Stadt und Land« 1838 und antwortete: »Wahrscheinlich in den Vollmondnächten, damit man die herrliche Beleuchtung der Straßen besser sehen kann.«

Zehn Jahre später brachte ein neues Leuchtmittel mehr Licht ins Dunkel. Aus 1148 neuen Laternen roch es hinfort nach Gas anstatt nach Talg. Der Magistrat hatte einen »Beleuchtungsvertrag« mit dem Schweizer Bankier Christian Friedrich Kohler geschlossen, der in Thalkirchen das erste städtische Gaswerk errichtete, ein zweites folgte später in Steinhausen. 35 solcher Anstalten gab es zu dieser Zeit in Europa, in Berlin und Dresden kam das Licht schon lang aus den helleren und wartungsfreundlicheren Gaslaternen.

Das Licht und die Macht

Dass der Lichtbeschluss ausgerechnet ins Revolutionsjahr 1848 fiel, mag Zufall sein, folgt aber einer doppelten Logik: Der Magistrat demonstrierte neues Selbstbewusstsein gegenüber den revolutionsgedemütigten Wittelsbachern – und Wachsamkeit gegenüber den eigenen Bürgern.

Licht ist ein Herrschaftszeichen, nicht erst, seit Frankreichs Ludwig XIV. sich als Sonnenkönig inszenierte. Die Kandelaber der Münchner Residenz hatten die kleinen Lichter des Volkes seit jeher überstrahlt. Jetzt, könnte man sagen, entzündete die Fackel der Aufklärung ihr bürgerliches Gegenlicht. Man kann es auch andersherum sehen: Die Argumente für den Ausbau der Straßenbeleuchtung erinnern an heutige Forderungen nach Videoüberwachung im öffentlichen Raum. Es ging um Kontrolle, um die Möglichkeit, »lichtscheues Gesindel« (so der Magistrat bei späterer Gelegenheit) genauer ins Auge zu fassen. Frankreichs Ancien Régime hatte sich in den unruhigen Jahren vor 1789 beeilt, Straßen und Plätze besser auszuleuchten – was die Revolutionäre später quittierten, indem sie Vertreter der Obrigkeit bevorzugt an Laternen aufhängten. In Wien fanden sie 1848 sogar ein Wort dafür: »Laternisieren«. Ein Echo dieser Zusammenhänge finden wir im 1907 geschriebenen »Revoluzzer«-Gedicht des Münchner Anarchisten Erich Mühsam, in dem er ironisch die Gewissensqualen eines revolutionsbegeisterten Lampenputzers schildert, der sich dagegen wehrt, die Gaslaternen zum Zweck des Barrikadenbaus aus dem Boden zu rupfen. »Ich bin der Lampenputzer / Dieses guten Leuchtelichts. / Bitte, bitte, tut ihm nichts! / Wenn wir ihm das Licht ausdrehen / Kann kein Bürger nichts mehr sehen / Laßt die Lampen stehn, ich bitt! / Denn sonst spiel' ich nicht mehr mit!«

Schwabing vs. München: Electric Village, Electric City

Die Lampen bleiben stehen, vermehren sich und strahlen heller. Technische Weiterentwicklungen wie der »Auersche Glühstrumpf«, ein feinmaschiges, gasdurchströmtes Gaze-Netz, verbessern die Brennleistung. 1882 geht ein ganz neues Licht auf – elektrisches Licht, in Berlin, Nürnberg, Augsburg, München. »Die an Monumentalbauten reiche Briennerstraße [sic!] soll mit Lampenlichtern von circa 1000 Kerzenstärken glänzend beleuchtet werden«, berichtet die »Allgemeine Zeitung«. Im Bereich der Arcis- und Sophienstraße werden gleich mehrere Typen installiert, Edison- und Swanlampen, um auf einen Blick die Lichtwirkung vergleichen zu können. In ihren Mitteilungen vom Sternenhimmel merkt das Blatt jetzt meist an, dieser sei nur in den westlichen Stadtteilen zu sehen – ein früher Fall vom Lichtsmog. Schön ist es aber schon. Die »Münchner Oktoberfest-Zeitung« beschreibt die Einführung elektrischer Beleuchtung auf der Wiesn ein paar Jahre später so: »Der milde und doch so intensive Glanz der elektrischen Bogenlampen gewährt im Gegensatz zu den rot flackernden Pechpfannen und matten Petroleumlampen jenen eigenartigen Reiz, den der Silberschein des Mondes erzeugt, wenn er sich in der grünen Isar badet.« Noch ein paar Jahre später geht auch in den Zelten der Elektromond auf, zuerst beim Schottenhamel. Der junge Mann, der für die Firma seines Onkels die Birnen in die Fassung schraubt, wird später übrigens für weitere Erleuchtungen sorgen. Er heißt Albert Einstein.

Das Licht der Gaslaternenwärter – hier vor dem Nationaltheater – flackert.

Dass München noch nicht flächendeckend strahlt, liegt an einem kommunalen Privatisierungsdebakel. Die Stadt hat ihrem Gasversorger die nächtliche Stadt bis zum Ende des Jahrhunderts zur alleinigen Aufhellung anvertraut. Erst 1891 gelingt es nach zähen Verhandlungen, das Monopol abzulösen. Was die Münchner wurmt: Im Niemandsland hinterm Siegestor hat die Elektrotechnische Fabrik J. Einstein & Cie. schon blendende Tatsachen geschaffen. Ausgerechnet das ehemalige Bauerndorf Schwabing hängt die Stadt in Sachen Elektrifizierung ab und lässt die neue Technik 1889 mit einem aus 150 Festwagen bestehenden Korso ins hell erleuchtete Schwabing einziehen, das nach Meinung mancher Beobachter jetzt aussieht wie Chicago.

Das neue Licht der Stadt entflammt fulminant elektrisch.

Schon 1893 aber geht München wieder mit leuchtendem Beispiel voran und verfügt für einige Jahre über die lichtstärkste und ausgedehnteste elektrische Straßenbeleuchtung mindestens in Deutschland. Bürgermeister Wilhelm von Borscht geht sogar noch weiter: »München, das früher als die dunkelste Stadt verschrien war, erhielt auf mein Eingreifen hin nächst New York und Boston die größte elektrische Straßenanlage der Welt.« 278 Bogenlampen und 800 Glühlampen gibt es, etliche davon am (alten) Rathaus. Um 1900 leuchten: die meisten Hauptstraßen im Zentrum, Odeonsplatz, Stachus, Sendlinger Tor, Blumenstraße. Auf dem Max-Joseph-Platz geleiten Later-

nen den Theaterbesucher in leuchtendem Halbkreis ins Hof- und Nationaltheater, wo fünf Dynamomaschinen Model H von Sigmund Schuckert 1750 Glühlampen strahlen lassen. Der Apfel der Erkenntnis ist jetzt eine Birne.

Differential-Bogenlampen von Siemens & Halske machen den Centralbahnhof 1879 zum ersten elektrisch beleuchteten Bahnhof Deutschlands. Wenig später wird es auch draußen hell.

Ob die neue Helligkeit wirklich oder nur gefühlt dazu beiträgt, die Straßen sicherer zu machen, ist unter Kriminologen bis heute umstritten – mit den Lichtkegeln wachsen auch die Schattenzonen. Die Halle des Hauptbahnhofs etwa empfängt – beleuchtet von Differentialbogenlampen der Firma Siemens & Halske – die Reisenden mit schier überirdischem Glanz; jedenfalls, solange der Ruß der Lokomotiven und die Hinterlassenschaft der Tauben das Bild noch nicht eingetrübt haben. Auch der Bahnhofsplatz strahlt heller denn je. Für die Kriminalitätsstatistik im Bahnhofsviertel gilt das nicht unbedingt. Einleuchtend dagegen die elektrisierende Wirkung der Laternen aufs Geschäft – Schaufenster funktionieren jetzt auch im Dunkeln – und aufs Nachtleben, an dem sich jetzt vermehrt auch Frauen beteiligen. Da trifft es sich gut, dass es außer Bierpalästen, Singspielhallen und Theatern bald noch eine weitere Attraktion gibt, die die Menschen anzieht wie das Licht die Motten.

Der Kinematograf: Fürwahr, ein wunderbarer Apparat!

Fast zur gleichen Zeit, in der in den Münchner Straßen der ewige Vollmond aufgegangen ist, beginnt es auch in manchen Innenräumen geheimnisvoll zu leuchten. In diesem Fall hinkt München Berlin und Paris auch nicht Jahrzehnte, sondern nur Monate hinterher. Im November 1895 erhebt sich im Berliner Wintergarten lauter Jubel: Die Brüder Skladanovsky präsentieren als krönenden Abschluss eines Varieté-Abends die weltweit erste öffentliche Aufführung bewegter Lichtbilder. Höhepunkt der 15-minütigen Kurzfilmfolge: ein boxendes Känguru. Vier Wochen lang ist der Wintergarten jeden Abend ausverkauft. Nach Weihnachten ist die Technik, das »Bioscop«, schon wieder veraltet, denn in Paris präsentieren die Brüder Lumières mit ihrem »Cinématographe« schärferen Stoff.

Ab dem Sommer 1896 ist auch München Filmstadt. In den Zentralhallen der Landesgewerbeausstellung finden mehrmals täglich Vorführungen statt. Zu sehen: »Treffliche Strassenbilder (Wien), Gruppen aus zoologischen Gärten, ein Damenduell und die Einfahrt und Abfahrt eines Zuges«, so die »Münchner Neuesten Nachrichten«. »Fürwahr, es ist eine Reihe fesselnder Bilder, die der Kinematograph zeigt, dieser wunderbare Apparat!« Im November des Jahres veröffentlichen die »Münchner Neuesten Nachrichten« eine Annonce der Deutschen Automaten-Gesellschaft Köln. Gegen feste Monatsmiete kann man einen »Kinematograph Lumière« samt 400 verschiedenen »Bildern« ausleihen. »Derselbe eignet sich für Hotelbesitzer, Theater, Inhaber von größeren Restaurants etc.; erforderlich ist elektrisches Licht (Gleichstrom) und ein Raum von 11–15 m Länge und 4–8 m Breite.«

Das wollen jetzt alle haben. Das »Internationale Handelspanoptikum« in der Neuhauser Straße ergänzt seine Wachsfiguren, Kolonialkitschobjekte und Präparate in Spiritus um Filmvorführungen. Auch das Oktoberfest und die »Blumensäle« machen jetzt in Celluloid. Die ersten tapsigen Schritte der laufenden Bilder haben mehr mit Youtube gemein als mit heutigem Kino: lose bis gar nicht zusammenhängende Petitessen, selten mehr als einige Minuten lang, das meiste aus Frankreich und Amerika. Am Anfang ist sich das bewegte Medium Botschaft genug. Der Münchner Alpenverein präsentiert kinematografische Vorführungen von Bergfahrten, dazu kommen gekrönte Häupter vor wechselnder Kulisse und Profanes aus dem Alltag. Noch spielt das Licht meist in rappelvollen Nebenzimmern, Zelten und Wanderbuden. »Kinis«, sagt man dazu in München – Einzahl: der Kino. Doch die pompöseren Selbstbezeichnungen wie »Weltkinematograph« deuten bereits an, wohin die Reise geht.

»Das Zerdrücken eines Betonwürfels«

1907 gibt es in München sechs stationäre Filmtheater. Eines davon hat der Schausteller Carl Gabriel eingerichtet, Münchens Großimpresario für Volksbelustigungen aller Art, Gründer des Panoptikums, Organisator von Tier- und Völkerschauen, Besitzer mehrerer Oktoberfestattraktionen wie der Hexenschaukel und dem Teufelsrad, außerdem Importeur von Deutschlands erster Achterbahn, der »Riesen-Auto-Luft-Bahn«. Gabriels Lichtspiele am Hauptbahnhof gelten irgendwann als das am längsten fortlaufend geführte Kino der Welt (bevor die Eigentümer ihre Immobilie 2019 verkaufen). 1912 gibt es bereits 43 Kinos mit 7384 Sitzplätzen. Zum Vergleich: In Nürnberg sind es im gleichen Jahr 19, in Augsburg neun, die übrigen bayerischen Städte bringen es zusammen auf ein gutes Dutzend. Zahl der verkauften Kinokarten in München: 4107448, womit 1912 statistisch jeder Münchner siebenmal im Kino war. Was macht den Erfolg des Kinos aus? Erst einmal ist es neu. Die Bilder sind »echt«, also nicht in Pinselfarbe oder Schrift übersetzt, und anders als auf Fotografien rührt sich was: Tänzer, Tiere, Züge, Wasserfälle. Nicht zuletzt ist es bequem. Am Nachmittag beginnt die Vorstellung, Drama, Scherz und Sensation in minütlich wechselnder Dauerschleife. Für 15 Pfennig kann man kommen, wann man will, und bleiben, solange man will.

Zum Zauber des Anfangs gehört auch, dass jeder in das Medium projizieren kann, wonach es ihn verlangt. Für viele ist ein Abend mit Bildern aus Paris, Kopenhagen und China die schnellste und billigste Form jener Weltreise, die man – wer weiß? – irgendwann vielleicht selbst mal unternehmen wird, etwa mit dem eben gezeigten Zeppelin. Der Oberingenieur Hammer beschwört 1908 im Polytechnischen Verein die Zukunft des Kinos als Volksbildungseinrichtung. Im Anschluss an seinen Vortrag führt er vor, was er auf der Leinwand sehen möchte: »das Zerreißen eines Flusseisenstabes, das Zerdrücken eines Betonwürfels, das Entzünden eines Thermitgemisches, das Einlegen eines Schornsteines u.a.m.« Der bayerische Staat hofft auf neue Einnahmen durch die seit 1910 erhobene »Lustbarkeitssteuer« (aufgeteilt in Pauschalgebühr und Billettsteuer). Den oben zitierten Korrespondenten der »Münchner Neuesten Nachrichten« wiederum fasziniert die Aussicht, der Nachwelt in bewegter Form Zeugnisse des eigenen Daseins zu übermitteln. »Was würden unsere Enkel dazu sagen, wenn sie einstens den Genuss hätten, ihn [den Ex-Reichskanzler Bismarck] fast in Wirklichkeit, geradezu lebendig, vor sich zu sehen und sprechen zu hören?« Manche Kinoträume bleiben unerfüllt. Andere nicht.

Der Kini geht ins Kino

Der Kampf um die Gunst des Publikums befördert die Fantasie der Branche. Die Filme werden länger, bilden Spannungsbögen. »The American Bio C°. – Carl Gabriels Theater lebender Bilder« engagiert einen Erzähler, der die stummen Bilder hörbar macht. Andere setzen auf Musikuntermalung. Wieder andere auf Eleganz und Komfort. Die für einige Jahre schönsten Räume bietet das ehemalige »Café Imperial« am Stachus. Dann schlägt Carl Gabriel wieder zu. 1913 eröffnet er am Sendlinger Tor sein Vorzeigekino, das klassischen Musentempeln wie dem Prinzregententheater Paroli bieten will (weshalb Gabriel dessen Erbauer verpflichtet, die notorischen Heilmann & Littmann). Die Leinwand stellt alles bisher Gesehene in den Schatten. Auch das Lichtspielhaus selbst ist »mit amphitheatralisch ansteigendem Parkett, mit Rang und Galerie, mit eigenen Zugängen, Treppenhaus, splediter (sic!) effektvoller Beleuchtung und Warmwasserheizung« ein Hingucker. Ein PR-Coup gelingt Gabriel 1915, als der filmbegeisterte König Ludwig III. persönlich einer Vorführung des Erfolgsstreifens »Die Herrin vom Nil« die Ehre gibt. Gabriel lässt mit der Kamera draufhalten und zeigt das Ergebnis unmittelbar nach dem Hauptfilm. Der »Kini im Kino« ist leider nicht mehr erhalten – wohl aber Filmbilder, die den letzten bayerischen König beim Ausritt zeigen. Der Wunsch des »Münchner Neuesten Nachrichten«-Korrespondenten, seine Zeit »fast in Wirklichkeit, geradezu lebendig« übermitteln zu können, ist schnell in Erfüllung gegangen.

»The American Bio Cº«: lebende Fotografie in der Dachauer Straße 16, 1910.

he American Bio Co
Natur-Aufnahmen aus allen fünf Weltteilen
Vorstellung mit wöchentlich wechselndem Programm
Eine reise durch die ganze Welt
Lebende Fotografie
Eingang
Die Lebende Fotografie bringt stets die neuesten Ereignisse aus allen 5 Weltteilen

Kapitel 4
Mobilmachung: München erweitert seinen Horizont

Die Welt der Münchner wird nicht nur hell, sie wird auch schnell. Noch zu Anfang des 19. Jahrhunderts rumpelt eine durchschnittliche Postkutsche auf durchschnittlich schlechten Straßen gerade mal 10 Kilometer in der Stunde vorwärts und strapaziert dabei erheblich die Rücken der Reisenden. Schon die ersten Eisenbahnen sind dreimal schneller. 1907 stellt die Dampflokomotive S2/6 der Königlich Bayerischen Staatsbahn einen weltweiten Geschwindigkeitsrekord auf: 154,5 Stundenkilometer. Nicht das durchschnittliche Reisetempo. Dennoch empfinden die meisten Zeitgenossen ihre Epoche hoffnungsfroh oder schaudernd als fortwährenden Beschleunigungsprozess. Für mindestens eine Generation ist die Eisenbahn, was für die nächste die Elektrizität und heute das Internet ist: ein Abbild der neuen Zeit. Und die kommt schnell. Kommt die Seele noch mit?

Südfrüchte auf Reisen

Die Nase jedenfalls hat Schwierigkeiten. »Der Duft der Pflaume ist weg«, mokiert sich bereits 1827 ein gewisser Goethe über die neue Art der Fortbewegung. So zumindest berichtet es ein bayerischer Gesprächspartner des Dichterfürsten, König Ludwig I., der, obwohl er selbst eher auf den Kanalschiffsverkehr setzt, den Eisenbahnbau entschlossen vorantreibt – nicht ohne wie Goethe die Entsinnlichung des Naturerlebnisses zu beklagen. Selbst gefahren sind die beiden Herren nicht, außerdem jammern sie auf höchstem Niveau. Die Eisenbahn ist nicht nur Lokomotive der wirtschaftlichen Beziehungen Münchens zum Rest Bayerns, Deutschlands und der Welt, für viele Münchner schafft die Eisenbahn erstmals die Möglichkeit, die Landschaft vor der Haustür mit der Lüneburger Heide oder dem Rheinland zu vergleichen, in Italien den Duft frisch gepflückter Zitronen zu erfahren – oder in München zu erschwinglichen Preisen Zitronen zu kaufen. Mit der 1867 eröffneten Brennerbahn wird der Lago di Garda von einer Ansammlung fremder Silben zum Traumziel für Hochzeitsreisende.

Noch näher gerückt ist – trotz Rauswurf aus dem neuen, preußisch dominierten deutschen Nationalstaat – Österreich. Des Jahrhundertwendemünchners Großvater hat sich, wenn er nach Wien reisen wollte, auf ein Floß Flussrichtung isar- und donauabwärts begeben, um, eingepfercht zwischen Handelsgütern und nicht selten nass von oben und unten, drei Tage lang auf die österreichische Hauptstadt zuzuhalten. Tempi Passati: Einziger Passagier des letzten Floßes, das München aktenkundig nach Wien schickt, ist anno 1904 ein kupfernes 6-Meter-Trumm von Braukessel, das auf einer Ausstellung vorgeführt werden soll. Wer weniger breit ist, fährt jetzt Zug. Die Bayerische Staatsbahn bedient im Deutschen Reich vor dem Krieg eine Gleislänge von 8000 Kilometern – das zweitgrößte Streckennetz nach der Preußisch-Hessischen Eisenbahngemeinschaft.

In der Isarthalbahn

Im Alltag eines Großteils der Bevölkerung ist aber entscheidender, was sich in der Stadt und drumherum bewegt. 1876 ist das Geburtsjahr des modernen Münchner ÖPNV: Die erste pferdegezogene Tramway tuckelt vom Promenadeplatz an die westliche Stadtgrenze. 1890 startet eine Ringlinie. 1906 verkehren kreuz und quer 20 Linien, alle elektrisch, viele in einem bis heute vorbildlichen 5-Minuten-Takt. Noch ist der Spaß teuer, die 10-Pfennig-Tramfahrt zur Arbeit nicht für jeden bezahlbar. Aber am Wochenende gönnt man sich was: Die erste E-Tram Münchens – es ist zugleich die dritte weltweit – baut 1886 der Ingenieur August Ungerer. Einstieg vorm Schwabinger »Großwirt«, Zielstation: das heute nach seinem Gründer benannte »Würmbad«, das Ungerer als aufwendige Badelandschaft mit Wasserspeiern und künstlichen Grotten anlegen lässt. Eine weitere Tram bringt die Münchner ab 1890 dampfbetrieben zur Massenbelustigung des Nymphenburger Volksgartens.

Der Horizont weitet sich. An arbeitsfreien Tagen ersetzt die Zugfahrt ins grüne Umland immer öfter den Sonntagsspaziergang. Das gilt natürlich auch in der Gegenrichtung: »Noch vor Jahrzehnten kam der Bauer höchstens einmal im Leben in die Stadt und dann war es mit dem Reisen so ziemlich vorbei bis zur Reise in die Ewigkeit; jetzt können Sie jeden Tag ganze Reihen im Münchener Vergnügungslokale finden«, schreibt Karl Stieler schon 1885 in seinen »Kulturbildern aus Bayern«. Für den ersten Maisonntag des Jahres 1900 notiert die Stadtchronik am Hauptbahnhof 75 000 Reisende. »Die größte Wanderung fand nach Holzapfelkreuth statt, woselbst die Sozialdemokraten ihre Maifeier hielten, zu welcher sich ca. 40 000 Theilnehmer einfanden.« 24 Schänken, mehrere Steckerlfischbratereien und ein Tanzpavillon mit Walzermusik sorgen für eine recht gemäßigt revolutionäre Atmosphäre. Am letz-

ten Septembersonntag des Jahres meldet die Tramgesellschaft 273 804 Fahrgäste – mehr als jeder zweite Münchner ist auf der Schiene unterwegs.

Diese Tram fährt zwischen Innenstadt und Isarthalbahnhof. Der Anschlusszug öffnet neue Welten.

Geradezu ein Akt der Befreiung für mittelliquide Großstadtbewohner mit Großstadtkoller ist die bunt beflaggte, mit Volldampf über die Stadtgrenzen hinaus schnaufende Isarthalbahn, die ab 1891 bis Wolfratshausen, ab 1898 bis Bichl (mit Anschluss zum Kochelsee) reicht. Ab geht die Fahrt am Bahnhof München Süd im Dunst des Schlachthofviertels. Ab Thalkirchen wird die Luft besser, und danach kann man kaum mehr aussteigen, ohne mit der Nase in eine der Attraktionen zu stoßen, die sich wie die Perlen einer dicken Sonntagskette aneinanderreihen: der neue Tierpark Hellabrunn (ab 1911), die alte, zur Nervenkitzelgaudi umfunktionierte Floßlände, das Freibad Maria Einsiedel, der Tanzpavillon an der »Waldwirtschaft«, Biergärten und Bootsverleiher, die Burgen des Isartals, in der Ferne die Schönheiten des Voralpenlands. Das Rundfahrticket bis Grünwald kostet pro Kopf 50 Pfennige, also etwas mehr als zwei Maß Bier, was bei knapper Kasse zu familiären Diskussionen geführt haben dürfte. Ab 1910 bieten die Isartallinien 25 und 35 auf der rechten Seite des Flusses eine günstigere Alternative. Das Gedränge im Wagen freilich ist hier wie dort enorm.

Das Streckennetz ist bereits bemerkenswert dicht.

Masstab 1: 28000.

Thaddäus fährt Rad

Ein Viech: Münchens frühe Radsportlegende Thaddäus »Thaddy« Robl, 1900.

Luftiger dahin geht es auf dem Velociped. Das Zweirad hat, seit der Schweinfurter Philipp Moritz Fischer 1853 den Tretkurbelantrieb erfunden hat, eine ungeheure Karriere hinter sich. Die ersten Fahrräder gelten als passantenfressende Straßenungeheuer, sind zudem schwer und teuer. Außerdem entwickelt sich die Technik so schnell und in so viele Richtungen weiter, dass man kaum sagen kann, bei welchem Modell sich die Anschaffung lohnt. Viele der ersten Radfabriken (so auch die des Münchners Jean Strobl) sind eigentlich auf Nähmaschinen spezialisiert, manche wechseln später über zum Automobilbau.

In den 1870er-Jahren nehmen sich wagemutige Sportsfreunde der Sache an. In München entstehen gleich mehrere Velocipedclubs, die Fahrradunterricht erteilen (man braucht Fahrradführerschein und Kennzeichen), Reparaturtipps geben, seltsame Kleidung tragen und sich mit dem für uns Zeitreisende befremdlich klingenden Ausruf »All Heil!« grüßen. Schon bald ist der Radsport in München ungefähr das, was heute der Fußball ist. Die Radrennen auf der Wiesn und in den Radstadien beim Schyrenbad und in Milbertshofen sind Massenspektakel. Mehrere Münchner Rennradler zählen zur europäischen Spitze. Der Franz Beckenbauer des Radsports aber heißt Thaddäus Robl, dessen Leben der Journalist Karl Stankiewitz nachgespürt hat. Als Kind leidet »Thaddy« an nervlich bedingten Lähmungen, trainiert dann aber radelnd seine Muskeln, strampelt sich frei, gewinnt mehrere Titel. 1903 stürzt er schwer, tritt aber trotzdem am nächsten Tag bei einem Rennen an, reißt sich während der Fahrt den Verband vom

Leib – und gewinnt erneut. Sein legendärer Kommentar: »A Viech muaß ma sei!« Wirklich familienausflugstauglich sind die Fahrräder noch nicht, doch mit sinkendem Preis steigt ihr Absatz. Vor Kriegsbeginn schwärmen bereits einige 10 000 Radfahrviecher ins Münchner Umland aus.

Otto fährt Auto

Deutlich exklusiver ist die Fahrt im Automobil. Dabei hat nicht viel gefehlt, und München wäre schon lange vor der 1932 einsetzenden allmählichen Wandlung des Flugzeugbauers BMW zur Autoschmiede eine »Motor City« geworden. An begeisterten Anhängern der neuen Technologie fehlt es in Bayern jedenfalls nicht. Gleich seine zweite öffentliche Ausfahrt 1888 führt den Karlsruher Motorpionier Carl Benz nach München, wo man ihn auf der »1. Kraft- und Arbeitsmaschinenausstellung« mit größtem Interesse empfängt. Anfang 1894 produzieren Hildebrand & Wolfmüller in der Colosseumstraße in der Isarvorstadt das welterste als solches patentierte »Motorrad« – Fahr-Zeugen zufolge leider eine ziemliche Höllenmaschine, die ihre Konstrukteure schon Ende 1895 in den Konkurs treibt. 1899 findet in München die erste Autofahrprüfung der Welt statt. Danach erhalten acht Wagen ihre amtlichen Zulassungsnummern; der erste gehört den Münchner Zwillingsbrüdern Daniel und Hermann Beissbarth, die wenig später in einer alten Reithalle einen eigenen Karosseriebau eröffnen – mit beachtlichem, dann aber auch vorübergehendem Erfolg.

Bis 1910 steigt die Anzahl der in München registrierten Kraftfahrzeuge auf 1303. Üppiger als die Zulassungszahlen ist die Aufmerksamkeit, die den neuen Mobilen zuteilwird. Die Fahrt mit dem Automobil ist eine Aventure für ebenso wagemutige wie wohlhabende Herren in wilden Lederoutfits wie den bei Landsberg geborenen, in London zu Ansehen gekommenen Universalkünstler Hubert von Herkomer, der von 1905 bis 1907 die ersten Langstreckenrallyes der Welt organisiert. Zahllose Schaulustige stehen dabei Spalier und freuen sich, wenn die Wagen München passieren. Andere bespötteln die Motorsportenthusiasten: »Das mag Verlockendes haben, wie jeder mit Lebensgefahr verbundene Sport, und ich begreife es, daß gerade die Reichsten der Reichen sich die Sensation gerne verschaffen, auf bisher noch nicht dagewesene Manier das Genick zu brechen.«

Dieser Satz stammt vom Wahlmünchner Otto Julius Bierbaum – auch er ein Automobilist, freilich ganz anders geartet. »Lerne reisen ohne zu rasen!« hat sich der Autor des ersten Autoreisebuchs deutscher Zunge (»Eine empfindsame Reise im Automobil«, 1903) vorgenommen, sozusagen die Wiederentdeckung des Pflaumendufts im selbstverursachten Fahrtwind. 1902 bricht er mit seiner Gattin in einem vom Verleger August Scherl gesponserten Motorwagen der Frankfurter Adler-Fahrradwerke (!) zu einer Fahrt durch fünf Länder auf. »Unser erstaunliches Vehikel konnte als Badezimmer, Dunkelkammer, Schlafwagen, Billardsalon benutzt werden; es sprang über mittlere Abgründe, durchquerte Seen, watete durch Sümpfe; Berge, über die es nicht gekonnt hätte, gab es überhaupt nicht«, so Bierbaums Fantasie vor der Abfahrt. Der tatsächliche Reiseverlauf geht dann auch erstaunlich glatt vonstatten. Die Bierbaums lassen es allerdings auch planvoll und ruhig angehen. Statt selbst wie die Wildsäue zu rasen, beobachten sie vom Auto aus lieber in aller Ruhe die Wildschweine an der Moritzburg. In Meißen erstehen sie ein Teeservice (»mit Biedermeier-Rosen«), das bei den folgenden Stopps aus- und nach absolvierter Teezeremonie rüttelsicher wieder eingepackt wird. In Wien-Floridsdorf plaudert man mit skeptischen Schaulustigen, die in der pferdefreien Fortbewegungsform einen Fall für den Tierschutzverein sehen (»Alsdann, was geschieht denn mit dene Gäul, wenn ma mit solche Zeugln fahrt? Müssen alle geschlachtet werden!«) Nach Ankunft in seiner Lieblingsstadt München lässt er seinem Gefährt bei einer Filiale der Adlerwerke »die Wohltat einer durchgreifenden Reinigung angedeihen«, ersteht einen Reservesatz Zündkerzen und zwei Reitpeitschen zur Abwehr verstörter Hunde.

Münchens neue Badewannen

Wirklich reisen und sich nicht nur »transportieren zu lassen« ist Bierbaums Ideal. Die meisten Münchner sind hochzufrieden, zügig transportiert zu werden, solange ihnen der Zielort sommerfrisch, wasserblau, wiesengrün und hochgebirgsmächtig entgegenkommt. Als Schriftsteller Hans Carossa aus der niederbayerischen Provinz nach München einfährt, erweckt ihm die »weltweite Linse« des Föhns die Illusion, »als träten die Berge in die Straßen herein«. Und es stimmt ja auch. Immer mehr einst entfernte Alpenparadiese verfügen jetzt über einen eigenen Bahnhof: Sonthofen schon 1873, 1888 Oberstdorf und Berchtesgaden (von wo aus etwas später ein Gleis direkt zum Königssee führt), 1889 schließlich Garmisch und Partenkirchen. Juli und August ist Hochsaison, doch der Alpinismus boomt von der Schneeschmelze bis zum Blätterfall und der gerade in Mode kommende Wintersport dehnt die Saison weiter aus. 1905 startet die Königliche Bayerische Post die erste öffentliche Omnibuslinie von Bad Tölz nach Lenggries, womit auch Regionen ohne Gleisanschluss zu Fremdenverkehrszielen werden.

Um die blauen Sehnsuchtsflecken des Fünfseenlands herum wird da bereits bedenklich gedrängelt. Der Starnberger See – seinerzeit noch Würmsee – hat den Anfang gemacht. Schon zur Jahrhundertmitte gelangt man von Münchens »Starnberger Bahnhof« aus in nur 50 Minuten direkt ans Seeufer, wo auf leuchtenden Wellen der Ausflugsdampfer schaukelt. Der Sommerschlussverkauf beginnt: Im Handumdrehen hat der Münchner Geld- und Geistesadel zwischen Starnberg-Bahnhof und Schloss Possenhofen (dem Kindheitsparadies von Kaiserin »Sisi«) seine Claims abgesteckt. Rund um das 1827 gebaute Landhaus des Dampfschiffpioniers Ulrich Himbsel bauen die Porzellan-Hutschenreuthers und die Erzguss-Millers, siedeln Friedrich Kaulbach, Max Halbe, Lovis Corinth, Frank Wedekind, Eduard von Keyserling. Am Tegernsee residieren ganzjährig oder in Teilzeit Ludwig Ganghofer und Ludwig Thoma, der Verleger Georg Hirth und der Opernsänger Leo Slezak.

Mit Mann und Mops macht sich Münchens Mittelschicht auf in die Sommerfrische: »Hamma nachad aa ois dabei?«. Humoransichtskarte, um 1900.

Koa Ruah, nirgends

Eine Rangordnung bildet sich heraus, bereits auf dem Hinweg, lose gestaffelt nach Geschwindigkeit: hier Automobilisten, Zug- und Tramreisende, dort Radfahrer, stramme Wanderer und schwärmende Lustwandler. Sie betrachten die jeweils andere Spezies als Revierrivalen und Sonderlinge. Mountainbikes

immerhin trifft man nicht an; also noch nicht, denn bald, ahnt Kolumnist Benno Rauchenegger anno 1898 präzise voraus, »wird der nie ruhende Erfindungsgeist des Menschen [für die Berge] ein Kraxloped erfinden, und daß dann die Münchner nicht zurückbleiben werden, solches für ihre Lieblingstouren zu verwenden, ist sicher«.

Mit stillschweigender bis spürbarer Verachtung sehen die Villenbesitzer den Zuzug von Sommerfrischlern mittlerer Zahlungsfähigkeit, die für ein paar Tage oder Wochen im Jahr die Bauern- und Fischerhäuser und die Sehenswürdigkeiten der Umgebung belagern. Diese Pensionsgäste wiederum zeigen geringe Neigung, Seeufer und Berghänge mit »Passanten« und Ausflüglern zu teilen – den kleinen Leuten, die von Bahnen und ersten Bussen sonn- und feiertags in die Landschaft gespuckt werden. An der Starnberger Uferpromenade teilen Neigung und Kassenlage den Strom der Erholungssuchenden. Spazieren und schauen ist, solange man nicht einkehrt, ab Bahnsteigkante umsonst, der naturbelassene Sprung ins Wasser auch. Beim Flanieren ist eine gewisse textile Grundausstattung aber von Vorteil. Die Fahrt im Salondampfer ist schon eine Investition, ebenso der Besuch im ersten dampfbetriebenen Wellenbad weit und breit, dem Undosa. Dafür gibt es hier Brandung fast wie an der Nordsee, Strandkörbe im Sand wie an der Ostsee und einen 10 Meter hohen Sprungturm. Das bloße Spechteln von der Tribüne kostet nur ein Drittel, nämlich 20 Pfennige pro Nase, allerdings baden Männlein und Weiblein in der ersten Zeit getrennt, weshalb zu überlegen ist, ob man sein Geld und seine Aufmerksamkeit dem Auf und Ab fremder, halb bekleideter Leiber auf künstlichen Wellenkämmen widmet oder doch besser dem Überlebenskampf einer Fliege im sacht ausperlenden Bierschaum des eigenen Maßkrugs. Oder man bleibt gleich in München und lässt sich von den Steinfiguren des Schwabinger Würmbads anplätschern.

Jedenfalls: Es ist mehr und jedes Jahr noch mehr und meist Gesünderes geboten als nur im Wirtshaus zu sitzen. München hat die Wahl und das schöne Umland ein schönes Geschäft. »Es ging auf- und vorwärts in diesen bewegten Jahren. Selbst die abgelegensten Dörfer am Ufer des Sees verloren in kurzer Zeit ihr bäuerliches Gesicht. [...] Die Wirte scheffelten Geld, die Metzger wussten oft nicht, woher sie das viele Fleisch nehmen sollten, und unsere Bäckerei ging glänzend. Am wohlhäbigsten aber wurden die Fischer und Bauern, die Grundstücke am Seeufer hatten.« So beschreibt es Oskar Maria Graf, neuntes Kind eines Bäckers aus Berg am Starnberger See, in seinem halbbiografischen Roman »Das Leben meiner Mutter«.

Wirklich beliebt sind die »Stoderer« auf dem Land dennoch nicht. Einig ist man sich nur im Argwohn gegen »gut eingesäumte«, also betuchte Norddeutsche, welche den eben erst eroberten Erholungsraum der Münchner besetzen wollen, während (so 1913 die »Berliner Morgenpost«) die »weniger reich mit Glücksgütern Gesegneten« unter den Preußen die Ferienalternative ärmerer Münchner, nämlich den Bayerischen Wald, ins Visier nehmen. Opernsänger Leo Slezak – aus Mähren stammend – teilt uns mit, dass auch der Tegernsee längst kein stilles Wasser mehr ist: »Jeder, der fünf Minuten im Kahne sitzt, gröhlt und heult, dass die Berge sich weigern, das Echo zurückzugeben. Da wird in allen Mundarten gejodelt, dass man sich aus Verzweiflung am liebsten in sein Schwert stürzen möchte.«

Kapitel 5
Die Erfindung des Schaufensterbummels

Auch Oscar Adolf Herrmann Schmitz hat etwas zu bemängeln. »Einkäufe im Warenhaus Oberpollinger. Welch ein Abstieg gegen Wertheim! Alle Waren, die ich brauche, sind gerade ausgegangen. Schmutzige Hände der Verkäuferinnen.« Nun muss man in Rechnung stellen, dass der Privatier Schmitz – Sohn eines hessischen Eisenbahndirektors – ein Dandy ist, ein vielgereister noch dazu. Er kennt Kaufhäuser von Berlin bis Budapest und sowieso die in Paris, die Émile Zola in seinem Roman »Das Paradies der Damen« (1884) in metaphysischen Metaphern wie der der »Kaufhauskathedrale« beschrieben hat. Für den gemeinen Münchner, für den Einkaufen bisher meist in der lästigen Notwendigkeit bestand, Gries, Gselchte und Wollsocken nach Hause zu tragen und ab und an eine Anschaffung fürs Leben zu tätigen (Hochzeitsanzug, Ehebett, Küchenbüfett), sind die beiden Einkaufstempel des Oberpollinger am Karlstor und Tietz am Centralbahnhof eine Offenbarung. Und für die Münchnerinnen erst!

Mit dem Aufzug ins Warenparadies

Die Pforten des Paradieses öffnen beide am gleichen Tag, dem 14. März 1905. Erst kurz zuvor sind die beiden Prachtbauten nach langem Hin und Her mit Behörden und Feuerpolizei, dann aber in weniger als einjähriger Bauzeit fertig geworden. Vorm Oberpollinger drängeln sich die Neugierigen schon vor 8 Uhr morgens. Das Warenhaus hat, so die Stadtchronik, »an einen großen Teil der Bewohner Münchens« eine Einladung mit Rabattkarte übersendet. Die Himmelspforten, eingerahmt von großen, im Morgendämmer elektrisch beleuchteten Schaufenstern, führen direkt ins Allerheiligste: den über mehrere Stockwerke sich erstreckenden, von einer Glaskuppel gekrönten Lichthof. Von unten nach ganz oben schweben die Premierengäste in Aufzügen – diesem hierzulande erstmals 1880 von Siemens vorgeführten Vertikalverkehrsmittel, das in vielen Städten, wenn auch weniger in München, als Turbo für das himmelwärtige Stadtwachstum fungiert. Für viele Münchner ist es das erste Mal, dass sie einen Lift benutzen – ein nicht nur körperlich erhebendes Gefühl. Und dann die Anmutung von Luxus, die ungeheure Vielzahl an Begehrenswertem, die sich dem schweifenden Blick dartut. »Ein glänzendes Bauwerk, durch das der Atem der großen weiten Welt weht!«, urteilen die »Münchner Neuesten

Nachrichten«. Die Fachpresse beeindruckt vor allem der Geist der neuen Zeit: Im Keller von Tietz sorgt ein 4 x 200 PS starker Dieselmotor für Licht und Dampfheizungswärme. Einen Dachgarten gibt es auch, Kinderbetreuung, Musik und einen Kinematografen. Oberpollinger kontert mit Telefonkabinen, einem Tea-Room und noch mehr vorgeblicher Exklusivität. Das alles zu Kampfpreisen.

Luxus pur: das »Waarenhaus« von Hermann Tietz am »Centralbahnhof«, um 1900.

Also kommen sie, die (vorwiegend weiblichen) Stadtmenschen, auch die »von der äußersten Peripherie der Stadt«, wie die »Münchener Ratschkathl« kurz nach der Eröffnung schreibt: »Und mit dem Lift fahren darf die einkaufende Frau natürlich auch, und ein ganzes Heer von Rayonschefs nickt ihr zu und begrüßt sie mit ›Gnädige‹, und so hübsch ist's in dem ganzen Haus, und über Teppiche darf sie gehen, und restaurieren kann sie sich gleich dabei, und da sitzt sie dann mit dem Marktkorb so gravitätisch oben im 3. Stock, hat sich drei Liter neue Kartoffel gekauft, weil sie diese um zwei Pfennige billiger bekommt als ›wo anders‹ und d'rum trinkt sie ein Glas Bier dazu und ißt ein Brödchen, oder genehmigt sich einen Eiskaffee! Man spart eben, wenn man dort einkauft.«

Im Schlussverkauf verwandelt sich der Schaufensterbummel in eine Demonstration des Kaufwillens. Im Mai 1908 berichtet Stadtchronist Ernst von Destouches von einem »gewaltigen Menschenauflauf« vor dem Seidenhaus Gerlach. »Das Trottoir war vollständig unpassierbar geworden, in langen, dichten Reihen stand Frau an Frau und sechs Schutzleute hatten zu tun, um die Stürmischen im Zaume zu halten.« Lohnt sich der Aufwand? Das ganze Jahr über gibt es jetzt annoncierte Lockangebote und ansonsten ohne Zwischenhändler in großen Stückzahlen eingekaufte Industriewaren zu tendenziell günstigen Festpreisen. Über die Qualität der Ware gehen die Meinungen auseinander. Dafür kann man was erleben, etwa in den von Hermann Tietz erdachten »Weißen Wochen«, in denen sich in den Schaufenstern Bettwäsche, Hemden und Porzellan zu gleißend angestrahlten Abverkaufsgebirgen auftürmen. Entscheidend ist: Der Akt des Kaufens verändert sich. Im Warenhaus wird nicht gefeilscht und nicht gestundet. Dafür muss niemand mehr warten, bis eine schlecht gelaunte Ladnerin einem schlecht bezahlten Lehrbuben angeschafft hat, die Ware der Wahl aus dem obersten Fach eines Regals zu kramen. Eine zuvor kaum vorstellbare Auswahl an Wünschenswertem breitet sich jetzt willig vor dem Auge aus. Man kann schauen, ohne zum Kauf genötigt zu werden, sogar anfassen, und wenn etwas nicht gefällt, darf man's zurücktragen. Bedient wird man von freundlichen, bisweilen ahnungslosen Verkäuferinnen mit relativ auskömmlichem Verdienst. Bei Tietz am Centralbahnhof, dem bald schon bedeutendsten Kaufpalast Süddeutschlands, kann man um 1908 in der Kurzwarenabteilung zum Beispiel einem gewissen Fräulein Wellano begegnen, aus dem bald die ungleich bekanntere, aber immer noch duldsame Liesl Karlstadt werden soll.

Im Fegefeuer der kleinen Krämerseelen

Dem Einzelhandel schwant, was auf ihn zukommt. Während Oberpollinger und Tietz am 14. März 1905 Reklamezettel unters Volk bringen, verteilt der Gewerbeverein Flugblätter, in denen vor der Vernichtung von Einzelexistenzen gewarnt und »insbesondere die Frauenwelt« beschworen wird, »den reellen Spezialgeschäften, dem Kaufmann, Handwerker und Gewerbetreibenden treu zu bleiben«. Natürliche Konkurrenzbeobachtung mischt sich mit Revierverhalten und Ressentiment. Wer erfolgreich Neues wagt wie der Textilkaufmann Isidor Bach, der in der Sendlinger Straße statt Maßkleidung selbstproduzierte Ware

»von der Stange« in festen Konfektionsgrößen anbietet, oder zu schnell expandiert wie ums Eck der ehemalige Galanteriewarenhändler, jetzt Kaufhausbesitzer Heinrich Uhlfelder, oder der Roman Mayr mit seinen 700 Mitarbeitern, dessen Jugendstilkaufpalast am Marienplatz 1965 dem Kaufhof weichen musste, der wird argwöhnisch beobachtet. Die sich leerenden Fleischtröge mancher kleinen Händler sind ein gefundenes Fressen für Antisemiten, die gern mit Begriffen wie »Nepp« und »Wucher« operieren, wenn vom Angebot bei den neuen Platzhirschen die Rede ist – womit auf den jüdischen Glauben »dieser Herren« angespielt wird. Ein Bogen spannt und strafft sich da, der von einer ersten antisemitischen Demonstration 1922 und wachsenden Anfeindungen über das »Kauft nicht bei Juden« des Jahres 1933 zur »Arisierung« genannten Zwangsenteignung der Folgejahre führt.

1913: Kathrina Essendorfer und Tochter vor ihrem Kramerladen in der Neuhausener Albrechtstraße.

Zugegeben: Wenn Frau Huber statt wie sonst zum Schmiedl jetzt lieber gleich zum Tietz geht, kann das den Schmiedl aus heiterem Himmel die Existenz kosten. Die Kleinen haben's nicht leicht – aber ihre Kundschaft mit ihnen auch nicht immer. Ein typisches Opfer des Strukturwandels erfindet nah am Leben Ludwig Thoma in seinem Roman »Münchnerinnen« (1911). Es ist Benno Globerger, Erbe der Spezereiwarenhandlung Nepomuk Globerger, der sein Geschäft zukunftsfest machen will, indem er den Gewürzladen zum Fachhandel für echten (statt Malz- und Feigen-)Kaffee, für Tee, Tabak und Zigaretten umbauen will. Jedoch: »[…] die alte Kundschaft wollte keine Neuerungen, sie hing am Hergebrachten, besonders an den alten Preisen« und so wandern die höchstpersönlich aus London importierten Blechbüchsen mit feinem Tee bald aus dem Schaufenster in einen staubigen Winkel des Ladens – und Globerger immer öfter ins Wirtshaus, wo er von »unsauberen Machenschaften« der Konkurrenz schwadroniert.

Oft sind es ältere Arbeiter, die die Schinderei in Werkstatt und Fabrik nicht mehr mitmachen können und mit den Ersparnissen eines halben Arbeitslebens einen winzigen Gemüse- oder Trödelladen eröffnen, der der Not auch kein Ende macht. An die 10 000 teils winzige Geschäfte soll es um 1900 in München geben, viele leuchtend vom Stolz der Inhaber. Mit anderen muss es ein rechtes Kreuz gewesen sein. Es beginnt damit, dass man kaum hineinfindet. »Es ist schwierig, in München die Türen der Geschäfte zu finden – so klein sind hier die Läden!«, notiert 1879 der amerikanische Europareisende Mark Twain. Danach sieht es, fasst man die Berichte zusammen, so

Das Milchgeschäft der Zottmanns in der St. Martins-Straße, Giesing, hält sich nur einige Jahre.

aus: Schmutztrübe Schaufenster (sofern vorhanden), in deren Halbdunkel wie Kraut und Rüben Dinge durcheinanderstehen, von denen man allenfalls erahnen kann, was sie kosten könnten und wofür sie gut sein sollen, außer vielleicht dazu, die Passanten vom Betreten jener vollgepferchten Geschäftsräume abzuhalten, in deren muffigen Hinterzimmern Ladenbesitzer lauern, welche meinen, mit dem Verzicht auf gröbere Insultationen dem Kundendienst genüge getan zu haben, und lieber ihr Personal schurigeln – »ältere(), anscheinend schwerhörige() Ladendiener ohne sich überstürzende Höflichkeit« (Thoma, »Münchnerinnen«) oder junge, blasse »mit einem Aspekt von Schlechtbezahltheit und Pflanzenkost« (Thomas Mann, »Gladius Dei«). Zwischen den Kramern und Tandlern versauern winzige Milchläden, in deren Kannen Katzen haarige Spuren hinterlassen haben. Metzgereien, auf deren groben Steinkacheln sich im Winter blutige Eispfützen bilden. Gemüsefrauen, zu deren Füßen Kartoffeln übern nackten Boden kullern. Zu viele »Alterthümer«, also Antiquitäten und Gebrauchtes, zu viele aus der Zeit gefallene Werkstätten für irgendwas, dazu noch 400 registrierte Hausierer.

Wo sich Kunst und Krempel gute Nacht sagen

Natürlich gibt es auch patente Handwerker und aufgeräumte Läden mit sehr persönlicher Kundenbeziehung. Und was dem einen oids Glump und Graffel, kann man auch freundlicher betrachten: Das bunte Münchner Sammelsurium mit den distinkten Merkmalen alter Handwerkstradition, der Kunst- und Kunstgewerbestadt, des Katholizismus und des forcierten Idylls lässt besonders die Altstadt in den Augen manches Reisenden (und Zeitreisenden) als vergrößerte Variante der Auer Dult erscheinen. Es gibt – neben vielem, was es anderswo auch gibt – hier zusätzlich nichts, was es nicht gibt. Vom Ahornkanapee über Bierkrüge mit handbemalten Deckeln, Fischbeinkorsetts, Gauditrompeten und rätselhaften optisch-fotografischen Instrumenten bis zum ziselierten Pfeifenständer aus Zinn. München ist erstens berühmt für seine Kunstproduktion und die Reproduktion oder kreative Nacherfindung von Kunstwerk aus aller Welt. Zweitens hat sich die Stadt zu einer Hochburg der Inneneinrichtung und Stilmöbelproduktion entwickelt. So, wie sich die Schlossköche von Versailles & Co. nach der Revolution in die Küchen der neureichen »oberen Zehntausend« von Paris retteten, sucht in München das unverhofft aus den Märchenschlössern Ludwigs II. vertriebene Heer königlicher Raumfluchtausstatter sein Auskommen in den Wohnzimmern des gehobenen Bürgertums: der Hofschreiner Anton Pössenbacher, der erst Herrenchiemsee und Neuschwanstein und später den Berliner Reichstag möbliert, der Vergolder Joseph Radspieler, der als Mitherausgeber des erzkonservativen »Bayerischen Kuriers« den besten Draht in gehobene Kreise hat, die Posamentenmanufaktur Beck – heute »Ludwig Beck am Rathauseck« – sowie zahllose andere Hersteller von Möbeln, Stoffen, Porzellan und Juwelen. Anders als Frankreichs Haute Cuisine bringt es die weithin bevorzugte, dunkelhölzerne »deutsche Renaissance« zwar nur ansatzweise zu Weltgeltung, doch immerhin sind Mitglieder des Kunstgewerbevereins neben Bayerns Ingenieuren auf den Weltausstellungen von Paris bis Chicago gut vertreten. Umgekehrt präsentiert Lehmann Bernheimer in seinen noblen Geschäftsräumen am Lenbachplatz Dinge, die auf weitem Weg nach München gefunden haben, besonders für Anhänger des Kolonialstils und der orientalischen Teppichknüpfkunst. Und schließlich blüht neben Kunst und Kunsthandwerk auch eine religiöse Sinn-, Kunst- und Kitschproduktion: Die Mayer'sche Hofkunstanstalt liefert herrlich bunte Glasfenster für die Kirchen von Rom und New York (wo sie gleich noch die U-Bahn mitverglast); weniger anspruchsvolle Heiligenbildchen, elektrische Lourdes-Grotten und »Prager Jesulein« aus Gips sind bei Storr in der Kaufingerstraße erhältlich.

Großer Auftrieb beim Hoflieferanten Alois Dallmayr, Dienerstraße 15, 1912.

Prinzregententortenlieferanten

Wer schon einen Namen hat, hat es gut in München. Die Stadt fördert die lokale Geschäftswelt, indem sie in Innenstadtimmobilien wie dem neuen Rathaus oder dem 1905 eingeweihten Ruffiniblock Ladenzeilen für alteingesessene Geschäftsleute reserviert. Auch der Prinzregent hält wie seine Vorfahren die Hand über die bayerische und zuvörderst die Münchner Geschäftswelt. Es gibt eine Art Ritterstand unter den Geschäftsleuten: Die rund 300 Königlich-Bayerischen Hoflieferanten, die diesen Ehrentitel auf ihre Visitenkarten drucken und das Staatswappen ins Firmenschild nehmen dürfen.

Mit einigen steht der Prinzregent auf vertrautem Fuß, so mit Max Zechbauer, der ihm die Zigarren liefert, von denen

Luitpold zu viele raucht und noch mehr verschenkt. Oder mit Heinrich Georg Erbshäuser, der dem Landesvater zum 65. Geburtstag eine Schokoladentorte kreiert – Bayerns Antwort auf die Sachertorte, wobei das bayerische Backwerk außer mit Süße auch noch mit staatstragender Bedeutung punkten kann, weil die acht Schichten der Prinzregententorte symbolisch für die acht bayerischen Bezirke stehen. Bis heute nicht ganz geklärt ist, ob statt Erbshäusers vielleicht doch Johann Rottenhöfer oder Anton Seidl als Erfinder der Prinzregententorte gelten dürfen – was dem Prinzregenten nicht allzu wichtig gewesen zu sein scheint: Den Titel eines Königlich-Bayerischen Hoflieferanten dürfen alle drei tragen. Natürlich sind nicht alle Geschäftsleute mit Luitpold speziell. Manche beliefern einfach nur den Hof oder sie könnten ihn beliefern: Das Haus Wittelsbach ist großzügig mit Titeln und es gibt wie im Adel diverse Abstufungen. Manche der damals Namhaften sind es heute noch: Bernheimer, Dallmayr, Develey, Eilles, Kaut-Bullinger, Kondrauer, der Schuster Eduard Meier und der Handschuhfabrikant Roeckl, um nur einige zu nennen.

Firmenchefin Therese Randlkofer verwandelt den Lebensmittelladen sukzessive in eine Gourmetoase und beliefert 15 europäische Fürstenhäuser.

Kapitel 6
»Nichts thun und Bier dazu trinken«: Der Traum vom neuen Schlaraffia

»Nichts thun und Bier dazu trinken, dann zur Abwechslung wieder schnell ein wenig in den Kirchen herumrutschen, das ist die ausschließliche Beschäftigung vieler Herren und Nichtherren in München«, schreibt 1869 der Korrespondent der »Vorarlberger Landeszeitung« und wundert sich nur, woher diese für ihr »Münchner Schlaraffenleben« das Geld hernähmen. Die Tonart ist gesetzt, der Chor schwillt an. Bis zum Ersten Weltkrieg kommt kaum ein Zeitungsfeuilleton oder Reiseführer über München ohne solche mal mehr, mal weniger freundlich gemeinten Einschätzungen aus. Von den Literaten ganz zu schweigen.

Herr Permaneder wurstelt

»Was hab ich denn von dir? Vom Laden gehst zum Frühschoppen, und kaum hast an Löffel hing'legt, gehst ins Kaffeehaus, und […] auf d' Nacht gehst wieder fort, und jeden Tag und jeden Tag […]«, jammert Paula, die Gattin des bereits vorgestellten Spezereiwarenhandelsbesitzers Benno Globerger. Dabei gibt sich Benno solche Mühe, Geschäftsfleiß zu simulieren, petschiert sogar mit leeren Briefbögen gefüllte Geldkuverts umständlich mit Siegellack, um zumindest sein Ladenpersonal glauben zu machen, er ginge zur Bank statt zum Wirt. Am liebsten, pflichtet Thomas Schriftstellerrivale Josef Ruederer bei, habe es der Münchner Bürger – »der Herr Maier oder Meier, der Herr Huber oder Hueber, der Herr Müller oder Miller – wie er nun heißt« – ohnehin, wenn er mit 45 sein Geschäft liquidieren, vom Ersparten ein »Zinshaus mit fünf Stockwerken« kaufen und zum Salvator spazieren könne. »Die Herumtreterei hinter dem Ladentisch hat ihm so wie so schon lange nicht mehr gepasst; alle Augenblicke kamen Reisende, die Offerten machten und noch öfter Kunden, die was kaufen wollten.« (»München«, 1907). Der Autor weiß, wovon er spricht: Nach seinem Geschichtsstudium in Berlin lebt er schon mit Anfang 30 vom Vermögen seines Vaters, eines Löwenbräu-Aktionärs. »Es is halt a Kreiz«, kommentiert Alois Permaneder aus Thomas Manns Nobelpreisroman »Buddenbrooks« (1901) die Lage in München. Dieser Permaneder ist Mitinhaber eines Hopfenhandels und die Lübecker Kaufmannstochter Tony Buddenbrook hat ihn sich wohl aus Mangel an Alternativen zum zweiten Gatten erwählt. Die Übersiedlung des Paares nach München gerät zum Desaster: Permaneders Kompagnon zieht nach Nürnberg, »weil's da die Börs' ham und an Unternehmergeist«; Permaneder hingegen nimmt die Mitgift zum Anlass, sich zur Ruhe zu setzen und statt ins Geschäft nur noch ins »Hofbräuhaus« zu gehen. Er »wurstelt« – wo Tony Permaneder-Buddenbrook doch so gern »einen Aufschwung nach Hause berichten« würde. Permaneder ist eine der griffigsten Figuren im Roman, obwohl er, anders als fast alle anderen, kein reales Vorbild aus Manns Umfeld hat. Inspiriert hat den Autor eine Karikatur von Engelbert Weiner im »Simplicissimus«, wo Mann zeitweilig als Redakteur arbeitet. Darauf zu sehen: Ein kurzbeiniger, wohlgenährter Herr mit Seehundschnauzer, der in betont schlaffer Haltung am Wirtshaustisch sitzt. »Erholung« ist das Blatt überschrieben, Untertitel: »Wenn oana den ganz'n Tag nix thuat, muss er doch am Ab'nd sei Ruah hab'n.«

Herr Weber hält es mit der Religion

Wie viel Wahrheit steckt hinter solchen Typen? Natürlich spielen Mann, Thoma & Co. mit überkommenen Stereotypen, die dem Bayernvolk einen Hang zum Phlegma unterstellen, und die seit der Nationwerdung Deutschlands 1871 wieder Konjunktur haben. Hat nicht selbst der eben erst in den Mythos abgetauchte König der Bayern am Ende lieber von den Preußen hauptfinanzierte Traumschlösser errichtet als pflichtbewusst zu regieren? Der Kern der Klischees bekommt zur Jahrhundertwende gerade ein wissenschaftliches Update. Es stammt vom Nationalökonomen und Soziologen Max Weber, der später, nämlich vor seinem Tod 1920, auch in München lehren wird. Im Jahr 1905 wird in Haidhausen der Max-Weber-Platz getauft (freilich nicht nach dem Professor, sondern nach einem Haidhausener Gemeindeschreiber gleichen Namens) und Weber (der Soziologe, nicht der Gemeindeschreiber) verfasst seinen vielleicht meistbeachteten Aufsatz »Die protestantische Ethik und der Geist des Kapitalismus«. Auf 236 Seiten versucht er darin nachzuweisen, dass und wie die moderne, ökonomische Rationalität von Marktkonkurrenz, Mehrwert und Profit im Protestantismus wurzelt. Folgt man Weber, muss man mutatis mutandis annehmen, dass in einer Stadt, deren Bewohner seit jeher und noch 1900 zu 83,7 Prozent katholisch sind, der Kapitalismus nur mäßige Wachstumsraten verzeichnen kann. Weber konstatiert: »Der [nicht-protestantische] Mensch will ›von Natur‹ nicht Geld und mehr Geld verdienen, sondern einfach leben, so leben, wie er zu leben gewohnt ist und so viel erwerben, wie dazu erforderlich ist.« Wie viel Industrie und Gewerbefleiß braucht München? Wie viel davon hält eine Stadt der Künste und des Fremdenverkehrs aus? Darüber wird auch im Magistrat immer wieder heftig gestritten, etwa, als 1904 die neue Staffelbauordnung der Stadt neue Fabriken zwar prinzipiell zulässt, in mehreren Vierteln aber untersagt. Immer wieder führen auch Detailfragen ins Grundsätzliche. Soll durch die Theatiner- und Weinstraße eine Trambahnlinie geführt werden? Die Polizeidirektion lehnt mit der Begründung ab, es handle sich um »Bummelstraßen«. Die Handels- und Gewerbekammer hält mit dem Argument dagegen, dass in München ohnehin zu viel gebummelt werde und es besser sei, eine Straße werde »wegen ihres lebhaften Geschäftstreibens als wegen des sich darin bewegenden Bummels als Sehenswürdigkeit anerkannt«.

Herr Schmitz protokolliert Sonnenbäder

Abgesehen von Bier, Tradition und Religion trägt vor allem die spezielle Bevölkerungsstruktur der Stadt dazu bei, dass viele in Muße und Müßiggang sozusagen Münchner Reservatrechte sehen. Beamtenhochburg, Kunstmetropole, Universitätsstadt, Fremdenverkehrsstadt, Altersruhesitz: In dieser Münchner Mischung fällt es tendenziell leichter, den Ruf der Arbeit zu überhören, als dies in Industriestädten mit ihrer Logik von Zeitmessung und Akkord der Fall ist; auch leichter als im bäurischen Umland, wo die Disziplin aus den Notwendigkeiten von Natur, Jahreszeit und Wetter wächst. Zum Beispiel – und das ist keine Anzüglichkeit – die Beamten. Ihre Arbeitszeit richtet sich in Bayern bis 1919 nach den Geschäftsstunden der Behörden. Während Arbeiter um 1900 pro Woche 60 Stunden Geld verdienen, liegt die Bürozeit für Beamte und Staatsangestellte je nach Tätigkeit bei 36 bis 48 Stunden. Der Rest ist Freizeit – ein Begriff, der 1865 erstmals im Wörterbuch steht. Zehntausende Beamte und sonstige Angestellte von Staat und Stadt gibt es in München. Kommt dieser demografische Beamtenbauch in die Jahre, wird er zum Pensionistenbauch. »Pensionopolis« ist ein weiterer Begriff, der ab Mitte des 19. Jahrhunderts in Mode kommt. Das Kunstwort bezeichnet Kurorte und landschaftlich reizvolle Städte wie Baden-Baden, Görlitz oder Graz, deren Standortpolitik statt auf Produktion auf die Kapitalkraft von Pensionisten und Privatiers setzt. München ist natürlich mehr als eine Pensionopolis, doch auch hier setzt man sich gern zur Ruhe und das nicht erst im hohen Alter. So wie jener Gutsbesitzer aus Schlesien, »der 31 Jahre alt ist und erklärt, er lebe hier in München, weil er im Leben nichts mehr leisten wolle, und das ginge hier am besten. In Norddeutschland, wo jeder was tut, sei das zu peinlich.«

Von der Begegnung mit ihm im »Parkhotel« berichtet uns Oscar Adolf Hermann Schmitz, der seinerseits qua Geburt von Geldsorgen frei ist und einer von denen, die der Erwerbsarbeit manches andere vorziehen. Freilich ein anderes Kaliber: nicht »Hofbräuhaus« oder »Torggelstube«, sondern »Whisky-Soda in der Bar der Jahreszeiten«. Schmitz ist abgebrochener Doktorand und Teilzeitschriftsteller, verstoßener Jünger Stefan Georges mit einer Passion für obskure Wissenschaften wie Seelen- und Sterndeutung, Freund des nonchalanten Tabubruchs, der schönen Dinge und der Frauen im Allgemeinen sowie Franziska zu Reventlows im Besonderen, eben ein Neumünchner Bohemien par excellence. Seine Tagebücher, die er ab 1896 führt, sind Insider-Betrachtungen der besseren Münchner Kreise und ihrer Beschäftigungen. Seine langen Abende verbringt Schmitz zumeist gastronomisch. Beim Feiern beweist er Disziplin, auch wenn es ihm oft gegen den Strich geht (etwa im berühmten Münchner Fasching, den er beharrlich Karneval nennt und dessen »liederliche öffentliche Knutscherei« ihn abstößt). Die Stunden vor Sonnenuntergang sind locker gefüllt mit Einkäufen, Ausflügen und Events wie der Herkomer-Konkurrenz. Dazwischen ausgiebige Rekreation. Mit beachtlicher Gewissenhaftigkeit protokolliert Schmitz zeitweise seine Sonnenbäder, im Mai und Juni 1907 sind es 41. Parallelen dazu finden sich in den Tagesabläufen eines ganz anders – proletarisch-anarchisch statt großbürgerlich-freisinnig – orientierten Vorzeige-Bohemiens: Erich Mühsam. Häufig und nicht ohne Koketterie bezichtigt sich der Freund der Arbeiterklasse selbst des Müßiggangs. November 1911: »Meine Faulheit übersteigt wieder alles Maß. Da ich (vom Kegeln) erst um ½ 4 Uhr heimkam, stand ich mittags um 1 Uhr auf. Nachher war, als ich aß, Krobshofer bei mir, und dann war ich bis jetzt – es ist nach 6 Uhr – im Café. Um ½ 8 Uhr soll ich im Lustspielhaus sein, wo Strindbergs ›Vater‹ gegeben wird. Es ist schändlich.«

Herr Meyer genießt die Ruhe vor dem Sturm

Der bohemistische Lebensstil wird zum Ideal auch vieler in München immatrikulierter Studenten, deren Zahl von rund 2000 zur Zeit der Reichsgründung auf 7000 vor Kriegsausbruch 1914 steigt. Knapp die Hälfte ist von außerhalb Bayerns »zugereist«, mit größeren Kolonien aus dem Habsburgerreich, Russland und Polen. Ähnliches gilt für die knapp 1000 Schüler der ab 1886 benachbarten Kunstakademie. In den Ateliers, Studentenbuden und Kneipen in Schwabing (das umgangssprachlich auch weite Teile der Maxvorstadt abdeckt) treffen Künstler, Lebenskünstler und Studiosi zusammen. Auch unter den Touristen – ihre Zahl übersteigt bald nach 1900 die halbe Million – gilt Schwabing neben dem alten München als »the place to be«. »Die Münchner verstehen es, sich öffentlich auf den Straßen zu amüsieren«, notiert ein gewisser Herr Meyer, der sich im September 1900 für zwei Jahre in München einmietet, anfangs in der Kaiserstraße 46, über der SPD-Kneipe »Zum Onkel«. Am Biertisch, an der Isar und vor allem in Schwabing fühlt er sich zu Hause. Nur ein leichter russischer – andere glauben französischer – Akzent verrät, dass Meyer kein Deutscher ist. Eigentlich heißt er Wladimir Iljitsch Uljanow und wenig später Lenin. Eine rasante, geradezu revolutionäre Entwicklung hat dieses Schwabing in kaum drei Jahrzehnten genommen: Vom Bauerndorf zum international bekannten Hotspot einer neuen Gegenkultur, die den Geist von 1968 (und den aus diesem Jahr stammenden, wunderbar zeitlosen Gammlerfilmhit »Zur Sache Schätzchen«) vorwegnimmt. »Wahnmoching«: Diesen Kosenamen verpasst Franziska zu Reventlow ihrer Wahlheimat. Die »verrückte Gräfin« hat einst mit Erich Mühsam in Lübeck die Schulbank gedrückt und avanciert ab 1895 zum bekanntesten weiblichen Gesicht dieser Gegenkultur. Wobei Wahnmoching weniger einen konkreten Ort bezeichnet als »eine geistige Bewegung, ein Niveau, eine Richtung, ein[en] Protest«.

Herr Maier trinkt nicht mit Herrn Mühsam

Die Altmünchner Bürger, der Herr Maier oder Meier, Globerger oder Permaneder, sehen das Treiben der Bohemiens mit Befremden, soweit sie es überhaupt zur Kenntnis nehmen. Leute wie Schmitz (dem »dieses eklige Schwabing« freilich zu gewöhnlich ist), erst recht Reventlow, Mühsam oder Meyer-Lenin sind für sie »Schlawiner«. Trotz der gemeinsamen Passion fürs Nixtun und dazu trinken: Ein einig Volk von Brüdern sind die Münchner Wahlschlaraffen nicht, eher schon ein frühes Beispiel für Parallelwelten. Die »königlich bayerische Bierruhe« der Beamten würde schnell hantig, wenn man sie mit einem Arbeiterstreik oder dem Lotterleben der Studenten gleichsetzte, die freigeistige Lebensart der Gebildeten und Eingebildeten will nichts mit dem verstohlenen Müßiggang der Ladenschwengel und Kontorspießer gemein haben und alle zusammen haben selbstredend Wichtigeres zu tun als die gaffenden Touristen. Bemerkenswert ausdifferenziert sind in München denn auch die Orte der Verlustierung – Nationaltheater, Volksbühne oder Kino, Weltstadtcafé, Weinstube und Boazn, Schwemme, Saal oder Salettl, Oper, Platzkonzert oder Drehorgelgaudi, Hofgarten, Freibad oder Isarauen – und im Hintergrund bei Föhn stets die Alpen. Nur im Biergarten oder wo der Platz nicht reicht, rückt man zusammen oder man »ruckt«, auf gut Bairisch gesprochen, »zamm«. (Ein knappes Jahrhundert später, 1998, hat der Stadtrat übrigens eine münchnerische Lösung gefunden und beschlossen, dass der inzwischen verkehrsreichste Platz von Haidhausen nach dem Gemeindeschreiber UND dem Soziologen Max Weber benannt sein soll.)

Frau Gräfin zu Reventlow kann auch anders

Ein guter Teil der Münchner bekommt von all dem freilich nur eine süße Ahnung mit. Zu tun, nicht zu lassen fordern ihnen die Verhältnisse ab: in den kleinen, ums Überleben kämpfenden Hinterhofhandwerksbetrieben, wo durchaus mal blaugemacht wird, aber im Wissen, dass es die Existenz kosten kann, in der Hitze der Darrböden und Sudkessel, hinter den Dampfmaschinen der Lokomotivfabrik Maffei in der Hirschau, die immer mehr wie ein Fremdkörper im Englischen Garten liegt. Die Arbeiter wechseln nur gelegentlich, besonders an Sonn- und Feiertagen, zu den anderen auf die Sonnenseite. Die im Lichte sind im Stadtbild jedenfalls präsenter. Man muss es sich leisten können, das süße Leben in München, das sonst schnell bitter wird. »Könnte ich leben ohne zu arbeiten, ich wäre das glücklichste Wesen unter der Sonne«, seufzt Franziska zu Reventlow nach einem Tag mit Söhnchen Rolf und Freunden im Englischen Garten. Die Fanny ist erfinderisch, wenn's um Geld geht, geht 1911 in Ascona sogar eine Zweckehe mit einem baltischen Baron ein, der einen Trauschein vorweisen muss, um an sein Erbe zu kommen, doch schon drei Jahre später geht das Geld bei einer Bankpleite perdu. Beruf Schriftstellerin? Sie schreibe eben, weil sie nichts anderes gelernt habe, sagt eine Figur in ihrem Roman »Der Geldkomplex« (1916) – »gerade wie die Arbeitslosen im Winter Schnee schaufeln – Sie sollten nur einen davon fragen, ob er sich mit dieser Tätigkeit identifizieren und sein Leben lang mit ›Ah, Sie sind Schneeschaufler‹ angeödet werden möchte.« Wird die Finanzmisere zu arg, flüchtet die alleinerziehende Mutter in die Prostitution, ein Gewerbe, das Erich Mühsam wie viele andere Wahnmochinger von der anderen Seite her kennt. Weshalb es auch bei ihm oft nicht reicht. Beredt beklagt er den Circulus vitiosus aus Nichtstun, »Schulden, Erschlaffung, Unlust zu allem«, der schließlich »Talent, Persönlichkeit, Gesundheit und selbst die sexuelle Potenz zermalmt«. Am Ende reicht es bei vielen, die das Ideal des freien Lebens suchen, in der Mittellage wie bei Herrn Permaneder nur zu »verdrießlicher Behaglichkeit«.

Das Leben in München hing an mir wie Bleigewichte … alles falsch, unwahr und unter dünner intellektueller Firnis roh und barbarisch.

OSCAR A.H. SCHMITZ, 1907

Der Grant

Was haben denn wir Arbeitsleute
auch Schönes auf der Welt
als nur immer arbeiten!

UNBEKANNTES FABRIKMÄDCHEN, 1911

Geh zum Deifi, Saulud'r dreckats!

ALOIS PERMANEDER,
ROMANFIGUR AUS THOMAS MANNS »BUDDENBROOKS.
VERFALL EINER FAMILIE«, 1901

Kapitel 1
Magenknurren:
Die Zwangsbefreiung des Riccardo Sacco

Das Oktoberfest 1904 startet mit einem Eklat. Mitten auf der Festwiese sitzt und schaut, eingeschlossen in einen Würfel mit Glaswänden, Wilhelm Bode alias Riccardo Sacco, ein Hungerkünstler. Bis zum Ende der Wiesn will er ohne einen Bissen in seinem Glaskäfig ausharren. Schnell macht die Nachricht die Runde. Zwar ist das, was Sacco da betreibt, nicht neu, denn schon seit den 1880er-Jahren bilden Hungerkünstler eine eigene, vielbestaunte Profession. Derart auf dem Präsentierteller wie hier hat Sacco, ein Star seines Genres, aber noch nie gefastet. Schon am Ende des ersten Wiesntags kommt es zu Tumulten, als ein Ordner die Hungerbude über Nacht dichtmachen will. Das Publikum protestiert, Polizei schreitet ein, wird mit Gejohle und Steinwürfen empfangen. Am nächsten Vormittag ist der Auflauf so groß, dass selbst berittene Polizeitruppen die erregte Menge nicht auseinandertreiben können. »Erst als ein Kriminalschutzmann auf die Idee verfiel, sich mit einer Anzahl von Leuten an das Wiesnende bei der Paulskirche zu begeben, wo von kräftigen Männerstimmen das Lied ›Röslein auf der Heide‹ angestimmt wurde, strömte alles scharenweise den Sängern zu und schloss sich diesen an. Noch mehr Zugkraft übte dann der Trinkspruch ›Ein Prosit, ein Prosit der Gemütlichkeit!‹ aus«, berichtet Stadt- und Wiesnchronist Ernst von Destouches. Am dritten Tage aber greifen die Ordnungshüter ein. Der Hungerkünstler wird aus seinem Glaskasten zwangsbefreit und muss sich im »Café Wittelsbach« unter allgemeiner Aufsicht einer gründlichen Brotzeit unterziehen. Was genau die Münchner so in Rage gebracht hat? Die Quellen wissen es nicht, die protestierenden Münchner vielleicht auch nicht so genau. Mancher mag einen Schwindel gewittert haben. Man darf aber auch einen gewissen Unwillen darüber annehmen, dass da einer im Dunst von Festbier, gebratenen Ochsen und Wiener Krachmandeln an die oft existenziellen Entbehrungen erinnert, die man wenigstens für Stunden hinter sich lassen wollte. Für viele Münchner ist das Hungern alles andere als eine Kunstform.

Vom Hungerkünstler Sacco ist kein Bild überliefert; vielleicht war er zu dünn. Hier sein Berliner Kollege Papus, der 1910 im Berliner Passage-Panoptikum sogar im Stehen hungert.

Münchner Bauchgefühle: Hunger und Wut

Natürlich gibt es in Bayern eine Menge sichtlich gut genährter Menschen. Selbst Georg von Vollmar, Führer der bayerischen Sozialdemokratie, attestiert dem Land 1894 »erheblich geringere Einkommensunterschiede als anderwärts, weniger Luxus und Bettelarmut«, doch zugleich liegt das bayerische Pro-Kopf-Volkseinkommen im Reich vor Ostpreußen an vorletzter Stelle – und München zählt längst zu den teuersten Städten. Um 1900 kriselt die Wirtschaft, dann explodieren von 1903 bis 1907 die Preise, besonders die für Essbares. Die fortschreitende Teuerung frisst die langsamer steigenden Löhne auf und den kleinen Leuten Löcher in den Bauch. Betroffen sind alle, die – mit den Kategorien des Wirtschaftshistorikers Hendrik K. Fischer gesprochen – ein »notdürftiges« oder »grundbedarfsfixiertes« Leben führen. Die meisten Tagelöhner, die jeden Morgen aufs Neue anstehen, um als Steinträger auf dem Bau, Schneeräumer in der Straßenmeisterei oder Aushilfslagerist hoffentlich 2 bis 3 Mark zu verdienen, leben unter dem Existenzminimum. Viele andere balancieren ebenfalls auf diesem schmalen Grat herum. Absturz droht den Heerscharen ambulanter Dienstleister wie den Maronimännern, Scherenschleifern, Sägfeilern, Schirmflickerinnen und Hundsscherern, auch dem selbstständigen Fiaker oder Kohlelieferanten, der hinlänglich gut auskommt, bis ihm vor der Zeit sein Pferd verendet. Das Gros der Fabrikarbeiter, der kleinen Handwerker und Angestellten gibt zwischen 50 und 60 Prozent des Einkommens für Lebensmittel und 20 Prozent für die Miete aus – für Rücklagen bleibt da nichts übrig. Wenn der Haupternährer des Haushalts dem Bier verfällt, plötzlich krank oder entlassen wird, wenn ungeplant ein, zwei kleine Esser mehr am Tisch sitzen und zugleich die Preise für Grundnahrungsmittel davongaloppieren, ist Matthäi am letzten. Tausende Familien, berichtet der Münchner »Lokal-Anzeiger« im Sommer 1905, müssten sich nicht nur das Fleisch versagen, sondern könnten sich »sogar an minderwertigen Nahrungsmitteln nicht mehr satt essen«. Verantwortlich macht das Blatt zum einen Wucherer, die, statt die »künstlich hinaufgeschraubten Preise« zu senken, Obst und Gemüse körbeweise auf den Düngerhaufen beförderten, zum anderen den angeblich untätigen Magistrat. »Aus einer einst billigen und gemütlichen Stadt ist München ein Ausbeutungsnest geworden.«

Wo es ums Essen geht, ist die Empörung nie weit. In seiner Novelle »Das Gansjung« erzählt der hellsichtige Josef Ruederer 1897 von einem wütenden Mob, der, aufgehetzt vom Geschrei der Viktualienmarkt-Standlfrau Walpurga Scheppenbauer, eine herausgeputzte junge Dame zu den Gendarmen schleppt,

Marktstand für Fisch,
Wild und Geflügel
am Wiener Platz in
Haidhausen, 1910.

da sie ein Gansjung, also eine Zusammenstellung minderer Geflügelteile, gestohlen haben soll. Als sich später herausstellt, dass die »Dame« nur eine kleine Postbeamtengattin und aus Schreck und Scham über die Verdächtigung in die Isar gegangen ist, dreht sich der Volkszorn und richtet sich handgreiflich gegen die Marktfrau – die sich nun ihrerseits das Leben nimmt. Bei jeder Wendung der Handlung ahnungslos, aber meinungsstark ganz vorn dabei ist der Protagonist, ein am Ende seines Monatslohns angekommener Schreibangestellter – vielleicht ein ärmlicher Münchner Verwandter von Heinrich Manns »Untertan«.

Auch hinter die Schuldzuweisungen des »Lokal-Anzeigers« Richtung Magistrat müssen wir einige Fragezeichen setzten. Die Stadt tut schon etwas und das gern mit großer Geste. Schon 1894 wird in Giesing das neobarocke Armenversorgungshaus St. Martin eröffnet. Ihm gegenüber konzipiert Stadtplaner Hans Grässel in der gleichen Zeit den Ostfriedhof: Die erste der vier großen Münchner Jahrhundertwendegrabstätten ist eine soziale Vision. In den Leichensälen unter der prächtigen Kuppel der Aussegnungshalle stehen erstmals billige Arbeiter- und teure Großbürgersärge – nivelliert durch identische Untersarkophage aus Granitimitat – revolutionär nebeneinander statt nach Preisklassen aufgereiht. Konzept, Entwurf und technische Umsetzung des Friedhofs gelten europaweit als vorbildlich. Gleiches gilt für den durch Spenden des Ingenieurs Karl von Müller finanzierten und 1901 fertiggestellten Jugendstilpalast des Müller'schen Volksbades, in dem ärmere Münchner ihre Hygienebedürfnisse in altrömischer Thermenherrlichkeit befriedigen können. Zukunftsweisend vor allem dies: 1895 entsteht in der alten Isarkaserne auf der Kohleninsel die erste städtische Arbeitsvermittlung, die den Wildwuchs ungeregelter Arbeitsanbahnung etwa auf dem Marienplatz zwar nicht ersetzt, aber doch ergänzt, und die bald für ganz Oberbayern tätig wird. Weil die Arbeit nicht für alle reicht, organisieren Stadt und Gewerkschaften zehn Jahre später auch noch eine kommunale Arbeitslosenunterstützung: Wer verheiratet ist, kann sich für einen gewissen Zeitraum täglich einen Stempel abholen und erhält am Ende der Woche 4 Mark. Dafür bekommt man 1 Zentner Kartoffeln (ohne Wucheraufschlag) und einiges Grünzeug. Der blanke Hunger bringt also sicher weniger Münchner auf den Ostfriedhof als das Bier. Viel mehr als Nichtverhungern ist bei weiterlaufenden Fixkosten aber auch nicht drin.

Strategien gegen den Mangel

Selbst wo die Not mit weniger eiserner Hand regiert, beschränkt man sich oft aufs Nötigste: Kartoffeln, Kohl und Kraut, Brot, Mehl, Milch und Bier und etwas Wurst. Der Kaffee – meist Ersatzkaffee aus Malz, Feigen oder selbstgerösteten Eicheln – wird enweder mit Milch *oder* Zucker getrunken. Das Einkaufen ist für die Armen kein Vergnügen. Auch keine Wissenschaft, wohl aber eine Art Lehrberuf, dessen Ausübung in der Regel den Frauen obliegt – mögen diese in der Straßenreinigung, als Wäscherinnen oder »Mörtelweiber« auf dem Bau auch den gleichen Zwölfstundentag absolvieren wie die Männer. Das Waffenarsenal des modernen Schnäppchenjägers von Werbeprospekt bis Onlinevergleich ist noch nicht erfunden, aber einige Kaufhäuser werben auf Plakaten oder mit Handzetteln schon offensiv mit Sonderangeboten. Zucker und Lauchzwiebeln zum Schleuderpreis helfen sparen, solange man / frau sich nicht von den kampfbilligen Orangenbergen im Schaufenster verlocken lässt, die nicht auf dem Einkaufszettel stehen. Es kann sich aber auch lohnen, dem kleinen Kramer am Eck treu zu bleiben, dessen Stammkunden bei Engpässen anschreiben dürfen. Das beste Mittel, mit seinen Mitteln auszukommen, sind wohl die seit Ende des 19. Jahrhunderts verbreiteten gewerkschaftsnahen Konsumvereine und Einkaufsgenossenschaften. Die Idee dahinter: Die Vereine kaufen ihre Waren en gros ein und geben den Preisvorteil an ihre Mitglieder weiter. Was als Gewinn hängen bleibt, wird am Jahresende wie bei einem Bonuspunktesystem an die Einkaufenden rückerstattet. Der 1886 gegründete Konsumverein München-Sendling bringt es 1911 auf 30 Filialen und ist damit der größte in Bayern.

Wer kein Mitglied ist, holt sich billiges Fleisch aus Notschlachtungen in der Freibank, ansonsten ist es beim Metzger und Bäcker gang und gäbe, nach Preis statt nach Menge zu bestellen. Für 10 Pfennige gibt es dann eine große Stranitzen – also Papiertüte – mit altbackenem Brot für Semmelknödel und Milchsuppen oder ein großes, nur leicht angelaufenes Kantl »Leoniwurst« in den mitgebrachten Korb oder billige Innereien zum Sattessen. Gekocht wird in großen Portionen für mehrere Tage. Wem die Leberkässemmel in der Mittagspause zu teuer ist, der nimmt sich sein saures Lüngerl mit Knödel im Tonhaferl mit in die Fabrik, wo er es zu Mittag halbwarm auflöffelt.

Abends rechnet es sich für Kinderlose, essen zu gehen statt selbst zu kochen, oder man rechnet es sich schön: Schließlich bleibt dann daheim die Küche kalt und die Stube dunkel, was Holz und Kohle, Petroleum oder Gas spart. In billigen Lokalen, die oft unter der seltsamen Bezeichnung »Auskochgeschäft« firmieren, sind Suppen, Undefinierbares aus dem tiefsten Inneren der Schlachttiere oder auch Mehlspeisen zu Zehnerlbeträgen zu haben – leider entsprechend »preiswert«. Zu den positiven Ausnahmen scheint die Kronfleischküche im Tal 1 zu zählen: »Weniger vornehm, als der Name suggeriert«, warnt ein Reiseführer die Auswärtigen. »In Brühe gekochtes Zwerchfell vom Ochs; dazu Kalbskopf (mit Auge), Herz, Nierndln und Leberln.« Die Gäste sind Arbeiter und Studenten, »am Ende des Monats ›höhere Klassen‹ inkognito«.

Am unteren Rand des gastronomischen Angebots siedeln die Volks- und Suppenküchen. Betrieben werden sie von der Stadt, den Kirchen oder dem Verein für öffentliche Speisehallen. Zur Jahrhundertwende sind es noch wenige, etwa in der Hotterstraße oder der Tulbeckstraße im Westend, bis zum Kriegsende steigt ihre Zahl auf 30. Die berühmte Münchner Armensuppe des Grafen Rumford aus in Bieressig gekochten Kartoffeln, Graupen und Trockenerbsen scheint nur noch eine Nebenrolle gespielt zu haben, doch auch was es stattdessen gibt, bringt einen schnell wieder an den heimischen Herd zurück: An zu vielen Tagen stehen kleine, fette Bröckchen Schweinefleisch in wässrigem Kraut auf dem Speiseplan, gewürzt nur durch das Murren der kauenden Kundschaft.

»Apollo-Theater«-Direktor August Junker höchstselbst auf der Bühne, 1920.

Zwengs da Not: Ins Singspieltheater

Auch die Seele braucht Nahrung. Mancher spart sich eine Woche lang das Letzte vom Mund ab, um einen Abend lang gepflegt im Café zu sitzen und in den ausliegenden Zeitungen zu blättern, zum Beispiel im erzfrommen »Bayerischen Kurier«, in dem ein Gast – glaubt man einer launigen Meldung der gedruckten Konkurrenz – den Pfingstwunsch »Komm, Heil'ger Geist auf uns herab« mit Bleistift wie folgt ergänzt hat: »und bring uns billigere Fleischpreise!« Oder man versucht, das Magenknurren bei den populären Volkssängern zu verdrängen, im »Apollo«, in »Kil's Colosseum«, im »Peterhof« oder vor einer anderen der großen und kleinen Bühnen, auf denen in der Blütezeit nach 1900 bis zu 800 Künstler singend, musizierend, jonglierend und rezitierend ihr Publikum unterhalten. Hier sitzen neben ein paar besseren Bürgern immer welche, denen es ähnlich schlecht geht wie einem selbst. Auf der Bühne stehen Stenzen und Strizzis aus der Vorstadt, Hilfsarbeiter und Hungerleider: Figuren, die das Beste draus machen oder ko-

misch scheitern. So wie der »schöne Kare vo' rechts der Isar aus Giesing«, die Paradefigur des berühmten August Junker:

»Mei Vater war a Maschkara, mei Muatta geht in d'Wasch,
mei Bruada der fahrt Ziegelstoa, mei Schwester Equipasch,
mei Onkel sitzt in Stadelheim, in Wasserburg mei Tant',
mei Vetta, der is hi'gricht worn, wie allgemein bekannt.«

Claudia Preis hat das in ihrer Dissertation über die Volkssängerei in den Jahren 1870 bis 1930 für uns Zeitreisende so übersetzt: Die ledige Mutter des schönen Kare arbeitet als Wäscherin, der Vater, eine Faschingsbekanntschaft, ist unbekannt, der Bruder Hilfsarbeiter auf dem Bau, die Schwester Prostituierte, die weitere Verwandtschaft, soweit noch am Leben, ist kriminell oder geisteskrank. Grad lustig geht's zu. Denn noch besser, als den Hunger zu verdrängen, ist, ihn zu verlachen. Groß ist das Gejohle, wenn Andreas (»Anderl«) Welsch, seit 1898 Chef im »Apollo-Theater« in der Dachauer Straße, seine aktualisierte Version des Holledauer Schimmellieds von 1750 zum Besten gibt. Es geht darin um ein Pferd, das von seinen Leuten nichts zu fressen bekommt. Der Schluss des Lieds entwickelt sich zum geflügelten Wort: »Wia da Schimml tot is g'wen / ham's eam an Schiebel Heu no geb'n / net daß d'Leut sog'n / zwengs da Not is da Schimml tot.« Familiär vertraut wirkt es, wenn Volkssänger Georg Rückert beim »Baader Wirt« lustig beklagt, dass immer sein Vater die Würscht kriegt und er nur die Haut, und wenn Karl Valentin, der noch verhärmter und grantiger dreinschaut als man sich selbst fühlt, in seinem frühen Monolog »Ich bin ein armer, magerer Mann«, berichtet, wie seine Mutter ihn seiner heraussstehenden Rippen wegen zum Meerrettichreiben verwendet hat. (Damals probiert er es übrigens noch unter dem Namen Charles Fey und ist manchmal wirklich so hungrig, wie er später noch aussieht.)

Einmal im Jahr aber lässt man es dann auf dem Oktoberfest krachen. Hat schon mit wohligem Schauder die »Neger-Karawanen« und »Abnormitäten« in den »Völkerschauen« besucht und Schichtls schauriges Hinrichtungstheater. Aber dieser Sacco in seinem Glaskasten – der ist dann doch zu arg. Nachzutragen bleibt, dass spätere Auftritte des Riccardo Sacco, etwa in Wien, mehr Erfolg haben. Er soll Franz Kafka zu seiner Erzählung »Ein Hungerkünstler« (1924) inspiriert haben. Deren Held schrumpft in seinem Käfig so lange, bis er verschwunden ist – und durch einen Panther ersetzt wird. Der Hunger der unterprivilegierten Münchner aber schrumpft nicht, im Gegenteil: Im Krieg schwillt das Magenknurren bedrohlich an, bis 1918 die Revolution ausbricht.

Kapitel 2
Wohnungsnöte: Warum »fließendes Wasser« nicht immer von Vorteil ist

Der Vater von Maria Walser – gewesener Mühlen- und jetzt Immobilienbesitzer – hat ein Problem: Er findet keine Mieter für seine beiden Elfzimmerwohnungen in der Prinzregentenstraße. Dabei ist das Haus herrschaftlich gebaut, mit je drei riesigen Repräsentationsräumen im ersten und zweiten Stock, »in denen oft Bälle abgehalten wurden«. Maria kennt das Haus gut, sie hat selbst darin gewohnt – eine von vielen Wohnwelten ihrer Biografie. Ihre Kindheit hat sie im malerisch weinumrankten Mühlhaus im Lehel verbracht, wo man vom ersten Stock aus gleich auf den Heuboden kam, was ihr das Fehlen von Wasserleitung und Klosett verschmerzbar machte. Dann der Umzug in eine helle Siebenzimmerwohnung, »Belle Etage«, mit riesigem Balkon in der Maximilianstraße, wo die Familie sich über die Tramstation vor dem Haus und das elegante »Café Victoria« im Parterre freut, bis das Quietschen der Züge und die Gerüche aus dem Lokal den nächsten Wechsel in die Prinzregentenstraße befördern, von wo aus die Familie kurz darauf in eine umgebaute Villa im Münchner Osten übersiedelt. Womit der Vermieterärger beginnt, denn so schön die Prinzregentenwohnungen auch sind, es fehlen ihnen die allerneuesten Errungenschaften: »Die einen wollten einen Lift, die anderen eine Centralheizung; es war kein eigener Dienerschaftseingang vorhanden und eine Garage fehlte. Überall fanden die Wohnungssuchenden etwas auszusetzen. Selbst die wirklich kunstvoll ausgeführten Stuckarbeiten an den Plafonds wurden als unmodern bezeichnet. Leute, die bis jetzt mit 6 und 7 Zimmern ausgekommen sind, glaubten in 11–12 Räumen noch zu wenig Platz zu haben. Ein ungeahnter Größenwahn griff überall um sich. Ein Mietvertrag kam nie zustande. Ganz verzweifelt wurde Vater manchmal über den riesigen Mietausfall.«

Das andere München: Mietskasernen und Herbergen

Nur einen Spaziergang von der neuen Villa der Walsers entfernt, in der östlichen Vorstadt, hat Hilfsarbeiter A. seine Wohnung – und seinerseits Wohnsorgen. »Es ist ein Hinterhaus mit steilen, schmalen Treppen, auf deren Absätzen die mehreren Parteien dienende Wasserleitung mit einem Ausguss angebracht ist, der den Raum mit übler Luft und Gerüchen erfüllt. Vorplätze (abgeschlossene Korridore) gibt es nicht, vom Treppenabsatz tritt man direkt in die Zimmer.« Zwei enge, spärlich mit abgenutzten Möbeln ausgestattete Räume für zwei Erwachsene und drei Kinder, von denen die Eltern zwei im Sommer aufs Land schicken, damit sie an die Luft kommen, wohl auch – hier schweigt die Quelle, doch so ist es üblich –, um bei der Feldarbeit etwas dazuzuverdienen. »Der Fußboden ist schön weiß gescheuert, im Übrigen sieht alles äußerst verwahrlost aus, aber mehr durch Armut als durch Unordnung.« Die Familie gehört zu jener Schicht, bei der – wie es der Historiker Klaus Tenfelde formuliert hat – »die Wohnungseinrichtung auf einen Leiterwagen passt«. Badezimmer gibt es selbstredend keines. Zum Glück können die Kinder einmal wöchentlich in der Schule duschen, ansonsten säubert man sich bei Bedarf wohl im Müller'schen Volksbad oder einem der anderen, weniger pompösen sogenannte Tröpferlbäder.

Proletarisches Schachteltheater: Herbergshaus in der Lohstraße 3, um 1905, dahinter das Mietshaus, in dem das Giesinger Singspiel seine Bühne hat.

Den Einblick ins Leben der Familie A. verdanken wir Else Conrad, die 1909 im Auftrag des Statistischen Amts der Stadt die »Lebensführung von 22 Arbeiterfamilien« unter die Lupe nimmt. Seit der Reichsgründung bemühen sich Staat wie Stadt, Überblick über die sozialen Verhältnisse ihrer Bürger zu bekommen; Gewerkschaften und Wissenschaftler wie der Münchner Nationalökonom Lujo Brentano und Werner Sombart in Berlin forschen mit. Der Bericht der erst 22-jährigen Conrad ist eine beeindruckende Kombination aus nüchtern protokollierten Messzahlen und Haushaltsbuchangaben mit empathischer »Feldforschung« im Milieu. Ähnlich arbeitet die in Niederbayern geborene Rosa Kempf, die 1911 bei Brentano als vierte Frau in Bayern ihre Dissertation einreicht, eine umfassende Darstellung des Lebens junger Fabrikarbeiterinnen.

Fast alle der besuchten Arbeiterfamilien leben im Ring der Vorstädte, in Neuhausen, der Sendlinger Haide und dem »Neu-Westend«, wo sich in kurzer Zeit 6000 Arbeiter in der Nähe ihrer Großbetriebe angesiedelt haben, in der Au und Giesing, besonders in Haidhausen. Hier hat sich die Einwohnerzahl von der Mitte des 19. Jahrhunderts auf 60 000 im Jahr 1910 versechsfacht, womit Haidhausen – wäre das Dorf nicht schon 1854 zum Stadtteil Münchens geworden – als fünftgrößte Stadt Bayerns gelten dürfte. Man zieht hierhin, weil die Innenstadt zu teuer geworden ist; wo es in der City noch bezahlbaren Wohnraum gibt, ist er besetzt von Dienstmännern, Näherinnen, Wasch- und Aufwartefrauen, Klavierlehrern oder Kopisten, die gern in der Nähe ihrer besser situierten Kundschaft bleiben. Arbeiter, Handwerker und Tagelöhner wohnen in schnell hochgezogenen Mietskasernen oder in den »Herbergen«, eine sehr spezielle Münchner Wohnform. Eigentumswohnanlagen, würde man heute sagen, doch gutbürgerlich ist hier nichts. Das Konzept: Auf billigem Grund – gern in den Senken ehemaliger Lehm- und Kiesgruben – errichtet der Bauherr einfache Häuser, deren Stockwerke oder Zimmer einzeln zum Verkauf kommen. Alternative: Mehrere Handwerkerfamilien tun sich zusammen, um auf fremdem Grund (und möglichst aus dem, was dieser an Kies, Lehm und Holz hergibt), Wohneigentum zu errichten. Oft wird später weiterverkauft, vermietet und untervermietet. »Herbergszertrümmerung« nennt sich das. So wohnen mal zwei, mal zwölf oder mehr Parteien in den niedrigen Häuschen, deren kurioses Äußeres ihre Eigentums- und Besitzverhältnisse widerspiegelt. Hier gibt es mehrere Eingangstüren, dort einen außen an die Fassade gepappten Treppenaufgang ins Obergeschoss und schwindelerregende Balkonkonstruktionen zum Wäscheaufhängen. Fassade und Verputz gestaltet jeder »Bruchteilseigentümer« nach seinem Gusto. Weil es keine Keller gibt, breiten

Münchner Herbergsleute um 1910. An der Wand das gerahmte Bürgerrecht.

sich seitlich und nach hinten Ställe, Schuppen und Verschläge aus wie eine Beulenpest, und oft kriecht die Feuchte über die bloß lehmgestampften Fundamente bis unters Dach. Was die gesundheitliche Situation in den überfüllten Herbergen verschärft: Die von allen benutzten Latrinen stehen oft unweit der Ziehbrunnen, aus denen bis ins 20. Jahrhundert hinein das Wasser geschöpft wird.

Haltlose Tiraden und bodenlose Teuerung

Anders als heute gibt es trotz der massenhaften Zuwanderung nicht zu wenige Wohnungen, doch es gibt die falschen: ungünstig gelegen, zu groß, zu klein, vor allem zu teuer. Die Miete, bisher einer von vielen kleineren Posten in der Haushaltung, steigt auf 20, manchmal schon 30 Prozent des Einkommens. »Es gibt im modernen Mietwesen nur zwei Wohnungskategorien: Herrschaftsräume und Armeleutwohnungen. Erstere sind soviele, daß man die Herrschaften erst vom Mond herunter holen müsste, um die 6–10 Zimmerwohnungen zu bevölkern«, schreibt 1905 ein Kolumnist des »Münchner Ratschkathls«. Umgekehrt gäbe es »in einem Neubau für mittlere Leute eigentlich gar keine Zimmer mehr, sondern nur Löcher«. Die Armen sind eh permanent auf Herbergssuche.

Dabei wird praktisch überall gebaut, denn Arbeitskraft ist billig, das Baumaterial noch nicht teuer, die Standards setzt der Bauherr meist nach Gutdünken. Seit den 1870er-Jahren haben sich mehrere Bau- und Sparvereine sowie Genossenschaften gegründet, 1899 kommt noch der gemeinnützige Verein für Verbesserung der Wohnungsverhältnisse dazu. Doch es sind zu wenige und sie konkurrieren mit finanzkräftigeren, spekulativ arbeitenden Terraingesellschaften um die Bauplätze.

Die Stimmung wird giftig. Das »Ratschkathl«, das sich als Stimme des Volkes begreift, glaubt zu wissen, wer am Mietwucher schuld ist: die Juden. Belege liefert der Autor des Artikels nicht – es wäre ihm wohl schwergefallen. Der dickste Münchner »Baulöwe«, Jakob Heilmann, ist ein konservativer Katholik, das wichtigste Münchner Bankhaus Merck Finck & Co. ist protestantisch geführt, was in der NS-Zeit lukrative Arisierungsgeschäfte ermöglicht. Insgesamt fällt der Anteil jüdischer Akteure unter den Immobilienhändlern, Bauträgern und Bodengesellschaften, welche oft mit den Brauereien verbandelt sind, nicht sehr ins Gewicht und gerade der vielleicht bekannteste – Herrmann Schülein, Besitzer des Unionsbräu – ermöglicht durch ungewöhnlich großzügige Stiftungen in Berg am Laim die Errichtung günstiger Sozialwohnungen.

Nicht von ungefähr aber wird, wann immer in politischen Gremien und der Öffentlichkeit über die »Wohnungsfrage« debattiert wird, die Explosion der Bodenpreise genannt, oft als »letzte und eigentliche Ursache der Wohnungsnot«. In Berlin, so notiert anno 1900 der Schriftsteller Max Seiling, sei der Wert des Grundbesitzes seit 1842 von 95 Millionen auf 5 Milliarden Reichsmark gestiegen. Es ist anzunehmen, dass in München (wo Alt-OB Hans-Jochen Vogel für unsere Zeit eine Bodenwertsteigerung von über 34 000 Prozent in 65 Jahren ermittelt hat) die Verhältnisse nicht grundlegend anders lagen. Seiling fordert in seinem Beitrag für die aller marxistischen Anwandlungen unverdächtige »Allgemeine Zeitung« radikale Maßnahmen bis hin zur Enteignung der Grundbesitzer.

Kommen und Gehen: Trockenwohner, Aftermieter und Schlafgänger

Wer gar keine Wohnung, kaum Geld und nicht die Kraft hat, etwa als Tagelöhner auf dem Bau zu arbeiten, für den bleibt als letzter Ausweg vor der Obdachlosigkeit, sich als »Trockenwohner« in einer der vielen Neubauten zu verdingen – eine sehr spezielle Profession, bei der es als Qualifikation ausreicht zu atmen. Die meisten Neubauten des 19. Jahrhunderts sind nach ihrer Fertigstellung klamm bis nass, weil der verwendete Kalkmörtel noch monatelang

Münchens Isarperlen: von Giesing in d' Au, umi nach Haidhausen, nachad Bogenhausen. Letztere Perle ist bereits hochglanzpoliert.

Wasser absondert. Bevor zahlende Mieter einziehen, werden die Räume umsonst oder billigst zur Zwischennutzung freigegeben – Heizungswärme und das Kohlendioxid der Atemluft sollen die Feuchtigkeit aus der Luft holen. Wer Glück hat, findet so für ein, vielleicht zwei Jahre ein Dach über dem Kopf, wer Pech hat, holt sich dabei das Gliederreißen. Das Scherzwort, man habe jetzt eine Wohnung mit fließendem Wasser gefunden – nämlich die Wände hinunter – ist unter Trockenwohnern besonders geläufig.

Noch mehr als schlechtes Raumklima, hygienische Mängel und Ungeziefer machen den meisten Menschen Enge und Unruhe zu schaffen. 40 Quadratmeter für zehn Menschen in fünf Betten sind keine Seltenheit. Die spärlichen Besitztümer stapeln sich, weil für Schränke und Kästen keine Stellfläche mehr bleibt. Wer mehr Platz hat, nimmt oft einen oder mehrere »Zimmerherren« und »Aftermieter« auf, so nennt man damals die Untermieter. Anderswo sitzen mittags regelmäßig fremde »Kostgänger« mit am Tisch. Besonders prekär ist das »Schlafstellenwesen«, bei dem nur ein Bett vermietet wird, entweder tagsüber oder nachts. Immerhin scheinen die in Berlin anzutreffenden Wechselschicht- oder Doppelbelegungen von Betten in München keine große Rolle zu spielen. Werner Sombart führt in seiner reichsweiten Untersuchung »Das Proletariat« von 1906 eine Studie an, der zufolge in München in 12 000 also 15 Prozent aller Wohnungen Schlafstellen vermietet werden – ein Viertel davon an Schlafgängerinnen. Sombarts Stoßseufzer: »Ist es ein Wunder, wenn der Schlafbursche aus dieser Häuslichkeit in die Kneipe läuft, die Arbeiterin sich aus ihr fort auf die helle Straße, vor die glänzenden Schaufenster oder in eines der Vergnügungslokale sehnt [. . .]?« Auch wenn viele ihre »Privatsphäre« kaum vermissen, weil sie eine solche nie kennengelernt haben, konstatiert Conrad in den übervollen Behausungen »Streitereien, gesundheitliche und sittliche Gefahren«. Die Wohnverhältnisse sind negative Biotope, in denen günstigstenfalls nur Grant und ein gewisses Maß an Verwahrlosung gedeihen, aber auch eskapistische Trunksucht, häusliche Gewalt, sexuelle Übergriffe, illegale Abtreibungen und uneheliche Geburten. Das Kommen und Gehen, die Unruhe ist permanent, auch innerhalb der Familien. Im Lauf von Conrads einjähriger Forschung ziehen von den 22 Familien sechs um, fünf Kinder kommen auf die Welt, zwei sterben.

Fensterbankparadiese und Porzellankulissen

Rührend und fast trotzig tapfer mutet an, wie man es sich hier und dort trotzdem hübsch zu machen versucht. Die Frau eines Schmieds, Mutter von fünf kleinen Kindern und täglich zweimal, nämlich um 4 Uhr morgens und am Nachmittag, für mehrere Stunden zum Putzen unterwegs, hat ihr Fensterbrett in einen »kleinen, bunten Garten« verwandelt, im Käfig davor pfeift munter ein Stieglitz (Else Conrad). »Die Gattin eines Brauburschen schmückt die Wohnung im Wetteifer mit ihrem ältesten Sohn, sie mit gehäkelten Decken und Spitzen, er mit Laubsägearbeiten« (Rosa Kempf). Immer wieder spürt man das Bemühen, Anschluss an bürgerliche Einrichtungsformen zu finden. So hat die Buchhalterin D. in ihrem Untermietzimmer Büsten von Beethoven und Mozart aufgestellt, andernorts bemerkt Kempf teure Waschtische, feine Steppdecken und einen »Kameeltaschendiwan« – ein »Luxus«, dem sie wenig Gutes abgewinnen kann, »weil solches Geräte mit besonders schlechter Ernährung, schwächlichen Kindern und einem Mangel an Betten in der Regel einhergeht«. Kempfs Fazit: »Die Wohnung macht dann einen viel weniger ärmlichen Eindruck als die Menschen, die in ihr leben.«

Da tröstet es wenig, dass auch die Domizile der Reichen nach heutigem Geschmack oft wenig wohnlich und ziemlich überfüllt anmuten. Der Schriftsteller Korfiz Holm, der selbst in jungen Jahren in einem Unteruntermietzimmer in der Kaufingerstraße mit Lichtschacht auf die Speisekammer der

Zimmerwirtin wohnt, schildert in seiner Biografie die ganz auf Repräsentation ausgerichtete Einrichtung des Verlegers Albert Langen: »[...] an den Wänden auf dem Vorplatz echte Gobelins und in den Zimmern alte Ölgemälde, die so dicht gedrängt wie Pflastersteine saßen; auf Simsen, Tischchen, Postamenten Bronzestatuetten, Porzellane und Fayencen, unter letzteren sehr schöne lebensgroße farbige Büsten; das Mobiliar, ein wenig bunt gemischt, aus allen Perioden von der Renaissance bis zum Empire.« Individuell verschieden, doch ähnlich opulent bis hypertroph zeigen sich die Wohnungen der Malerfürsten Lenbach und Kaulbach, die auf Fotografien überliefert sind. Den Vogel schießt Langens Verlegerkollege Alfred Walter Heymel ab, der für die Ausgestaltung seiner Villa an der Leopoldstraße 4 ein ganzes Heer von »Inneneinrichtern« beschäftigt, unter ihnen den Jugendstilkünstler und Rilke-Freund Heinrich Vogeler und Paul Ludwig Troost, der später Luxusdampferkabinen und Hitlers Haus der Kunst in der Prinzregentenstraße entwerfen wird. Jedes der vielen Zimmer, berichtet Dirk Heißerer in »Wo die Geister wandern«, hat eine andere Farbe, das Herzstück ist ein geräumiger Saal mit Kamin, dessen Wände zum großen Teil von Spiegeln bedeckt sind und so die Illusion eines unendlichen Glaspalasts erzeugen.

Das mittlere Bürgertum und die Beamtenschaft eifern dem Geschmack der Geisteselite mehr oder weniger erfolgreich nach, weshalb keine Schicht einen größeren Anteil ihrer Finanzmittel auf die Wohnungseinrichtung verwendet. Weil die »gute Stube« oft nur an Feiertagen aufgesperrt wird oder wenn Besuch kommt, sitzen viele Bürger dann freilich nicht viel anders in ihren Küchen herum als die kleinen Leute – und plagen sich dort mit Statusängsten.

»Prekäre Verhältnisse« von Giesing bis zum Isartor

Drei Monate nach Max Seilings Analyse der Wohnungsfrage beklagt Gustav Herberich an gleicher Stelle in ähnlich dramatischem Ton die wirtschaftliche Lage der Beamten. Um nachzuweisen, dass das Gehaltsregulativ kaum zum Leben reicht, listet er detailliert die laufenden Kosten auf, von den Aufwendungen für das Dienstmädchen bis zur Zahnarztrechnung, vor allem aber die steigenden Mieten für eine standesgemäße Wohnung aus vier bis fünf Zimmern »in einem anständigen Hause und mit den nöthigen Bequemlichkeiten«. Per anno gehe das nicht unter 1000 Mark, was in etwa dem Jahreslohn eines einfachen Arbeiters entspricht. Besonders fatal an München findet Herberich, »daß die Wohnungen gleicher Größe und gleicher Ausstattung an der Peripherie nicht oder doch nicht nennenswert niedriger im Preise sind als im Innern;

die gleiche Wohnung kostet in Schwabing ebensoviel wie beispielsweise in der Theresienstraße oder am Isarthorplatz«. Dass namentlich jüngere Beamte »nun doch leben und nicht verhungern«, erkläre sich nur durch vorhandenes Privatvermögen, ersatzweise die Untervermietung eines Zimmers oder Aufnahme von Nebentätigkeiten. »Aber mit welchem Kummer, mit welchen Sorgen, mit wieviel nervenzerrüttender Nebenarbeit ist das erkauft!« Nicht nur, dass solcherart sorgengedrückte Staatsdiener notwendigerweise schlechter arbeiten würden und verfrüht der Pensionskasse zur Last fielen: »Ein dritter Mißstand ist, daß das Ansehen des Beamten bei der übrigen Bevölkerung nothwendig sinken muß, wenn sie ihn dauernd in Sorgen um das tägliche Brot kämpfen sieht. Die Menschen sind einmal so: sie schätzen den nicht besonders hoch ein, der dauernd in prekären Vermögensverhältnissen lebt.«

Eine Auffassung, die ganz ähnlich und mit größerem Recht, aber weniger Publikum eines der Fabrikmädchen äußert, die Rosa Kempf befragt hat. »Was haben denn wir Arbeitsleute auch Schönes auf der Welt als nur immer arbeiten, damit die Höheren und die Aristokratie ein schönes Leben führen können. Wir sind ja doch immer das Geringste auf Erden!«

Kapitel 3
Kunst und Missgunst, Dichtung und Bosheit

»Zuchthausarbeit« (Franz Lenbach über das Werk Wilhelm Leibls). »Schwindelhafte Kunst« (Wilhelm Leibl über Franz Lenbach). »Ein langweiliger, denkfauler Mensch« (Arnold Böcklin über Wilhelm Leibl). »Diese sind Schweine, und ich ein ehrlicher Mann in der Kunst« (Wilhelm Leibl über Lenbach & Co.) Der Vorstellung, im Strahlenkranz des Münchner Geisteslebens arbeiteten um 1900 tausende Künstler und Kunststudenten, Dichter, Komponisten und Forscher einträchtig und heiter bis trunken an der Weiterentwicklung von Weltgeist und Menschheit, soll hier nicht herzlos widersprochen werden, aber sie ist ergänzungsbedürftig. Beim Näherkommen wird aus dem Leuchten nicht selten Zwielicht.

Kein Hoserl fürs Buberl

Zum Beispiel die Maler. 1892 spaltet sich von der mächtigen, von Lenbach gegründeten Münchner Künstlergesellschaft Allotria – ihrerseits eine Ausgründung der königlich privilegierten Künstlergenossenschaft MKG – im Streit die »Secession« ab, von der sich schon bald weitere Gruppen wie die »Luitpold-Gruppe«, die »Gruppe G« (später »Die Scholle«) und die »Freie Vereinigung der 24« lossagen. Es geht um alles: Was Kunst ist, in welche Richtung sie sich entwickeln soll, wer wo was ausstellen, auf Verkäufe hoffen, Preise erwarten darf, und ob es eine Auszeichnung ist oder eher ehrenrührig, im breiten Publikum auf Zustimmung zu stoßen.

Dieses Publikum, so beschreibt es Josef Ruederer, besucht zwar fleißig die Jahresausstellungen von Kunstverein & Co., jedoch vorwiegend, um anschließend zum Bockbier weiterzuwandern. Und mancher, scheint es, schätzt das schäumende Meinungsgebrausel, den süffigen Skandal mehr als die Kunst. Das Brunnenbuberl neben dem Trambahnhäusl am Stachus ist 1895 so ein Fall. Eigentlich heißt das Wasserspiel »Satyrherme und Knabe« und stammt von Mathias Gasteiger, einem auf mehreren Kunstausstellungen prämierten Bildhauer, der (von einer damals heftig tolerierten Neigung für seine weiblichen Modelle abgesehen) weder zum Tabubruch neigt noch sonst irgendwie zur Avantgarde zählt. Zu sehen ist (heute ein paar Meter versetzt am Karlstor) ein steinerner Faunskopf, dem ein Bronzeknabe keck seinen Wasserspeier zuhält, wofür der sich revanchiert, indem er den Knaben anspuckt. Für öffentliche Erregung sorgt indes weder der nassforsche Griff des Jünglings noch die Rumspuckerei des Halbgottes, sondern der unverhüllte Minibronzepenis des Buberls, der einigen Damen, die sich nebenan ihre Trambahnbilletts kaufen, ein Dorn im Auge zu sein scheint. Die Presse steigt ein. Das Buberl muss weg! Oder zum Mäderl umgestaltet werden. Angeblich bekommt die Stadt eine größere Zahl an gestrickten Hosen zugesandt, um den Knaben zu verhüllen. Der Prinzregent selbst redet dem Künstler zu, seinem Werk doch ein Feigenblatt zu spendieren. Doch Gasteiger bleibt hart. Der Knabe bleibt stehen und bekommt nach dieser Publicity sogar noch mehrere Brüder in anderen Städten.

Neben den erwartbaren Differenzen im moralischen Empfinden von Schwabinger Boheme und konservativem Bürgertum zeigt der Fall auch das Selbstbewusstsein der Künstler, die sich in ihrem Revier rund um die Akademie wie in einem Freistaat fühlen, in den die Obrigkeit und der Rest von München nur ganz ausnahmsweise hineinregieren. Zensiert, schikaniert, gar eingesperrt wird hier tatsächlich weniger als in vielen anderen Teilen Deutschlands. Vielleicht auch, weil Regierung und große Teile der Bevölkerung Schwabing ohnehin als eine Art Zoo betrachten, den man, ohne ihn ernst zu nehmen, als Standortfaktor und Mittel des Stadtmarketings mit einem gewissen Stolz sieht. Der Schweizer Paul Klee, der sich in München (von Liebesdingen abgesehen) vor allem wegen »Musik, Oper, billigen Bilderrahmen« niedergelassen hat, beschreibt eine Ausstellung in der ambitionierten Kunsthandlung Goltz am Odeonsplatz einige Jahre später so: »Dieser Händler riskiert als ›erster am Platz‹, in seinen Schaufenstern kubistische Kunst auszustellen, die von den Gaffern als typisch schwabingisch bezeichnet wird. Picasso, Derain und Braque als Schwabinger Freunderln, ein netter Gedanke!«

Kunstadel und Pleitegeier

Nett ist der Umgang im Revier indessen nicht unbedingt. Zu groß ist – von künstlerischen Fragen abgesehen – die soziale Kluft zwischen geadelten Künstlerfürsten, malender Mittelklasse, Underdogs und Nobodys. Friedrich Wilhelm (von) Kaulbach, Spross eines armen Zeichenlehrers, Franz Seraph (von) Lenbach, viertes Kind eines Maurermeisters aus Schrobenhausen, und der niederbayerische Müllersohn Franz (von) Stuck haben es zu Ansehen, Adel und viel Geld gebracht. Zu viele andere hoffen, ähnliches noch vor sich zu haben. Bei einigen geht es schon wieder schmerzhaft rück- und abwärts, so bei dem Teilzeitmünchner Arnold Böcklin, dem ein Börsenkrach die gute Lebensführung verhagelt, was auch seiner Freundschaft mit dem jüngeren Lenbach ein Ende bereitet.

Nur ein Spaziergang ist es von jenem 1890 fertiggestellten pseudotoskanischen Landhaus hinterm Königsplatz, das Gabriel (von) Seidl dem Lenbach gebaut hat, zu den Schwabinger Kunststudentenbuden, und noch mal einige Gehminuten zu einer weiteren Seidl-Komposition, dem kurz zuvor vollendeten Domizil von Kaulbach in der nach ihm benannten Straße am Englischen Garten. Hausnummer 15: hinter der strengen Neorenaissancefassade hohe Räume mit Kassettendecken, an den Wänden Gobelins und Jagdtrophäen. Nach hinten öffnen sich Flügeltüren auf eine Statuetten-geschmückte Freitreppe, die zum brunnenkühlten Park führt. In der Kaulbachstraße 63, einem düsteren und verbauten, eigentlich abbruchreifen, aber geräumigen Eckhaus, wohnt anderer – älterer, ärmerer – Adel: Franziska Liane Wilhelmine Sophie Auguste Adrienne Gräfin zu Reventlow und der polnische Glasmaler und Puppenspieler Bohdan von Suchocki. Die Miete zahlt Franz Hessel, dichtender Bankierssohn und Teilzeitmitbewohner, der hoffnungslos in die Gräfin verschossen ist.

Franziska Gräfin zu Reventlow in ihrer Küche in der Kaulbachstraße, 1904.

Auch in der Künstler-WG legt man Wert auf Stil – über den Diwanen hängen Glaslüster – jedoch sind viele Räume unbewohnbar und der Salon teilt sich ein Zimmer mit dem Herd. Noch weiter draußen, fast schon jenseits von Schwabing in der Belgradstraße, hat es die Pension des Schweizers Heinrich Fürmann zu einem gewissen Ruhm gebracht: ein umgebauter Pferdestall, winzige Zimmer, teils ohne Licht, Wasser und Heizung, aber mit Flair und Flieder vorm Fenster, wo Künstler ihre Mietschulden zur Not in Bildern und Texten begleichen dürfen. Stefan George und andere zeitweise mittellosen Geistesaristokraten logieren dort, auch Reventlow hat schon bei »Vater Fürmann« Unterschlupf gefunden.

Wittelsbach ist da!

Welten liegen zwischen hier und dort. In Kaulbachs ballsaalgroßem Atelier sitzt Kaiser Wilhelm II. und wartet vergleichsweise geduldig, bis der Künstler ihn gepinselt hat. Lenbach porträtiert (auf Wunsch nach Fotografien, bisweilen vor Publikum und bei elektrischem Licht) ohnehin die halbe Welt, inklusive Papst. Etliche der zu Verewigenden von Bismarck bis Wagner bemühen sich persönlich nach München. »Der Künstler verkehrt mit dem Hof, dem Adel und der höchsten Beamtenschaft auf gleichem Fuße«, erklärt 1911 Franz von Stuck, dessen Villa am Isarhochufer jene der älteren Malerfürsten noch in den Schatten stellt. Bei Reventlow/Suchocki erscheint man meist ohne Anmeldung, nicht selten sind Hunger und Verzweiflung zu Gast und zudem – wenn das Geld doch mal wieder zum hemmungslosen Feiern reicht – die Polizei.

Prinzregent Luitpold ist geradezu rührend um Überparteilichkeit und Ausgleich bemüht. Seine ebenso ersehnten wie berüchtigten unangekündigten Atelierbesuche (»Wittelsbach ist da!«), die ihn fast täglich und stets frühmorgens in die Werkstätten des unausgeschlafenen Nachwuchses wie der Platzhirschen führen, spülen einiges Geld in die Kasse, nicht nur durch Ankäufe, sondern auch durch das Presseecho, welches dem herrschaftlichen Pochen an der Ateliertür zuverlässig folgt. Selbst der von der Pinsel-Upper-Class geradezu gemobbte »Bauernrealist« Wilhelm Leibl kommt auf Vermittlung Luitpolds am Ende noch zu einer Professur. Doch die Konkurrenz bleibt hart und »braucht leider oft gewundene Wege«, so Lovis Corinth, einer der »24 Freien« und selbst eher rustikal im Umgang. Als diese eine »Brandbombe« legen (so Mitbombenleger Lovis Corinth), indem sie hinter dem Rücken der Arrivierten klammheimlich einen Nebenraum im Glaspalast anmieten, ist die Verstimmung allseitig und andauernd. »Wir wurden boykottiert, exkommuniziert«, erinnert sich Corinth. »Wenn ich jetzt in die Allotria kam und mich an einen vollen Tisch setzte, so war nach einigen Minuten um mich eine Öde und Leere. Die Leute waren alle wie weggeblasen. Und so ging es auch auf den Straßen, oder wo ich sonst die Bekannten anzutreffen pflegte. Ich kann nicht sagen, daß dieses Ausgeschlossensein auf meine Gemütsart angenehm wirkte.« Der Schweizer Paul Klee formuliert das für sich so: »In der Stadt der 5000 Maler lebe ich nun so ganz allein und für mich.«

Ein Komposthaufen für Gerüchte

Nicht viel anders geht es bei den Schriftstellern zu, auch wenn die Zensur als gemeinsamer Gegner unwahrscheinliche Allianzen auf Zeit hervorbringt und manche der konservativen Arrivierten wie Paul Heyse und Ludwig Ganghofer sich für junge Wilde wie Wedekind und Ringelnatz stark machen. Man bewundert, beneidet, verachtet sich. Man streitet. Es geht um künstlerische Positionen, Weltanschauungen, um Lebensart. Auch um Handfesteres: Liebschaften, Geld und was der eine über den anderen gesagt hat, gesagt haben soll oder gesagt haben könnte. Die Szene ist ein Komposthaufen für Klatsch, Gerüchte und üble Nachrede. Man hilft sich auch, aber seltener als nötig und dann oft von Misstrauen begleitet. So besorgt Max Halbe dem aus der Festungshaft entlassenen Frank Wedekind eine Bleibe in der Franz-Joseph-Straße, kümmert sich um Möbel und Miete, danach verkracht man sich. Erst auf dem Totenbett stattet Wedekind Halbe einen Besuch ab. Nicht verbürgt, aber plausibel diese bei Alfred Bock überlieferte Anekdote: Nach seiner überraschenden Genesung habe Halbe auf der Maximilianstraße Wedekind getroffen und angeredet: »Ach, mein lieber Frank, das ist schön, daß wir wieder zusammen sind!« »Nein, lieber Halbe«, wehrt Wedekind ab, »das war nur für den Fall Ihres Todes!«

Duell im Kaffeehaus

Manche Freundschaft endet tragisch wie die der Hannoveraner Jugendfreunde Theodor Lessing und Ludwig Klages. Einst vereint in gemeinsamer Auflehnung gegen die »Menschenverdummungsanstalt« Schule und beseelt von einem schwärmerischen Pessimismus, entzweien sie in München nicht nur philosophische Fragen: »Ich werde freiwillig mein Leben enden«, sagt Klages um 1897 zu Lessing, »du endest als buddhistischer Einsiedler«. Beides ist falsch: Klages stirbt 1956 in der Schweiz, geht als Begründer der Grafologie und Verfasser des fortschrittskritischen Essays »Der Geist als Widersacher der Seele« in die Kulturgeschichte ein – und als glühender Antisemit. Lessing schreibt

1925 einen klarsichtigen Essay über den künftigen Reichspräsidenten Paul von Hindenburg, den er als »Zero« bezeichnet, dem bald ein »Nero« nachfolgen könnte, und wird danach Feindbild der völkischen Rechten. 1933 wird er im Karlsbader Exil von nationalsozialistischen Attentätern erschossen. Was die »verkältende Enttäuschung« der Freunde bewirkt, darüber ist viel geschrieben worden, so auf nicht weniger als 320 Seiten von Elke-Vera Kotowski. Das Auseinanderdriften der Gedanken spielt eine Rolle, Klages' Eintauchen in den Dunstkreis der »Kosmiker«, Lessings Erfolg bei Frauen. Der von Klages ziellos angeschmachteten Fanny zu Reventlow eröffnet Lessing seine Sicht der Dinge: Klages, wie Nietzsche und George, seien Albatrosse: geniale Flieger, am Boden aber unbeholfen. Sie hingegen, Lessing und Reventlow, gehörten zu den Straußen – unfähig, in den »Äther« abzuheben, dafür zielstrebige Läufer. 1899 kündigt Klages Lessing in einem Brief ohne Begründung die Freundschaft auf. Als dieser ihn aufsucht, um eine Erklärung zu verlangen, weist ihm Klages – den Freund siezend – die Tür, um wenig später herauszuplatzen: »Du bist ein ekelhafter, zudringlicher Jude.« So zumindest erinnert sich Lessing.

Es ist kein im engen Sinn »politischer« Konflikt. Doch er weist voraus auf kommende Schlachten, künftige Verwundungen, die im Ersten Weltkrieg, den Wirren der Räterepublik, der »Ordnungszelle Bayern« geschlagen werden. Im Fin de siècle ist vieles, was später blutiger Ernst wird, noch ritualisierte Spiegelfechterei von Alphamännchen. So wie das erste Aufeinandertreffen Theodor Lessings mit Stefan George, den der norddeutsche Spötter wegen seiner hohepriesterlichen Haltung hinterm Maßkrug den »Weihestefan« tauft. Eine Art Duell im Kaffeehaus: Lessing (der uns die Szene in seinen 1935 posthum veröffentlichten Lebenserinnerungen überliefert) sitzt Zeitung lesend im »Luitpold«, als George, begleitet von seinem »unabtrennlichen Schatten« Karl Wolfskehl, »wie der Bischof durch die Mitte von Sankt Peter« im Säulengang des Cafés einläuft und am Nachbartisch Platz nimmt. Den Vorschlag des Nochfreundes Klages, an Georges Tisch zu wechseln, weist Lessing brüsk zurück: Der Weg von Herrn George zu seinem Tisch sei schließlich nicht weiter als seiner zu Herrn George. Es folgt ein hektisches Hin und Her der beiden »Adjutanten« Klages und Wolfskehl. Klages wirft Lessing Albernheit vor, »worauf ich aufbegehre, dies sei keine Albernheit, es sei Symbol. Wolfskehl kommt und belehrt, unter Symbolen verstehe man was anderes. Klages weiß nicht, ob und wo er sich setzen soll. Schließlich wird der Ausweg vereinbart, daß weder George noch ich sich fügen müssen, sondern gleichzeitig beide aufstehn, bis zur Mitte des Säulengangs einander entgegengehn und daß dann

alle vier gemeinsam an einem größeren Tische platznehmen sollen.«

Nicht immer sagt man sich ins Gesicht, was man voneinander hält. Vieles wandert zwischen Buchdeckel, deutlich in Tagebüchern und Memoiren, pseudonymisiert in Fiktionen wie etwa Reventlows »Herrn Dames Aufzeichnungen«, einer kaum verhüllten Abrechnung mit dem George-Kreis. Zur Meisterschaft im literarischen Aus- (wenn nicht Abschlachten) der Umwelt bringt es das Gegensatzbruderpaar Thomas und Heinrich Mann, das sich in jungen Jahren monatelang beleidigt anschweigt, um im späteren Werk Gedanken und Marotten des jeweils anderen aufzuspießen. Und auch der anderen. Heinrich Mann lässt in seiner Romantrilogie »Die Göttinnen« – zur Kenntlichkeit entstellt – den Maler Lenbach auftreten. Bei Mann heißt er Jakobus Halm, ein zum Fließbandporträtisten alternder Damen der besseren Gesellschaft verkommener Renaissance-Enthusiast, der sich über seine Kundschaft mokiert: »Die ganze gemalte Halbwelt kranker und künstlicher Weiber sammelt sich von allen Ecken Europas her, vor meiner Tür! […] Ihre Schönheit, die halb Europa kitzelt, lebt von meinem Betruge!« Ein reichlich uncharmanter Satz, den Mann Lenbach in den Mund legt, umso mehr, weil zu dessen Modellen auch des Bruders spätere Gattin Katia Pringsheim zählt.

Freilich verkörpert Lenbach ein anderes Kunstverständnis, als es den Manns – einem wie dem anderen – vorschwebt. Thomas zumal bevölkert sein Werk bevorzugt mit den Menschen seiner Umgebung. Vorsicht ist geboten, wie Manns Schriftstellerkollege Arthur Holitscher erfährt, der hocherfreut eine Einladung in Thomas Manns Wohnung angenommen hat und beim Weggehen diese Beobachtung macht: »Durch irgendeinen Umstand wurde ich beim Weitergehen gezwungen, stehen zu bleiben und mich umzudrehen. Da sah ich oben im Fenster der Wohnung, die ich soeben verlassen hatte, Mann, mit einem Opernglas bewaffnet, mir nachblicken. Es dauerte nur einen Augenblick, im nächsten verschwand der Kopf blitzschnell aus dem Fenster.« Wahrheit? Erdichtet? Jedenfalls taucht Holitscher für die Zeitgenossen deutlich erkennbar als

Münchner Künstler-Versammlung: »Herr Wirt, wir brauchen noch viel mehr Tische!« – »Aber die Tische sind ja noch lange nicht besetzt!« – »Ja, aber an jedem Tisch sitzt eine Künstler-Gruppe!«. Karikatur von Alexander von Salzmann, 1908.

Nebenfigur in der Novelle »Tristan« auf – »mit den Schritten eines, der innerlich davonläuft«.

Abstoßungseffekte

Auch seinem eigenen Kreis – Max Halbe, Frank Wedekind, Ludwig Scharff, Eduard von Keyserling – billigt Holitscher »keineswegs« eine »tiefere Kameradschaft« zu. Zwar schlägt man sich gemeinsam die Nächte um die Ohren, erst im »Café Stefanie« (vulgo »Café Größenwahn«), dann in der Bahnhofsrestauration. Wenn die weniger liquiden Kollegen zu Fuß nach Hause laufen, fährt der Aristokrat Keyserling im Einspänner an ihnen vorbei, »seine Zigarette zwischen den dünnen Lippen, mit seitwärts und uns Fußgängern abgewandtem Gesicht«. Den Zurückbleibenden bleibt der Befund, so sei eben München: »[…] nicht die Bohème allein, auch nicht die ›Kameradschaft‹ unter Literaten, es war vor allen Dingen München – und nach fünf Jahren hielt ich dies, fast physisch schon, nicht mehr aus.«

Der Magnetismus der Kunststadt lässt nach, Abstoßungseffekte werden stärker. Oscar A.H. Schmitz kündigt seinen Abgang 1907 so an: »Das Leben in München hing an mir wie Bleigewichte, seine Geistigkeit erschien mir kunstgewerblich, seine Einstellung zum Gefühlsleben kindisch, alles falsch, unwahr und unter dünner intellektueller Firnis roh und barbarisch.«

Kapitel 4
Die Tücken der Technik

Ein rechteckiger Raum, nicht wirklich eng, aber wie zusammengepresst durch zu viele Menschen. Fremd stehen, sitzen, schwitzen, schimpfen sie durcheinander. Der Raum bewegt sich im Raum – beschleunigt und bremst, rüttelt sich und schüttelt sich. Alltag für den MVV-gestählten Zeitreisenden. Für den Münchner der 1880er- und 1890er-Jahre aber eine ungewohnte Erfahrung. Trambahnfahren ist eine soziale Kulturtechnik, die eingeübt werden will, ungefähr wie das Telefonieren und etwas später das Aufzugfahren, weshalb es in den Anfangsjahren für alle drei eine Vermittlungsinstanz gibt: den Schaffner, den Liftboy, das Fräulein vom Amt.

145 Telefone

Beim Telefonieren verhält es sich genau umgekehrt wie im Nahverkehr. Beim Trambahnfahren steht der Münchner, um sich irgendwo hinzubewegen, in einem Raum mit Leuten, mit denen er eher nicht sprechen will. Beim Telefonieren spricht er mit jemandem, der nicht im Raum ist, und zu dem er sich daher nicht hinbewegen muss.

1883 eröffnet in München die erste staatliche Telefonanlage, zwei Jahre nach Berlin und ein Jahr, nachdem Oskar von Miller im Glaspalast neben anderen Wunderdingen auch einen Telefonapparat vorgeführt hat, durch den man staunend in Oberammergau gespielte Musik vernehmen kann. In den USA telefonieren da schon mehr als 50 000 Menschen. In München haben 145 Bürger den kostspieligen Telefonanschluss beantragt. Die prestigeträchtige Nummer 1 bekommt Georg Hirth, der Verleger der »Jugend« und der »Münchner Neuesten Nachrichten« zugeteilt. Auch die anderen Teilnehmer sind überwiegend Geschäftsleute, darunter sieben Brauereien. Unter Anschluss 22 etwa kann man Bestellungen beim Bürgerlichen Brauhaus aufgeben, was kaum jemand tut, weil kaum jemand ein Telefon hat. Startschwierigkeiten: Eine Stimme zu hören, ohne das dazugehörige Gesicht zu sehen, und dieser Stimme zu antworten, ist noch nicht jedermanns Sache. Auch nicht das »schrille Geläut aus der Finsternis« eines Korridors, das dem kleinen Walter Benjamin das Telefon als »Höllenmaschine« erscheinen lässt, die seinen Vater, einen Berliner Geschäftsmann, zu ungewohnten Wutausbrüchen reizt, nicht zuletzt, wenn seine Klassenkameraden in der verbotenen Zeit zwischen 2 und 4 Uhr nachmittags anrufen.

Technisch läuft damals alles etwas anders, als wir es kennen. Man hebt den Hörer und das Sprechteil ab, wartet, dass sich die Zentrale am Max-Joseph-Platz meldet, nennt die gewünschte Verbindung und wartet dann wiederum, dass im Umschaltbüro eingestöpselt wird. Das alles innerhalb der Geschäftszeiten, denn danach hat der Telefonist seinen wohlverdienten Feierabend. Die schnelle Umsteckerei an den »Klappenschränken« bei gleichzeitigem konzentrierten Zuhören und überdeutlichem Sprechen ist eine fordernde Arbeit, zugleich schlecht bezahlt – weshalb der Mann vom Amt bald durch schlechter bezahlte und anscheinend nervenstärkere Fräulein vom Amt ersetzt wird. »Dienerinnen des Mysteriums« nennt sie Marcel Proust. In München ist der Begriff »Stöpselmamsell« geläufig.

Doch die Technik schreitet voran und es wächst die Zahl derer, die sie beherrschen. Telefonieren kann man nach 1900 in den Bahnhöfen, auf Behörden, in manchen Geschäften und vielen Gastwirtschaften, wo man das Telefon braucht, um schnell Bier nachzuordern oder, siehe Salvatorschlacht, die Polizei zu holen. Auch Gespräche ins Ausland sind bald möglich, aber sündhaft teuer: Drei Minuten Mund-zu-Ohr-Kontakt mit Paris kosten 3 Mark. 1909 installiert Siemens in Schwabing das erste deutsche Großstadtfernsprechamt mit Selbstwählbetrieb und einer Kapazität für 2500 Anschlüsse. Und wieder gibt es Ärger. Viele der Telefonfräulein, die gerade erst geringfügige Verbesserungen ihrer Arbeitsbedingungen durchgesetzt haben, sind jetzt ihren Job los – was umso misslicher ist, als sie durch einen Passus in ihrem Arbeitsvertrag verpflichtet worden sind, Fräulein zu bleiben, also nicht zu heiraten. Auch die Kunden sind unzufrieden. In der Schwabinger Brauerei versammeln sich bei reger Beteiligung die »Gegner des automatischen Telefonsystems«, um gegen Nachteile geschäftlicher und gesundheitlicher Natur zu protestieren. Unterstützung bekommen sie durch das Gutachten eines Münchner Arztes, der, so schreibt Stadtführer und -kenner Rudolf Hartbrunner auf seiner Website, warnt, dass das Wählen bei den Fernsprechteilnehmern eine Schädigung des Nervensystems verursache.

Im geschlossenen Abteil

Wer solches nicht riskieren will, ist im Nahverkehr vielleicht besser aufgehoben als am Fernsprechapparat. Obwohl auch in der »Tramwei« manches zu erdulden und zu beachten ist: zügig einsteigen! Anfangs auch während der Fahrt. Das Klingeln und Quietschen aushalten, ohne sich die Ohren zuzuhalten, weil man die Hände zum Festhalten braucht und zum Billettl lösen. Im Nicht-

Zum Nockherberg und zum Ostfriedhof gelangt man kommod mit vier Tramlinien.

rauchercoupé nicht rauchen, nicht auf den Boden spucken. Der Kampf um oder ritterliche Verzicht auf einen Sitzplatz. »Belästigungen der Damen durch Herren ereignen sich selten; die Herren lassen die Damen in der Regel stehen«, notiert doppelzüngig Benno Rauchenegger, der vermutet, der offene Einstiegsbereich heiße Plattform, weil man hier platt gedrückt werde. Und dann noch dies: Dass man in der Tram nicht reden kann, ohne dass andere mithören, und gezwungen ist, mitanzuhören, was die anderen reden. Letzteres kennt man zwar aus der Bierwirtschaft, hier aber fehlt das Bier als soziales Schmiermittel. Zumindest im Berufsverkehr. In den Ausflugsbahnen und »Schwammerlzügen« ist der Alkoholpegel hoch und animiert einige zum illegalen Singen, was anderen gar nicht passt. »Aber schließlich«, so Rauchenegger, sei das »dankenswerthe Unternehmen« Trambahn noch jung und »es werden an Hand der gewonnen Erfahrungen sicher Verbesserungen vorgenommen werden; angefangen soll dabei mit dem Publikum werden.«

Das neue Aggressionsbiotop Tram reüssiert zu einem Standardthema nicht nur der Journaille, sondern auch der Komödianten, und wird es für mehr als eine Haltestellenwartedauer auch bleiben – die »Trambahnritzenreinigungsdame« Ida Schumacher und Weiß Ferdls »Wagen von der Linie 8« lassen grüßen. Letzterer variiert übrigens Motive eines viel älteren Couplets, nämlich Hans Blädls »Auf der Isarthalbahn«, von dem eine Schallplattenaufnahme aus dem Jahr 1902 erhalten ist. Witz komm raus oder: »Mach dass d' neikummst oder i wirf di nei, dass d' beim drübern Türl wieder 'nausfliagst, du Hammel du gscherter!«

»Trambahnschmerzen« und wirkliche Unfälle

»Trambahnschmerzen« heißt eine Rubrik im Münchner »Lokal-Anzeiger«. Den Fahrgästen sind zu wenige, zu langsame Tramways unterwegs, den Außenstehenden hingegen kreuzen auf Münchens Straßen bereits zu viele Züge und das viel zu schnell. Im Winter dann beklagen auch die Passagiere das hohe Tempo, weil einem »vor Kälte rot und schwarz vor Augen« wird. Permanent reißt irgendwer – oft der Schaffner oder die Schaffnerin – die Tür auf, und die Trambahngesellschaft ist nicht in der Lage, ihre Waggons zu heizen oder wenigstens Decken auszuteilen. Ob ein »Boycott« helfen würde? Zumindest gegen übervolle Züge? An den Öfen, die ab 1908 in einigen Waggons installiert werden, verbrennt man sich die Finger. Und trotz der an den Triebwagen aufgespannten Fußgängerfangnetze passieren noch alle Tage Unfälle. Was zumindest dann nicht übertrieben ist, wenn man Beulen und sonstige kleinere Malheurs mitzählt. »Auf der Tram will mich ein Idiot am Absprung hindern und klemmt mir den rechten Daumen ein. Schmerzen.« (Tagebuch O. A. H. Schmitz, 1907)

Ob die Bahnen schön anzuschauen sind, ist eine andere viel diskutierte Frage. Die himmelblauen Wägen vielleicht schon. Aber das Drumrum? Eine Künstlergruppe um Franz von Lenbach macht 1897 gegen den Bau stromführender Oberleitungen mobil. Den Prinzregenten wissen sie auf ihrer Seite, auch er wettert gegen die »Verschandelung der Luft«. Luitpolds Unmut über Masten und Drahtverhau wird verstärkt durch ein praktisches Problem, das seiner Kavallerie zu schaffen macht. Auf den Militärparaden, die Luitpold so liebt, müssen die Reiter höllisch aufpassen, dass ihre Lanzen sich nicht in den Stromdrähten verfangen. Alternativen gibt's aber fürs Erste keine. Ein Pionierversuch mit elektrischen Kontakten im Gleissystem wird 1897 abgebrochen, nachdem sich ein Pferd in der Goethestraße einen Stromschlag zuzieht und nicht wieder aufsteht. Unbefriedigend fallen auch erste Experimente mit Hybridantrieb aus, wobei der Zugwagen seinen Strom wahlweise aus Leitungen oder von einem Akku bezieht. Die Säuredämpfe des Akkus wabern aber in die Wägen hinein und verursachen bei einigen Fahrgästen Übelkeit und Ohnmachtsanfälle. Am Ende sind die Oberleitungen auf den meisten Strecken doch das kleinere Übel.

Nass und platt auf der Plattform: Karikatur von Eugen von Baumgarten.

Auch die anderen neuen Fortbewegungsmittel sorgen nicht durchwegs für Begeisterung. Pünktlich zum Start des neuen Jahrhunderts führt die Polizeidirektion erstmals Verkehrsregeln für Automobile ein. Zahlreiche Straßen werden für »Motorwägen« gesperrt, überall in der Stadt gilt ab sofort eine

Höchstgeschwindigkeitsbegrenzung. Es ist die gleiche, mit der sich heute 14-Jährige auf E-Rollern fortbewegen dürfen: 12 Stundenkilometer. Noch etwas mehr Gas und es wird atemberaubend. Franz Hessel, der schon erwähnte Mitbewohner der Gräfin Reventlow, schildert in seiner Novelle »Das Fest der Maria« (1908) anschaulich die Empfindung der Titelheldin, die von einem Bekannten im Sportanzug zu einer Probefahrt eingeladen wird: »›Lassen Sie uns ein Stückchen die Dachauer Chaussee hinauffahren, daß wir merken, es weht noch ein Wind in der Welt.‹ Maria hielt die Hände an die Schläfen und sah erstarrt auf die Birkenreihe, die an uns vorübertaumelte. ›Halt, Halt‹, schrie sie nach zwei Minuten Fahrt, ›nicht weiter, das ertrage ich nicht. Mir fallen ja alle Bäume vor Augen um.‹« Auch Autounfälle gibt es schon, 1902 notieren die Zeitungen den ersten mit Todesfolge am Stiglmaierplatz. Dennoch: Bei unter 1000 zugelassenen Automobilen zum Ende des Jahrzehnts können Zeitreisende der Gefahr, von einem Auto umgefahren zu werden, noch relativ entspannt ins Auge sehen. Ganz anders sieht es bei den Radfahrern aus.

Die falsche Haltung gefährdet ihre Gesundheit, auch auf dem Sattel. Das Magazin »Der Fahrradsport« hilft weiter.

RR: Von roten Radlern, rollenden Rebellinnen ...

Vor allem zwei Gruppen von Velocipedisten sind berüchtigt. Da sind einmal die neuen Münchner Fahrradkuriere, die von Ludwig Thoma in seinem »Münchner im Himmel« verewigten »Roten Radler«. Ihren Namen verdanken sie nicht etwa sozialistischen Umtrieben, sondern ihren knallroten Uniformen. »RR« steht auf den Schildern ihrer Mützen, zwei Buchstaben, die oft ziemlich plötzlich vor den zweibeinigen Verkehrsteilnehmern auftauchen. Rot sehen auch die Münchner Dienstmänner, die dem Tempo der zwei- oder dreirädrigen Konkurrenz der »Messenger Boys« nicht gewachsen sind und sich neue, fußläufig gut zu erreichende Aufträge suchen müssen: das Ausführen von Hunden, die diskrete Übermittlung von Liebesbriefen, angeblich auch die Beschattung der Untreue verdächtiger Eheleute.

Avanti Avantgarde: Auch die Eigentümerinnen des Fotoateliers Elvira sind begeisterte Velocipedistinnen.

Die zweite, zahlenmäßig ungleich größere Gruppe – die Frauen – neigt weniger zum Rasen. Dennoch führen meist männliche Bedenkenträger mehrere Gründe ins Feld, warum

die neue Frauenbewegung gegen die Natur sein soll. Zum einen bringen die Velocipedistinnen ihre zartere Physis unnötig in Gefahr, was sich durch den tödlichen Fahrradsturz Fanny zu Reventlows in Ancona 1918 zu bestätigen scheint. Dann stellt sich die Frage, ob der Fahrradsattel und die weibliche Anatomie sittlich in Einklang zu bringen sind. Erschwerend hinzukommt, dass Frauen auf Zweirädern oft Hosen anhaben. Das bringt ihnen den Ruf ein, »Emanzen« zu sein. Nicht zu Unrecht vermuten konservative Gemüter, dass Frauen, die – dem Zugriff der Ehegatten entzogen, dann aber den Augen fremder Männer ausgesetzt – die Stadt durchkreuzen, sich auch auf anderen Feldern freistrampeln könnten, etwa bessere Löhne oder das Wahlrecht fordern. Zu den markanten Erscheinungen unter Münchens Radfahrerinnen zählen Anita Augspurg und Sophia Goudstikker. Die beiden sind engagierte Frauenrechtlerinnen, Goudstikker wird später Münchens erste zugelassene Rechtsanwältin. Mit windschnittigen Kurzhaarfrisuren und Pumphosen radelt das Paar durch München. Noch aufsehenerregender ist allerdings das Fotostudio, das die beiden betreiben, besonders seine Fassade. Das Hofatelier Elvira an der Von-der-Tann-Straße 15 ziert ein 13 x 7 Meter hohes, zwischen türkis und violett changierendes Jugendstilrelief. Es soll einen Drachen darstellen, weshalb (aber wohl nicht nur deshalb) das Haus als »Drachenburg« stadtbekannt ist. Man könnte das Ornament freilich auch als Welle deuten, vielleicht auch als Fahrtwind oder schlicht als Zeichen einer hochdynamischen Zeit, die dennoch nicht immer recht vom Fleck kommt. 1937 schlagen die Nationalsozialisten das Relief ab. 1944 zerstören Bomben den Rest des Hauses. Heute steht an seiner Stelle die amerikanische Botschaft.

… und einem rasenden Rüpel

Fahrräder wie Autos symbolisieren das Neue. Fußgänger und andere der Tradition verhaftete Zeitgenossen bleiben nicht ohne Groll zurück. Aufs Schönste nachlesen lässt sich das in der wenig beachteten Novelle »Der Weg zum Friedhof« von Thomas Mann. Wir begegnen darin Lobgott Piepsam, einem schwarzen Witwer und Trinker, der an einem herrlichen Frühlingstag das Grab seiner Frau aufsuchen will. Hinter ihm nähert sich »in voller Carrière« ein Radfahrer, »ein Jüngling, ein unbesorgter Tourist« mit dem »keckste(n) Mützchen der Welt« auf seinem Blondschopf, dazu buntem Hemd und Sportgamaschen. »Er kam daher wie das Leben und rührte die Glocke.« Piepsam, der die Verkehrsordnung missachtet sieht, versperrt ihm schimpfend den Weg und notiert drohend sein Kennzeichen »Numero neuntausendsiebenhundertundsieben«. Der

Radfahrer, jetzt ebenfalls ungehalten, lässt Piepsam stehen und fährt von dannen, worauf dieser zu einer furiosen Schimpfkanonade ansetzt, die immer mehr Schaulustige anlockt und den größten Teil des weiteren Textes einnimmt. In seinem slapstickartig sich steigernden Tobsuchtsanfall verflucht Piepsam, der jetzt von einer unscheinbaren traurigen Gestalt zu einer Schrumpfversion von Kleists Michael Kohlhaas mutiert, den längst entflohenen Radfahrer und die Welt an sich, beschwört dann die Apokalypse, bis er mit einem letzten Schrei – »du steigst sofort ab, du unwissender Geck!« – zu Boden stürzt.

Wetterfest radeln in Loden: Werbeanzeige in der Zeitschrift »Der Fahrradsport«.

Thomas Mann kennt beide Perspektiven. Als die Novelle 1900 erstmals im »Simplicissimus« erscheint, lebt der künftige Nobelpreisträger seit sechs Jahren in München. Der (nicht näher bezeichnete) »Weg zum Friedhof« sieht aus wie die Straße zum 1899 eingeweihten neuen Münchner Nordfriedhof, den Mann selbst gern entlangspaziert. Noch öfter aber fährt er in diesen Jahren Rad, mit Gummischuhen und Lodenpelerine auch bei Regen. Bei Albert von Schirnding erfahren wir, wie der Schriftsteller sein Veloziped auf der Schulter in den dritten Stock seiner Schwabinger Wohnung trägt, um es dort regelmäßig gründlich zu putzen.

Am Ende der Novelle schieben zwei Sanitäter die Gaffer zur Seite und den reglosen Herrn Piepsam auf einer Bahre in den Rettungswagen »wie ein Brot in den Backofen«. Ob die Passanten, wohl zwei Maurer, die Sanis persönlich verständigt haben oder etwa per Telefon vom »Schwabinger Großwirt« aus, verrät Mann nicht. Auch wo sie Piepsam hinbringen, bleibt der Deutung des Lesers überlassen und dazu die Erkenntnis, dass nicht nur Radfahrer rasen.

Kapitel 5

Fremde, nicht nur in der Fremde

Die hohen Häuser! Die vielen Menschen! Die großen Mäuler der Bronzefische am alten Fischbrunnen! Als die siebenjährige Lena Christ – als uneheliches Kind aufgewachsen bei den Großeltern im Dorf Glonn – 1888 mit sauberem Hemd und in ihr bisher unbekannten Unterhosen zum ersten Mal am Münchner Ostbahnhof anlandet und mit der Pferdebahn zum Marienplatz fährt, könnte es ihr auf einem anderen Planeten kaum fremder vorkommen.

Zwischen 1875 und 1910 steigt die Zahl der Touristen von 157 000 auf 582 000. Viele machen eine der neu etablierten Stadtrundfahrten.

Verloren in der großen Stadt

Die Großstadt schüchtert das Landkind ein. Die paradierenden Wachsoldaten vor der Residenz immerhin findet Christ lustig, die erinnern sie – was sie auch lauthals kundtut – an Spielzeug, an ihre »hülzern' Mandln« daheim. »Sei doch still! Das is ja Majeschtätsbeleidigung«, fährt ihr die Mutter in die Parade. Nicht zum letzten Mal. Die Verwandlung der kleinen Leni in ein Stadtmädchen fasst sie in ihren autobiografischen »Erinnerungen einer Überflüssigen« (1912) in den so schlichten wie bedrückenden Satz: »Ich mußte nun alles ländliche Wesen ablegen.« Die Mutter steckt Leni in städtische Kleider, »dann wurden mir meine schönen, langen Haare abgeschnitten, weil ich Läus' hätte, wie die Mutter sagte. Auch lernte ich jetzt arbeiten.« Am schlimmsten ist, dass ihr die Mutter ihre »bäurische« Sprache verbietet, »wodurch sie mich so einschüchterte, daß ich oft den ganzen Tag kein Wort zu sagen wagte. Auch in der Schule spotteten mich die Kinder aus und nannten mich nur den Dotschen oder die Gscherte.« Gschert, also geschoren, wurden im Mittelalter unfreie Bauern, Dotschen (Steckrüben) sind Viehfutter und ein Arme-Leute-Essen. Als Leni ihren Großvater in Glonn besucht, singt sie ihm in arglosem Stolz ein in München gelerntes Lied vor: »Was braucht denn a Bauer an Huat; für an so an gschertn Spitzbuam is a Zipflhaubn guat!« Der Großvater bricht in Tränen aus. Zehn Jahre hält Leni die Grausamkeiten der Mutter aus, rettet sich dann in die unterkühlte Nächstenliebe eines schwäbischen Klosters, um wenig später doch wieder in den Münchner »Abgrund der Weltlichkeit« (so eine Nonne) zu springen und sich mit 20 in eine gewalttätige Ehe zu flüchten. Sie beginnt zu schreiben: Für eine Schriftstellerin ist das Unglück immerhin guter Stoff, das Aufwachsen in zwei einander fremd, ja feindlich gegenüberstehenden (Sprach-)Welten Inspiration.

Solche »Differenzerfahrungen« sind auch dem grantigen Humoristen Karl Valentin nicht fremd. Valentins Vater, der Speditionsunternehmer Johann Valentin Fey, ist in Darmstadt geboren, seine Mutter im sächsischen Zittau. Nach damaligem Verständnis ist der Vorzeigemünchner also Sohn von »Zugereisten«, dazu ein Vorstadtbewohner (»Schrecken der Au«) und überdies evangelisch. Über Valentins berühmten Satz, fremd sei der Fremde nur in der Fremde, ließe sich viel philosophieren. Der Dialog, aus dem das Zitat stammt, beschäftigt sich vordergründig allerdings nur mit der Entwicklung Münchens zur »Fremdenstadt«, wie der damalige Begriff für einen Hotspot des Tourismus lautet, und dem neuartigen Phänomen, dass, wer in der Innenstadt nach dem Weg fragt, oft keine befriedigende Antwort mehr bekommt, und das in einer fremden Sprache oder ungewohntem Dialekt. 1914 kommen – aufs Jahr gerechnet – auf fünf Münchner vier Touristen. Was für das Gastgewerbe ein wachsendes Geschäft und für die Stadt eine Frischzellenkur ist, stellt für manchen eine Zumutung dar und nicht mal nur für Münchner: »Es gibt überhaupt kein München mehr«, klagt der aus Schlesien zugezogene Otto Julius Bierbaum nach einem Besuch des »Hofbräuhauses«. »Das Bier wird mit jedem Jahr dünner, und, wohin man spuckt, spuckt man auf einen Preußen.« Naturgemäß ist der Reisende zwar nicht immer Preuße, aber oft gut betucht und höher gebildet, weshalb er glaubt, etwas Besseres zu sein – das zumindest glaubt der Münchner. Mag das flüchtige Gewusel der Reisenden auch eine Oberflächenerscheinung sein, verweist es doch auf eine tiefergehende Umwälzung: Der »typische Münchner« ist keiner mehr.

Der Münchner als »Zuagroaster«

Über Jahrhunderte, in denen die Stadt sich nur langsam und diskontinuierlich auf 20 000 Einwohner verdoppelt, kommt »der Fremde« in München zwar vor, zumeist aber als Randerscheinung. Noch 1852 – das Melderegister verzeichnet den 100 000. Münchner, die Stadt wird Großstadt – können die meisten Bewohner von sich behaupten, in München geboren zu sein. Nach 1900, die Stadt zählt 500 000 Köpfe, trifft das nur noch auf rund ein Drittel zu. Etwa die Hälfte der Einwohner stammt aus dem übrigen Bayern, meist vom Land, aus dem Alpenraum, dem Bayerischen Wald und anderen ärmeren Regionen Bayerns, viele auf der Flucht vor Notlagen: zweit- und drittgeborene Bauernsöhne ohne Erbrecht, »sündhaft« – also außerehelich – Geborene, verstoßene Mägde und andere junge Frauen, die als Dienstmädchen oder Kellnerin arbeiten wollen, Arbeiter, die sich in der Stadt besseren Lohn und mehr Rechte versprechen. Selten kommen sie von weit her, doch auch ohne die bitter-bösen Erfahrungen einer Lena Christ fremdeln viele lang, ehe sie sich in Stadtleute, »Stoderer«, verwandeln. Bis 1914 haben sich die Verhältnisse noch weiter von außen nach innen gestülpt. »Du bist ein Student und aus Norddeutschland«, taxiert in der Novelle »Laura Wunderl« des aus Stettin zugezogenen Neumünchners Franz Hessel von 1908 eine als Domino verkleidete Schöne ihren Faschingstanzpartner. »Und du bist eine Münchnerin.« »O nein, ich bin aus Augsburg, und meine Familie stammt aus Italien.«

Wer das Dasein als Daheim- und Unter-sich-sein begreift, hat damit Probleme. Die Identitätsfrage, wer ein »waschechter« – idealerweise also seit Generationen verwurzelter – Münchner ist, erlangt ganz neue Bedeutung und

Aktualität. Zur räumlichen Dimension von Heimat kommt die zeitliche von Herkunft und Abstammung hinzu. Aus dem Schwarzweiß von hiesig und fremd lösen sich Grautöne, subtile Hierarchien bilden sich heraus. Es macht einen Unterschied, Altmünchner zu sein, eingemeindet oder aus dem Umland, Altbayer, Schwabe, Franke oder Pfälzer, Reichsbürger oder Ausländer (und in diesem Fall: woher genau?) Wer ist hier Alteingesessener, Einheimischer mit oder ohne Bürgerrecht, Zugereister, geladener oder zahlender Gast, Saisonarbeiter, ein »Dahergelaufener«, gar »Wildfremder«? Wenn Fremdheit, wie es Wilhelm Genazino formuliert hat, wie das vergebliche Reiben an einem Fleck ist, ist München um 1900 voller Flecken. Überall wird gerieben. Manche reiben sich auf und die Zeitungen berichten regelmäßig von Reibereien zwischen Einheimischen und anderen, oft, aber nicht nur im Wirtshaus.

»Katzelmacher«

»Echte«, langfristig in München gemeldete Ausländer sind nach wie vor selten. Bis ins 19. Jahrhundert hinein sind es meist kleine, klar definierte Gruppen, die ans Stadttor klopfen: italienische Baumeister und Künstler, Kriegsgefangene aus den Türkenkriegen, fliegende Händler aus dem Böhmischen, napoleonische Militärs und Verwaltungsleute. Noch 1914 liegt die Zahl der Ausländer deutlich unter fünf Prozent. Doch ihre Zahl wächst. In manchen Stadtteilen wie der Bahnhofsgegend, in Schwabing und rechts der Isar sind sie besonders präsent und die emotional aufgeladene Betonung des Nationalen (egal, ob in reichsdeutscher oder bayerischer Ausprägung) macht sie auffällig, wenn nicht verdächtig.

Neben den bunt gemischten Nachbarn aus dem Habsburgerreich fallen vor allem zwei Gruppen ins Gewicht und ins Auge. Die eine: die vielleicht 6000 Italiener. Zwiespältig ist es mit diesen Fremden, die der Föhn über die Berge weht. Lang schon haben die Münchner ihre Nase über die Alpen gehalten, Wein und Zitrusfrüchte importiert, den Kaffee gerochen, den Luigi Tambosi – Spross einer Familie von Kellermeistern und Schokolademachern am Gardasee – ab 1810 im Basar-Gebäude am Hofgarten ausschenkte, und dabei vielleicht den florentinischen Baustil der ab 1841 entstehenden, gegenüberliegenden Feldherrnhalle diskutierte. Selbst der Name der populären Gstanzl kommt aus dem Italienischen (la stanza = die Strophe), was den wenigsten Sängern bewusst sein dürfte. (Der Wirt der »Osteria Bavaria« allerdings ist, wie sein Name Josef Deutelmoser vermuten lässt, ein Hiesiger.) Doch es sind nicht nur Gastronomen, Musiker und Bildhauer, die aus Italien kommen. Ita-

liener sind – nicht nur in München – die ersten Gastarbeiter in Deutschland, arbeiten im Straßen- und Bergbau, in München vor allem im neuen Großmarkt und in den 42 Ziegeleien, die sich den Lehmzungen am rechten Isarhochufer folgend sukzessive nordwärts schieben, von Haidhausen und Berg am Laim (!) aus in Richtung Ismaning. Das Wort Gastarbeiter ist freilich noch unbekannt. Es sind Akkordanten und Taglöhner, Ziegelpatscher, oft auch: »Katzelmacher«. Das Wort deutet an, wie man die Fremdlinge einschätzt, auch wenn seine Herkunft schon damals unklar ist. Die Vermutung, der »Katzelmacher« könnte sich von den italienischen Künstlern herleiten, die den Wittelsbachern ihre Löwen aus dem Stein klopften, ist hübsch, aber wenig wahrscheinlich. Plausibler ist die Herkunft aus dem Lateinischen und seinen Nachfolgern: »Cattia / Gatzel« sind hölzerne Löffel, »Catini« die Kessel, die Hausierer über die Alpen bringen. Auch unter Verdacht: »Gazzara«, der Lärm, und »Cazzo«, ein weniger dezentes Wort für Penis. Der als Zeitberichterstatter unterschätzte Ludwig Ganghofer beschreibt in seinem Roman »Waldrausch« (1907), wie ein Bergdorf auf die rübergemachten Wanderarbeiter reagiert, die hier einen Staudamm bauen sollen: »Die fremde Sprache und die dunklen Gesichter mit den Blitzaugen machten die Bauern mißtrau-

Arbeiten noch härter als die Münchner: italienische Ziegeleiarbeiter, hier Ofenleute der Ziegelei Dr. Basten in Oberföhring, 1925.

isch. Man prophezeite Diebstahl, Brandlegung und Totschlag, sorgte sich um die Ehre und Gesundheit der Weibsleute, räsonierte über die Bauherren und schimpfte auf die Regierung.« Nichts Neues in dieser Hinsicht, außer vielleicht den »gepfefferten Schnaderhüpfeln«, die man den Neulingen entgegenschmettert: »Italiani / Bloß Häutln und Bani / Aber endslange Händ / Dö haben koa End.« Oder noch unfreundlicher: »Italiani, Polenta, Marani, Kazzelimacco, Drecco im sacco.«

In der Stadt dürfte der Empfang nur unwesentlich freundlicher gewesen sein. Die Arbeitsbedingungen jedenfalls sind auch nach damaligen Standards prekär, das Prinzip bis heute bekannt: Der Ziegeleibesitzer kümmert sich selten selbst um seine Leute, sondern überlässt das seinen Subunternehmern, friaulischen Akkordanten, die die Arbeitszeiten für ihre sprach- und rechtsfremden Saisonarbeiter festlegen und die besten Stücke vom kargen Lohn selbst abschneiden, indem sie Unterkunft und Verpflegung (in der Regel Baracken und Polenta) verpflichtend zur Verfügung stellen. Das italienische Konsulat in München beklagt 1901 Arbeitszeiten von 18 Stunden, auch Kinder arbeiten vom Morgengrauen bis 22 Uhr. Die Behörden reagieren verständnisvoll, aber überfordert auf die quasi inneritalienische Angelegenheit.

Russen und Schlawiner

Noch »buntere Hunde« als die Italiener sind die rund 4000 Russen. Johannes Baur, der die russische Kolonie in München erforscht hat, macht zu dieser Zeit drei Gruppen aus: Adelige und Großbürger aus dem Umfeld der allmählich in die Bedeutungslosigkeit driftenden Gesandtschaft, dann Künstler wie die Maler Wassily Kandinsky und Marianne Werefkin, die die Atmosphäre in Schwabing inspirierender, Bier und Essen billiger finden als im zaristischen Petersburg; schließlich politisierende Studenten und richtige, oft unter mehreren Namen operierende Revolutionäre wie Lenin (»Herr Meyer«) und Trotzki mit Kontakten zur proletarischen Intelligenz Bayerns. Zwischen 1901 bis 1903 organisiert Wladimir Iljitsch Lenin von München aus den Vertrieb des Untergrundblatts »Iskra« (»Funke«). Die Polizei hält die Umtriebe im Auge: »Mit großer Selbstverständlichkeit arbeiteten die russische und die bayerische Seite bei der Bespitzelung der Studenten zusammen«, so Baur. Vom Austausch auf polizeilicher und politisch-konspirativer Ebene abgesehen sind die Kontakte zwischen Einheimischen und Russen wenig ausgeprägt, obwohl viele der Russen Deutsch sprechen und etwa Kandinsky und der Literat Andrej Belyj das Bayerntum genug schätzen, um im Janker und mit Gamsbart am Lodenhut zu promenieren. Der Maler und seine Staffelei sind zeitweise fast täglich im Englischen Garten anzutreffen. »Bedenkt man aber, dass man von niemandem ein einziges frisches Wort hört, wird einem das Herz schwer«, so seine Klage.

Für konservative Münchner sind die russischen Künstler und Revoluzzer – und ziemlich unterschiedslos auch Osteuropäer aus den Randbezirken der k. u. k.-Monarchie und Polen – vor allem eines: Schlawiner. Das Kunstwort taucht um 1900 plötzlich im allgemeinen Sprachschatz auf, ähnlich wie zuvor der noch etwas positiver besetzte Begriff der »Boheme«. Geht jener auf Böhmen zurück, schwingen in diesem Ethnien wie Slawen, Slowenen und Slawonier mit. »Ethnographisch stark durcheinandergemanscht« ist das Schlawinertum für Max Halbe, mit einem »penetranten Parfüm von Ungewaschenheit und Zigarettendunst« und »dem eingesessenen Urmünchnertum keine reine Freude«. »Hinter'n Siegestor siecht ma koan Münchna mehr. Nix wia Schlawiner, lauter Schlawiner. Und drin in da Stadt is net viel besser. [...] Du liabe Zeit, alls werd mehra, d' Leut wer'n mehra, 's Geld werd mehra, bloß de Bräuer san weniger wor'n«, sinniert ein alter Münchner in Ludwig Thomas Roman »Münchnerinnen«.

Umzingelt und unterwandert: Eine Welt von Fremden

München ist von Fremden umzingelt. Von Osten her drücken die Schlawiner, aus dem Süden die welschen »Katzelmacher«, im Westen der französische Erbfeind und im Norden lauter Preußen. Ein wachsender Teil von Münchnern fühlt sich wie Thoma. Dazu kommen im Inneren die »Religionsfremden«, vor allem die Juden, deren Zahl durch Zuzug vor allem aus dem Osten wächst. Bei David Clay Large (»Hitlers München«) findet sich folgende Wortmeldung aus dem Jahr 1895: »Wie die Chinesen nach Californien, so kamen die Juden nach München: fleißig und sparsam, wachsend an Zahl, aber am besten gehaßt.«

Dass der Anteil der Juden an der Bevölkerung seit ihrer Gleichstellung 1871 bis 1914 ziemlich konstant unter zwei Prozent bleibt, ficht den erheblich größeren Prozentsatz der Judenfeinde in der Stadt nicht an. Ebenso wenig die Tatsache, dass die Mehrzahl der Münchner Juden sich entschieden als jüdische Münchner fühlt. Nicht zuletzt die Kultusgemeinde ist sehr um Assimilierung bemüht. Auf ihr Betreiben muss Theodor Herzls ursprünglich in München geplanter erster Zionistenkongress 1897 nach Basel umziehen. Man will sich nicht exponieren, denn in den Zeitungen, auf den Bühnen und vermutlich auch auf der Straße sind jüdische Stereotype an der Tagesordnung, mal bösartig, mal bloß lustig gemeint. Auch Thomas Theodor Heine, der jüdische Zeichner des »Simplicissimus«, hat jüdische Typen in der Feder. Volkssänger Anderl Welsch immerhin dreht den Spieß einmal um und ruft einem verstorbenen Juden- und Preußenhasser ins Jenseits nach: »Wenn ich der Herrgott wär' / Ich sagte ungefähr: Damit du weißt wie Judenhetz / Und Preußenschimpfen thut / Kehrst du jetzt nach Berlin zurück / Heißt Moses, bist ein Jud.«

Im Stadtrat und im Landtag spielen dezidiert antisemitische Parteien nach der Jahrhundertwende keine große Rolle. Dafür muss der Stadtrat 1904 auf Antrag eines Zentrumspolitikers darüber diskutieren, ob Juden aus der Stadt ausgewiesen werden sollen. Die Ideen der Rassisten sind und bleiben in der Stadt, die Ressentiments wirken untergründig fort. Mit der Ermordung des ersten bayerischen Ministerpräsidenten Kurt Eisner 1919 treten sie eruptiv an die Oberfläche. Wenn Kaiser Wilhelm II. am 6. August 1914 donnert, dass das friedliche Deutschland sich »gegen eine Welt von Feinden« behaupten, müsse, spricht das preußische Oberhaupt damit auch vielen Münchnern aus der Seele. Ludwig Thoma jedenfalls ist mit seiner unheimlichen Wandlung vom patriotisch-liberalen Grantler des »Simplicissimus« zum völkischen Eiferer und antisemitischen Geiferer seiner Nachkriegstexte für den »Miesbacher Anzeiger« nur die Spitze eines Hassberges – besser: ein mittelhoher Gipfel in einem keineswegs urplötzlich aufgeworfenen Gebirge gekränkter Identität.

Kapitel 6
Krieg!

Grant ist ein zu enger Begriff für die irre Gefühlsgemengelage des heißen Sommers 1914. Es ist eine Mischung aus Empörung, banger Erwartung und nervöser Erregung, die in der Münchner Luft liegt und sich mit dem 1. August in grimmige Entschlossenheit oder auch wilde Begeisterung verwandelt. Die Schüsse, die der serbische Nationalist Gavrilo Princip am 28. Juni 1914 auf den österreichischen Thronfolger Erzherzog Franz Ferdinand abfeuert, schlagen auch in Bayern ein. Zwar ist auch in den Jahren zuvor von internationalen Krisen und der Möglichkeit eines Kriegs die Rede gewesen, aber geschrieben und geredet wird ja viel, wenn der Tag lang ist. Und an Militärparaden (besonders der »Schwoli« alias Cheveauxlegers respektive Kavallerie) und an Uniformen im Stadtbild ist man seit Langem gewöhnt, in München, wo die Soldaten ihre Uniformen auch außerhalb von Kaserne und Exerzierplatz tragen, vielleicht noch mehr als in Berlin. Doch nach Sarajewo hat, wie man in Bayern sagt, der Spaß ein Loch. Wer steckt hinter dem feigen Mord? Wie antwortet Serbien auf das österreichische Ultimatum, das völlige Aufklärung und ein Ende aller separatistischen Bestrebungen fordert? Kommt es endlich zum »Waffengang«, und wird er wirklich, wie Optimisten glauben, eine Art sechswöchiger Spaziergang, an dessen Ende Deutschlands Stellung in der Welt seiner längst gefühlten Bedeutung entsprechen wird?

Julikrise und Augusterlebnis

Die Serben geben weiter nach, als viele erwartet haben. Dennoch schwört der deutsche Kaiser am 31. Juli und 1. August vom Balkon seines Berliner Schlosses aus alle »deutschen Brüder« emphatisch auf eine militärische Antwort ein. Am 4. August zeigt sich der erst acht Monate zuvor gekrönte König Ludwig III. auf seinem Wittelsbacher Schlossbalkon, um es dem Kaiser, wenn auch weniger wortmächtig und mit irritierender Verspätung, gleich zu tun. Schon am 2. August versammeln sich tausende Münchner vor der Feldherrnhalle. Ein berühmtes Bild des Fotografen Heinrich Hoffmann zeigt die Demonstration. Grafisch aus der Menge hervorgehoben ist ein junger Österreicher mit Schnurrbart: Adolf Hitler, der GröFaZ als NoBürZ, als normalster Bürger aller Zeiten. Doch wie viel an der Szene ist echt? Der Historiker Gerd Krumeich hat Indizien zusammengetragen, denen zufolge Hoffmann – nachmals Hitlers

Propagandafotograf – seinen Dienstherrn erst nachträglich ins Bild montiert hat, um ihn als »Patrioten der ersten Stunde« in Szene zu setzen. Um ihn herum sehen wir viele lachende Gesichter, Männer, die demonstrativ ihre Florentinerhüte schwenken. Stehen sie wirklich für die allgemeine Stimmung?

Vor allem auf dem Land gibt es nicht wenige, die den Krieg ablehnen – wenn nicht aus pazifistischen, so doch aus praktischen Erwägungen. Auf dem Feld wartet die Ernte. Die Frauen scheinen auch in der Stadt nicht durchweg begeistert. Einige Arbeiter demonstrieren noch im Juli gegen den Krieg, bis ihre Partei ihn zum unvermeidlichen, im Wortsinn not-wendigen Übel deklariert, zum Freiheitskampf gegen das zaristische Russland und hoffentlich »letzten Krieg der Menschheit«. Die schiere Menge der versammelten Menschen vor der Feldherrnhalle sagt wenig aus. Anders als 1939, als die meisten Menschen Hitlers Kriegserklärung an Polen (»ab 5 Uhr wird zurückgeschossen«) daheim am Küchentisch lauschen, wo unterm Kruzifix der Volksempfänger plärrt, muss im heißen Sommer 1914 auf die Straße, wer sich über den letzten Stand der Dinge

In jeder Google-Bildsuche dutzendfach vorhanden. Doch ist das Foto wirklich echt?

informieren will, ist gezwungen, öffentliche Verlautbarungen zu hören, die Extraausgabe der Zeitung zu kaufen oder die Anschläge an den Plakatwänden und Litfaßsäulen zu lesen. Dennoch steht außer Frage, dass vor allem in den Städten, und so auch in München, viele vom Kriegsfieber infiziert sind. Der bewaffnete Kampf, so ist zu hören, sei eine Art Reifeprüfung, die das Beste im Mann hervorbringe. Der gemeinsame Gegner soll die junge Nation zusammenschweißen. Am Ende ist es egal, wer sich von der Begeisterung anstecken lässt: Auch unter den anderen fordert der »Kriegsausbruch« Opfer, weit mehr als der Ausbruch der Cholera 60 Jahre zuvor.

Auf Klassenfahrt nach Paris

Die Atmosphäre erinnert an einen Schul- oder Betriebsausflug. »Von München über Metz nach Paris« pinseln die Soldaten an ihre Truppenzüge, »Auf Wiedersehen auf dem Boulevard« und »Schlafwagen mit Münchner HB-Ausschank«. Ein besonderer Reiz der Klassenfahrt liegt darin, dass sie klassenübergreifend angelegt ist. Bürger, Arbeiter und Bauern marschieren Seit' an Seit' – ein Versprechen, das sich im weiteren Kriegsverlauf nur sehr bedingt bewahrheitet.

»Gloria, Victoria«: Auch das Münchner Kindl muss an die Front. Ansichtskarte, 1914.

Auch und nicht zuletzt das gebildete Bürgertum und seine Söhne neigen zu Illusionen. Lassen wir drei junge Männer aus gutem Hause zu Wort kommen, die spätestens nach dem Krieg als Schriftsteller gegen den Krieg anschreiben: Ernst Toller (21), Sohn eines Getreidegroßhändlers aus Posen, zählt zu denen, die München lieber heute als Morgen in Richtung Paris verlassen würden. Jedoch: »Die Kasernen sind mit Freiwilligen überfüllt, bei der Infanterie und Kavallerie werde ich abgewiesen, ich soll warten.« In Augsburg schreibt der nachmalige Wahlmünchner Bert Brecht (16) zum Zeitvertreib Zeitungsartikel darüber, warum der Krieg unumgänglich sei. Auch der Diplomatensohn Ödön von Horváth, geboren im k. u. k.-ungarischen Kroatien, jetzt in München, würde gern ins Feld ziehen. Worum es geht, versteht er noch weniger als die anderen: Er ist 13 und spricht kaum Deutsch, doch er ist »begeistert« und verrät auch warum: »Wir hatten viele schulfreie Tage, und es gab immer wieder eine Sensation.« Lang kann der Krieg ja eh nicht dauern. Das meinen nicht nur jene zwei Soldaten, die der Heimatdichter und Sprachforscher Georg Queri im Zug belauscht hat. Als Allererstes, meint der Wortführer, bekämen die Franzosen jetzt eine Revolution – »wirst schon sehen, die Franzosen mögen ganz gern eine Revolution machen. Dann krageln sie den Präsidenten ab, und der nach ihm kommt, der denkt sich auweh zwick, die täten mich auch abkrageln – ich mach einen Frieden.«

Pogromstimmung am Stachus

Mit dem wohlfeilen Wissen des Nachgeborenen lässt sich gut darüber staunen, wie naiv und manipulierbar die Zeitgenos-

Für viele eine Fahrt ohne Rückfahrkarte.

sen agieren. Und wie aggressiv. Neben den launigen Sprücherln auf Zug- und Latrinenwänden sind auch solche zu lesen: »Mich juckt die Säbelspitze. Jeder Stoss ein Franzos, jeder Schuss ein Russ.« Selbst der liberale Oberbürgermeister Wilhelm von Borscht, der an sich ein nüchterner Mann ist, spricht in einer Rede vom »Ungeheuer des Panslawismus« mit seinen »kulturvernichtenden Krakenarmen«. Kein Wunder, dass der Weltkrieg in München schon ein paar Tage früher ausbricht, genauer am 25. Juli im »Café Fahrig« am Karlstor. Dessen Kapelle stellt frühmorgens um 3 Uhr ermattet ihr patriotisches Musikprogramm ein. Zu früh, meint mancher im Publikum und fordert weitere Märsche, brüllt, zertrümmert das Mobiliar. Polizisten räumen das Lokal, doch die Randalierer kehren zurück. Bei Sonnenaufgang gleicht das »Fahrig« einem Trümmerhaufen. Was genau die Krawalle ausgelöst hat, ist unklar: Offenbar befinden sich unter den Musikern (oder unter den Gästen) Serben (oder Menschen, die serbisch aussehen). Feindliche Agenten? Nur Tage später berichtet Ernst Toller über einen anderen Tumult wenige Meter entfernt am Stachus: »Einer will gehört haben, wie zwei Frauen französisch sprechen, die zwei Frauen werden verprügelt, sie protestieren in deutscher Sprache, sie seien Deutsche, es hilft ihnen nichts, mit zerrissenen Kleidern, zerrauften Haaren und blutigen Gesichtern werden sie von Schutzleuten zur Wache geführt.«

Hunger auf dem Marienplatz

»Hundert Russen und Franzosen hat man in der Stadt erschossen! Alle Bahngleise liegen voll Bomben! Alle Wasserleitungen sollen vergiftet werden!« So fasst Lena Christ ironisch zusammen, was an Nachrichten aus München in die Provinz dringt. Wäre die Stadt ein Text, sie bestünde in diesen Wochen aus kurzen, abgehackten Sätzen voller Ausrufe- und Fragezeichen. Amtliche und ganz private »Fake News« durchsetzen die Kommunikation. Dass der Ausflug nach Paris nicht ganz nach Plan verläuft, kann man bald erahnen, auch wenn Ludwig III. unverdrossen von der Annexion Belgiens und einem bayerischen Zugang zum Meer träumt. Dass der Krieg sich in einen vier Jahre dauernden »Weltkrieg« verwandeln wird, der allein aus Bayern 200 000 Tote fordert, weiß noch niemand, obwohl auch die »Heimatfront« die Folgen immer mehr zu spüren bekommt. Die Ernte, die Männer und Frauen sonst gemeinsam vom Feld geholt hatten, müssen die Frauen vier Jahre lang mit ihren Kindern und den Alten einbringen, damit der Staat ihren Männern den größten Teil davon rationiert aufs »Feld der Ehre« nachschicken kann. Im Juni 1916 kommt es auf dem Marienplatz wieder zu einem Volksauflauf, diesmal ohne Hurra: Frauen protestieren vor der Volksküche gegen zu kleine Essensrationen und werden von berittener Polizei auseinandergetrieben. Ein wenig, aber nur ein wenig hilft es, dass Ludwig III. die Mutter Gottes mit offizieller Genehmigung des Vatikans zur »Patrona Bavariae« ausruft und seine österreichische Gattin Therese Bayerns Frauen Soldatenunterwäsche nähen und »Hilfspackerl« ins Feld schicken lässt.

Fehlplanungen verschärfen die Ernährungslage auch in München. 1915 und 1916 werden auf Geheiß aus Berlin überall Schweine geschlachtet, um Kartoffeln zu sparen. 1917 sind die Schweine gegessen, die Kartoffeln weiter rar. Nicht nur in den folgenden »Dotschenwintern« steht auf dem Speisezettel oft Ersatznahrung: neben Steckrüben Pilze, Wurzelwerk, Notbrot aus Eichelmehl. Mehr als 1000 Kalorien pro Tag sind selten drin. Selbst das Bier wird dünn. Isolde Kurz beschreibt in ihrer Lebensrückschau »die körperliche Abnahme«, welche sie »an den immer kürzer werdenden gemeinsamen Abendspaziergängen [spürte], die uns in den ersten Kriegsjahren weit in den damals noch unbebauten Norden Schwabings hinausführten, aber am Ende nur noch bis zu einer Bank am Parzifalplatz reichten. Dort saßen wir dann, während die Straßen der Stadt im Dunkel lagen, nur von wenigen, gegen die Fliegergefahr blauabgedämpften Laternen erhellt, und auch die Straßenbahnen ohne Licht vorüberfuhren, dafür aber an dem hohen Himmel Münchens, der dem südlichen Himmel so ähnlich ist, der Sternengarten umso heller leuchtete.«

Epilog: Das Ende, die Zukunft

»Der Niedergang Münchens ist ja schon lange vollzogene Tatsache, die Preussen werden über kurz oder lang die Stadt erobern, der Hofbräuhäusler wird Berliner Jargon sprechen und der bayerische Staatsbürger in deutschen Reichseisenbahnen zum Starnbergersee fahren [...].« So sieht es Josef Ruederer in seinen »München«-Notizen, die 1906 in den »Süddeutschen Monatsheften« erscheinen, einem anfangs liberalen Münchner Magazin, das sich peu à peu zum Sprachrohr der Kulturkonservativen entwickelt. Den Titel seines Kapitels haben wir uns für diesen Epilog geborgt. Ganz ohne Hoffnung ist Ruederer nicht. Er setzt auf die Beharrungskraft des Bayerischen, die starke Wirkung von Münchner Licht und Münchner Luft. Vorläufig aber gilt nicht allein für Ruederer: Die Muße ist dahin, die Musen sind unbekannt verzogen und die preußischen Gemütlichkeitszertrümmerer im Allerheiligsten angelangt. Wohin also entwickelt sich der illustre Münchner Jahrhundertwendedreiklang aus Bier, Leuchten und Grant?

Im Niedergang

Die Kunst zum Beispiel. Der Magistrat hat eine Kommission eingerichtet, die den Bedeutungsverlust der Kunststadt München aufhalten soll, was der Kommission auch mit mehreren Sitzungen und Denkschriften nicht recht gelingt. Trotz Kunstförderung und bewährten Standortsicherungsmaßnahmen wie jener Regel, dass, wer als Architekt in München bauen will, auch hier wohnen muss: Es geht dahin. Würde man die Anwesenheitsdaten hunderter Künstler, Dichter und Denker in München in einem Bündel von Zeitstrahlen aufzeichnen, so sähe man ein dauerndes Kommen und Gehen, eine Verweildauer, die bei vielen ein, zwei Jahrzehnte umfasst, bei anderen ein paar Unisemester oder einen Sommeraufenthalt – mit dem dicksten Geflecht in den Jahren vor und um 1900. Schon kurz danach überwiegen die Absetzbewegungen. Vollends nach 1918/19 driftet die Münchner Geisteswelt auseinander. Von denen, die nicht im Krieg ums Leben kommen, streben viele in Metropolen des Fortschritts, nach Berlin, sogar nach Stuttgart, andere ziehen sich ganz zurück aufs Land.

Nicht, dass nicht auch welche bleiben oder neu nachrücken würden ... Sie folgen dem alten »Zauber« der »wunderbaren Wittelsbacherresidenz«, der »jeden nicht nur mit einem rechnerischen Verstande, sondern auch mit gefühlvollem Gemüt gesegneten Menschen« anziehen müsse, wie einer schreibt, der 1913 nach München kommt und mit der Stadt auch sich selbst in Szene setzen will. »Am meisten aber zog mich die wunderbare Vermählung von urwüchsiger Kraft und feiner künstlerischer Stimmung, diese einzige Linie vom Hofbräuhaus zum Odeon, Oktoberfest, zur Pynakothek (!) usw. an.« Zur Einordnung dieser Zeilen sollte man wissen, dass ihr Autor bei der Niederschrift 1924 wegen Aufruhr in einer Landsberger Festung einsitzt. Was Adolf Hitler in den München-Passagen von »Mein Kampf« zum Ausdruck bringen will, ist dies: München ist anders als der Vielvölkermoloch Wien, anders auch als das hypermoderne Berlin – was in Bayern ein immer gern akzeptiertes Feindbild ist.

Bedroht der technische und wirtschaftliche Fortschritt Berliner Art Münchens Identität? »Die Großstadt ist in erster Linie eine volkswirtschaftliche Tatsache«, formuliert stocknüchtern der spätere Bundespräsident Theodor Heuss (»Im steinernen Meer«, 1910). 14 Jahre später bezweifelt Alfred Döblin, dass so etwas wie »München« oder »Berlin« überhaupt noch existiere: »Es gibt heute nur die technische Stadt, die Großstadt. Sie hat eine örtlich verschieden gefärbte und temperierte Bevölkerung. Wie die Technik die Fassungen von Glühbirnen normalisiert, werden die Großstädte normalisiert.« (»Der Geist des naturalistischen Zeitalters«, 1924). Genormtes Leuchten also? Und dann vielleicht noch in Bewegung, mit 24 Kinobildern pro Sekunde?

Das Panorama zerfällt

Für viele (vorzugsweise in Berlin) eine faszinierende Vorstellung. Andere (und das sind dann oft Münchner) würden es vorziehen, außen vor zu bleiben. Und mancher und manches bleibt auf der Strecke, so wie das »Panorama«, einer der Exportschlager der Kunststadt München im letzten Drittel des 19. Jahrhunderts. Diese Panoramen sind großflächige Bis-zu-360-Grad-Rundgemälde, die dem in ihrer Mitte stehenden Betrachter vorgaukeln, sich in einer fremden Stadt oder einer exotischen Landschaft zu befinden, wahlweise auch auf dem Berg Golgatha oder einem Schlachtfeld des Deutsch-Französischen Kriegs von 1870/71. Eine Zeit lang brummt das Geschäft. Dutzende Künstler und Schwabinger Kunststudenten pinseln mit, in der Stadt selbst gibt es drei stationäre Ausstellungsrotunden. Kaum etwas davon ist übrig geblieben: Der

Kinematograf hat das Panorama ausgeknockt, als neue Technologie tradiertem Handwerk den Garaus gemacht. Was in diesem Fall symbolträchtig ist: Die Ruhe, die zur gemächlichen Rundumbetrachtung nur eines Orts zu einer Zeit vonnöten wäre, scheint verloren gegangen – auch den Bildern selbst.

Dafür kommen in München wie anderswo jetzt geschriebene, gemalte und gefilmte Zukunftsvisionen in Mode, die Heute, Morgen und Übermorgen zu Panoramen ganz neuer Art zusammenfügen. Da fliegen Männer zum Mond, pflügen kuriose Eisenbahnschiffe auf Schienen durch den Atlantik, überträgt das Telefon Theatervorstellungen ins Haus. Bierleitungen pumpen Münchner Hopfensaft in Berliner Wohnungen. Die Isar fließt (beim Münchner Unterhaltungskolumnisten Julius Kreis) über die Brücken, die Kirchtürme stellen sich auf den Kopf und am Viktualienmarkt (dies eine ernst gemeinte Studie) wachsen Wolkenkratzer. Vieles ist lustig – wenigstens aus heutiger Sicht. Finster dagegen die Zukunftsvision, die Oskar Panizza 1890 in einem seiner »Dämmerungsstücke« entwirft. Er lässt einen Wanderer in den Wäldern von Sachsen (damals die industrialisierteste Region Deutschlands) auf eine geheimnisvolle Fabrik stoßen – eine Menschenfabrik. Ihre Produkte sind von echten Menschen kaum zu unterscheiden, nur schöner. Zudem denken und arbeiten sie nicht. »Die neue Rasse« – versichert geschäftig der kleinwüchsige Leiter der Fabrik – »wird sich nicht in der Welt breitmachen und nicht in einen Wettkampf mit ihren Brüdern und Schwestern nobler Abkunft treten. Sie wird ruhig bei Ihnen im Salon sitzen, anspruchslos und bescheiden. Und sie, die alten Menschen, werden sich in einer heiteren Anschauung dieser glänzenden, zukunftsfrischen Wesen begeistert und aufgehoben fühlen. Deswegen kann ich Ihnen nur raten, sich eine nicht zu kleine Anzahl dieser feinen Geschöpfe zu erwerben.« Das sehr reale Albtraumszenario des Weltkriegs übrigens und was er mit München macht, hat kaum einer der lokalen Auguren auf der Rechnung.

Mit dem »Millibauern« im Krieg

Bei Ausbruch des Ersten Weltkriegs 1914 hoffen viele auf ein »reinigendes Gewitter«. Doch als sich das Gewitter verzogen hat, ist nichts geklärt, im Gegenteil. Die Stadt ist vom Hunger wie ausgewaschen, etliche alte Gewissheiten sind wie vom Blitz gespalten. Zum Beispiel jene, dass die Münchner, einem »starke(n) Stich ins Rote« zum Trotz, wie Michael Georg Conrad 1895 schreibt, »vor jeder Hofkutsche, auch wenn sie leer ist, respektvoll grüßend auf der Straße Front machen«. Wenn einer drinsitzt, ist das neuerdings Ludwig III., ein Vetter des »Märchenkönigs«, der nach dem Tod von Prinzregent Luitpold im Dezember 1912 die Regierungsgeschäfte übernimmt und sich anders als dieser schon wenig später zum König erklären lässt (was nicht überall gut ankommt). Der dritte Ludwig hat zwar Bart und Figur Luitpolds, aber nicht dessen Statur, schon gar nicht dessen Popularität und auch nicht die Zeit, sich Zuneigung zu erarbeiten. Heute wissen erstaunlich viele nicht mal mehr, dass es nach dem Prinzregenten noch mal einen regierenden König gegeben hat.

Der »Millibauer«, wie ihn die Zeitgenossen nennen, ist eine unklare Figur, innerlich zerrissen zwischen dem Wunsch, sich privatisierend mit seinem Steckenpferd, der Agrarwissenschaft, zu befassen und dem Beruf zur Macht, der Verantwortung für die Dynastie. Schlimmer noch: Der letzte Wittelsbacher, der an der Seite des Hohenzollernkaisers den Krieg eröffnet, hat eine ausgeprägte Aversion gegen die Preußen. 1866 hat der großdeutsch eingestellte Ludwig in Königgrätz noch gegen sie gekämpft und sich bei dieser Gelegenheit eine borussische Kugel eingefangen, die ihm zeitlebens schmerzhaft im Bein stecken wird. Sein Verhältnis zu Wilhelm II. ist frostig. Als Kronprinz verursacht Ludwig einen diplomatischen Eklat, als er erklärt, die Bayern seien »Verbündete, nicht Vasallen« des Kaisers. Dennoch schickt er seine Landsleute widerspruchslos aufs Schlachtfeld und entwickelt selbst im Lauf des Kriegs immer ausgeprägtere Beutegelüste.

Indes erweist sich die stolze Bayerische Armee, deren Oberbefehlshaber Ludwig nur in Friedenszeiten war, im Krieg als trauriges Anhängsel der Obersten Heeresleitung und der Schwanz wedelt wider Erwarten auch diesmal nicht mit dem Hund. Mit der vaterländischen Einheit aller Deutschen an der Front ist es auch nicht weit her. Unterschiedliche Militärtraditionen und Verpflegung lassen die latenten bayerisch-preußischen Spannungen immer wieder eskalieren. In Wolf-Rüdiger Osenburgs gesammelten Zeitzeugenberichten erzählt ein Preuße, wie ein bayerischer Kamerad eine als Abschiedsgeschenk präsentierte Tabakspfeife brüsk zurückweist, weil sie schwarzweißrot und nicht weißblau bemalt ist; ein anderer berichtet, dass er sich als Thüringer ausgeben muss, um im bayerischen Lazarett überhaupt behandelt zu werden. 1918 kursieren unter bayerischen Soldaten Parolen, sich vom Reich loszusagen und auf eigene Rechnung einen Verständigungsfrieden auszuhandeln. Dass der Krieg, dessen glücklicher Ausgang doch nie infrage stand, am Ende verloren geht, und die, die sich in Verteidigung wähnten, von der Welt als Angreifer betrachtet werden, hinterlässt ein Trauma.

Revolution, Gegenrevolution und einige Merkwürdigkeiten

Wer ist Schuld? Der Berliner Kaiser? Aber auch der eigene König. Das Pendel schwingt zur linken Seite. Am 7. November 1918 ziehen Zehntausende protestierend zur Theresienwiese. Ludwig III. flieht aus München. Am 8. November ruft der Sozialist Kurt Eisner den »Freistaat Bayern« aus und improvisiert hektisch eine Regierung. Was Eisner dabei übersieht: Die Stimmung im übrigen Bayern ist anders als die in München. Bei der Landtagswahl am 12. Januar 1919 geht Eisners USPD unter. Stärkste Partei wird mit 35 Prozent die konservative BVP, dicht gefolgt von der SPD. Der zweite Schock für die Revolutionäre: Am 21. Februar wird Eisner Opfer eines Attentats. An seiner Beerdigung nehmen rund 100 000 Menschen teil. Für eine kleine Weile schwingt das Pendel noch weiter nach links außen.

Vieles in diesen Monaten ist so tragisch wie bühnenreif absurd: dass Eisner, als er aus nächster Nähe erschossen wird, gerade den Landtag betreten will, um dem Parlament seinen Rücktritt mitzuteilen. Dass der Attentäter Anton Graf von Arco auf Valley (von dem wie allzu oft in solchen Fällen nie ganz klar ist, ob er auf eigene Faust oder im Auftrag handelte) zu glauben scheint, mit seiner monarchistischen »Notwehrhandlung«, die Stadt und Land endgültig aus den Fugen bringt, die gute alte Ordnung wiederherstellen zu können. Dass er – so eine andere Theorie – mit seinen Schüssen auf den jüdischen Ministerpräsidenten Eisner vielleicht beabsichtigt, den »Makel« der eigenen jüdischen Mutter zu tilgen. Dass er zum Tod verurteilt wird, dann aber doch nur fünf Jahre Ehrenhaft in der Festung Landsberg absitzen muss und just im gleichen Monat entlassen wird, in dem Adolf Hitler dort seine Haft antritt.

Der Weg der Gewalt jedenfalls führt in gerade mal einem halben Jahr steil nach unten: von einer Regierung, die, wenn auch etwas weltfremd und ohne reale Basis, planvoll an einer Demokratisierung Bayerns arbeitet, über eine Räterepublik revolutionärer Romantiker unter Führung von Ernst Niekisch, Ernst Toller, Erich Mühsam und Gustav Landauer, zu einer rüden roten Diktatur von Leuten, die in München kaum jemand kennt und schließlich zu den Gewaltexzessen von Reichstruppen und konterrevolutionären »Landesverteidigern«, die mindestens 600 Tote fordern. Das Pendel ist zurückgeschwungen und rechts der Mitte angekommen, wo es für lange Zeit bleiben wird. Für einige Jahre versinkt München im Nachkriegschaos samt Wirtschaftskrise, Hyperinflation und Hitlerputsch. Selbst der Tierpark Hellabrunn muss schließen und seine hungernden Tiere verkaufen. Auf die Frage, wer die Schuld am verlorenen Krieg und dem ganzen Rest trage, kursieren jetzt andere Antworten: Verräter an der Heimatfront, die den jenseits der Grenzen kämpfenden Soldaten (»im Felde unbesiegt«) quasi den Dolch in den Rücken gestoßen hätten. Feiglinge. Pazifisten. Bolschewisten. Juden.

Unernst, gepaart mit Wut

Absurd und tragisch ist auch der Widerhall all dieser Ereignisse in der Bevölkerung: ein ideologisches Durcheinandergetöse, in dem kaum noch jemand durchblickt. Den wohl meistzitierten Satz zum Thema hat Oskar Maria Graf in einer »Minutengeschichte« überliefert. Es stammt (Graf zufolge) vom Gstödel-Sepp, der im »Mathäserbräu« die endlosen Debatten zwischen evolutionären und revolutionären Sozis mit dem Ausruf abkürzt: »Machma hoit a Revoluzion, daß a Ruah is!« Der Autor selbst, übrigens ein Sympathisant der Novemberrevolution, bezeichnet diese als »Gaudium für ihre Gegner«.

Ähnlich äußert sich aus bürgerlicher Perspektive der Philologe Victor Klemperer, der unter dem Pseudonym Anti-Bavaricus im April 1919 für eine Leipziger Zeitung eine Parade der Räterepublikaner beschreibt. »Welch ein Volksfest. Vormittags waren ein paar Tausend defiliert, jetzt zog eine große Masse durch die Ludwigstraße mit einer Unzahl flatternder roter Fahnen, Bewaffnete und Unbewaffnete, Männer und Frauen und Mädchen und Jungen, und alle so lustig plaudernd und aus Leibeskräften mitschreiend, wenn die Ordner ein Hoch auf die Räterepublik ausbrachten, und noch seliger brüllend, wenn es ein ›Nieder‹ war.« Der »bürgerliche Volksmund« hingegen macht laut Klemperer für den roten Karneval vor allem zwei Kräfte verantwortlich: Juden und Preußen, »und dies in so enger Gemeinschaft, daß Jud und Preiß oft als Synonyma für dasselbe Prinzip des Bösen klangen«.

Irgendwann verlagert sich das Geschehen von der Straße in die Wirtsstuben und Bierpaläste, etwa jenen wie eine Maikäferschachtel summenden Bräuhaussaal, in dem der Kolumnist Julius Kreis 1922 eine fiktive Politversammlung glossiert: »Flugblätter werden überflogen, Bierlacken damit aufgewischt – unter den Tisch! Zeitungsleute gehen herum mit Parteiblättern und Broschüren. Wortfetzen aus dem Schlagwortlexikon: Junker – Spartakus – Rehagzion – Juden – Sozialisier'n – Monarchie – Rebubbligg – Demogradie – fliegen in der Luft.« Unaufgeregt und unparteiisch ist hier allein die Kellnerin, die höchstens dann zündig wird, wenn es um die »revolutionär-liberal-sozial-mittelständlerisch-konservative Hochradfahrer-Partei« geht: »Da ist ihr gestern einer mit der Maß Bier durchgegangen.«

Abendlicht, bräunlich

Die Lage beruhigt sich – oberflächlich, vorläufig. Die Wirtschaft zieht wieder an. Danach geht es den Münchnern im Schnitt nicht schlechter als vor dem Krieg, nur dass die Wohnungsnot noch größer ist. Dass alle über 20 – auch die Frauen – seit 1918/19 auf allen Ebenen wählen können, dass in den Betrieben Mitbestimmung gilt und der Arbeitstag (zumindest laut Gesetz) nur noch acht Stunden dauert, daran hat man sich bald gewöhnt.

Das Königreich Bayern aber, als dessen Hauptstadt sich München fühlen durfte, ist mitsamt der abgetrennten Pfalz, dem Stolz auf die eigene Armee, Post und Bahn und manch herzwärmender Folklore perdu und gegen den mindestens passiven Widerstand weißblauer Patrioten aufgegangen im Deutschen Reich – einer etwas demoralisierten Demokratie im Erprobungsstadium mit deutlichem preußischen Übergewicht. In Teilen des Münchner Bürgertums – aufgeschreckt durch die Ereignisse der Jahre 1918/19 – verursacht das eine Art Phantomschmerz. Die Arbeiterschaft ist tief gespalten in linke Kräfte (»Russenknechte!«) und – mehrheitlich – Moderate (»Verräter!«) und zudem in der Enttäuschung halber Traumerfüllung stecken geblieben. 1924 wird Oberbürgermeister Eduard Schmid, der seit 1919 als erster Sozialdemokrat regiert hat, schon wieder abgewählt. Sein Nachfolger wird der BVP-Politiker Karl Scharnagl, ein Monarchist und der konservativste Stadtchef seit Jahrzehnten. Bei seiner ersten Wahl ist er auf die sechs Stimmen der sich neu formierenden NSDAP angewiesen, die danach im Stadtrat vor allem Radau macht, in den Bezirken aber immer wieder Erfolge verzeichnet. In den Arbeitervierteln luchst sie der SPD kleinbürgerliche Wähler ab; selbst in Schwabing ist die Partei Hitlers im Aufwind.

Das stolze Segelschiff der Brauwirtschaft dagegen steckt in einer langen Flaute fest. Der Ruf des Münchner Biers ist immer noch enorm, doch der Absatz dümpelt. Es ist, als hätte die Welt sich gegen die einstige Weltbierhauptstadt verschworen: In Deutschland erwächst den Münchnern potente Konkurrenz aus Berlin und Dortmund. Frankreich und andere ehemalige Kriegsgegner bestellen jetzt lieber anderswo. In China braut man längst selbst. Und in den USA, wo deutsche Einwanderer (nicht zuletzt aus Bayern und der bayerischen Pfalz) selbst riesige Brauereien errichtet haben, sind Alkoholimporte seit der Prohibition ohnehin schwierig. Es dauert bis in die 1960er-Jahre, dass München an die Exportrekorde der Zeit vor 1914 anknüpfen kann.

Die Münchner immerhin bleiben bei ihrem Stoff (wenn auch in leicht reduzierten Mengen und öfters am Küchentisch aus der Flasche). Das legendäre

Leuchten der alten Königs- und Kunstresidenz aber ist in den blattgoldenen 1920er-Jahren nur noch ein Abglanz mit einem unübersehbaren Stich ins Bräunliche, der Thomas Mann 1926 dazu bringt, seine Wahlheimat einen »Hort der Verstocktheit« zu schimpfen, lange, bevor der aufstrebende Politnachwuchs München zur »Hauptstadt der Bewegung« erklärt. Auch der berüchtigte Münchner Grant ist bald kein an sich gutartig grummelnder Alltagsbegleiter mehr, sondern nimmt eine entschieden maligne Entwicklung. Und die alte Zeit? Fängt an, sich mit fortschreitender Umwandlung von Zukunft in Gegenwart in die »gute alte Zeit« zu verwandeln.

Anhang
Literaturverzeichnis

Angermair, Elisabeth: München im 19. Jahrhundert. Frühe Photographien 1850–1914, herausgegeben vom Stadtarchiv München, München 2013

Assél, Astrid / Huber, Christian: München und das Bier. Auf großer Biertour durch 850 Jahre Braugeschichte, München 2009

Bähr, Johannes / Erker, Paul: NetzWerke. Die Geschichte der Stadtwerke München, München 2017

Bauer, Reinhard / Piper, Ernst: München – Geschichte einer Stadt, München 1996

Ders. / Gerstenberg, Günther / Peschel, Wolfgang (Hg.): Im Dunst aus Bier, Rauch und Volk. Arbeit und Leben in München von 1840 bis 1945. Ein Lesebuch, München 1989

Bauer, Richard: Prinzregentenzeit. München und die Münchner in Fotografien, München 1988

Ders. / Graf, Eva: Zu Gast im alten München. Erinnerungen an Hotels, Wirtschaften, Cafés, München 1996

Baur, Johannes: Die russische Kolonie in München 1900–1945: Deutsch-russische Beziehungen im 20. Jahrhundert (Veröffentlichungen des Osteuropa-Institutes München, Reihe: Geschichte, Band 65), Wiesbaden 1998

Behringer, Wolfgang: Die Spaten-Brauerei 1397–1997. Die Geschichte eines Münchner Unternehmens vom Mittelalter bis zur Gegenwart, München 1997

Bierbaum, Otto Julius: Eine empfindsame Reise im Automobil, Berlin 1903

Blom, Philipp: Der taumelnde Kontinent. Europa 1900–1914, Frankfurt am Main 2011

Bock, Alfred: Tagebücher, herausgegeben und mit einem Nachwort versehen von Werner Bock, Darmstadt 1959

Brachvogel, Carry: Im Weiß-Blauen Land. Bayerische Bilder, München 1923, Neuauflage 2013

Brenner, Michael: Der lange Schatten der Revolution. Juden und Antisemiten in Hitlers München 1918–1923, Berlin 2019

Brunniger, Josef: Vom Vorstadtadel. Aus dem Leben einer Münchner Familie, München 1991

Bruns, Brigitte (Hg.): Hof-Atelier Elvira 1887–1928. Ästheten, Emanzen, Aristokraten. Ausstellungskatalog des Fotomuseums im Münchner Stadtmuseum 1985

Carossa, Hans: Das Jahr der schönen Täuschungen, Leipzig 1941

Christ, Lena: Gesammelte Werke, München 1997

Cohn, Arthur: Kleine Rechtskunde für Münchener Kellnerinnen: Verfasst von einem Juristen [Arthur Cohen], herausgegeben vom Münchener Kellnerinnenverein. Mit einem Anhang, enthaltend: die bayerische Ministerialbekanntmachung vom 29. Mai 1901 (Stellenvermittlung) und die Bundesratsverordnung vom 29. Januar 1902, München 1902

Conrad, Else: Lebensführung von 22 Arbeiterfamilien Münchens, Diss., München 1909

Conrad, Michael Georg: Was die Isar rauscht. Roman in drei Bänden, Bd. 1, Berlin 1888

Ders.: Münchner Frühlingswunder. Roman, Berlin 1895.
Ders.: Majestät. Roman, Berlin 1905
Corinth, Lovis. Meine frühen Jahre, herausgegeben von Charlotte Behrend-Corinth, Hamburg 1954
Dittmar, Peter: Künstler beschimpfen Künstler, Stuttgart 2006
Feilitzsch, Hanna von: Leo Slezak. Lachen mit Slezak, Rottach-Egern 2011
Forcht, Georg W.: Frank Wedekind und die Anfänge des Münchner Kabaretts, Freiburg 2009
Füßl, Wilhelm: Oskar von Miller 1855 – 1934. Eine Biographie, München 2005
Ganghofer, Ludwig: Waldrausch, München 1907
Geisthövel, Alexa / Knoch, Habbo (Hg.): Orte der Moderne. Erfahrungswelten des 19. und 20. Jahrhunderts, Frankfurt am Main 2005
Götz, Norbert / Schack-Simitzis, Clementine: Die Prinzregentenzeit. Katalog der Ausstellung im Münchner Stadtmuseum, München 1988.
Graf, Eva / Rädlinger, Christine (Hg.): Bachauskehr. eine Zeitreise ins München der Jahre 1850–1914. Die Aufzeichnungen der Maria Walser, München 2008
Graf, Oskar Maria: Das Leben meiner Mutter, München 2009
Ders.: Wir sind Gefangene. Ein Bekenntnis, München 2008
Ders.: Gelächter von außen. Aus meinem Leben 1918 – 1933. Edition Monacensia, München 2009
Ders.: Minutengeschichten. Berlin 2017
Guttmann, Thomas (Hg.): Giesing. Vom Dorf zum Stadtteil, München 2004
Halbe, Max: Jahrhundertwende. Zur Geschichte meines Lebens 1893 bis 1914, Salzburg 1935
Hardtwig, Wolfgang / Tenfelde, Klaus (Hg.): Studien zur Geschichte Münchens im Vergleich 1850 – 1933, München 1990
Hartmann, Christian u. a. (Hg.): Hitler, Mein Kampf. Eine kritische Edition. Im Auftrag des Instituts für Zeitgeschichte München / Berlin 2016.
Heckhorn, Evelin / Wiehr, Hartmut (Hg.): München und sein Bier. Vom Brauhandwerk zur Bierindustrie, München 1989
Heißerer, Dirk: Wo die Geister wandern. Eine Topographie der Schwabinger Bohème um 1900, München 1996
Hettler, Friedrich H. / Sing, Achim (Hg.): Die Münchner Oberbürgermeister. 200 Jahre gelebte Stadtgeschichte, München 2008
Holitscher, Arthur: Lebensgeschichte eines Rebellen. Meine Erinnerungen, Bd. 1, 1924
Holm, Korfiz: Ich – kleingeschrieben, München 1932
Horváth, Ödön von: Autobiographisches und Theoretisches, Frankfurt am Main 1988
Karl, Willibald: Giesinger Köpfe. 50 Lebensbilder aus zwei Jahrhunderten, München 2008
Kempf, Rosa: Das Leben der jungen Fabrikmädchen in München. Die soziale und wirtschaftliche Lage ihrer Familie, ihr Berufsleben und ihre persönlichen Verhältnisse. Nach statistischen Erhebungen dargestellt an der Lage von 270 Fabrikarbeiterinnen im Alter von 14 bis 18 Jahren, Leipzig 1911
Klee, Paul: Tagebücher 1898 – 1918, textkritische Neuedition, Bern 1988
Klein, Michael: Mark Twain in Bayern, Erzählungen, Reiseberichte, Briefe, München 2016
Klemperer, Victor: Man möchte immer weinen und lachen in einem. Revolutionstagebuch 1919, Berlin 2015

Klute, Hilmar: War einmal ein Bumerang. Das Leben des Joachim Ringelnatz, Berlin 2015

Knauer-Nothaft, Christl: Georg Kandlbinder (1871–1935). Sozialdemokrat. Revolutionär. Verfolgter, München 2008

Körner, Hans-Michael: Geschichte des Königreichs Bayern, München 2006

Kotowski, Elke-Vera: Feindliche Dioskuren. Theodor Lessing und Ludwig Klages. Das Scheitern einer Jugendfreundschaft (1885–1899), Berlin 2000

Kreis, Julius: Auf vergnügter Walz, München 1922

Kubitza, Michael: Tot in München. Friedhofsgeschichte(n) aus acht Jahrhunderten, Regensburg 2014

Küchmeister, Kornelia u. a. (Hg.): »Alles möchte ich immer«. Franziska Gräfin zu Reventlow 1871–1918 (Ausstellungskatalog), Göttingen 2010

Kurz, Isolde: Die Pilgerfahrt nach dem Unerreichlichen. Lebensrückschau, o. O. 1938

Large, David Clay: Hitlers München. Aufstieg und Fall der Hauptstadt der Bewegung, München 1998

Lessing, Theodor: Der Lärm. Eine Kampfschrift gegen die Geräusche unseres Lebens, Wiesbaden 1908

Ders.: Einmal und nie wieder. Lebenserinnerungen, post mortem im Verlag Heinrich Mercy, Prag 1935

Lewald, August: Aufzeichnungen aus München, Leipzig 1835

Mann, Thomas: Gesammelte Werke in dreizehn Bänden, herausgegeben von Hans Bürgin und Peter de Mendelssohn, Frankfurt am Main 1979

Martynkewicz, Wolfgang (Hg.): Oscar Adolf Hermann Schmitz. Das wilde Leben der Boheme: Tagebücher 1896–1906; sowie: Ein Dandy auf Reisen, Tagebücher 1907–1912, Berlin 2006f.

Maurer, G.: Die Lage der Brauerei-Arbeiter in München im Jahre 1901, untersucht im Auftrag des Deutschen Brauer-Bundes, München 1902

Memminger, Josef: Der grantige Clown. Karl Valentin, Regensburg 2011.

Metzger, Rainer: München. Die große Zeit um 1900. Kunst und Kultur 1890–1920, München 2008

Michalka, Wolfgang (Hg.): Der Erste Weltkrieg. Wirkung, Wahrnehmung, Analyse, München 1994

Miller, Oskar von: Erinnerungen an die internationale Elektrizitätsausstellung im Glasplast zu München im Jahre 1982, Berlin 1932

Mühsam, Erich: Tagebücher, Bd. 1–3, herausgegeben von Chris Hirte und Conrad Piens, Berlin 2011ff.

Müller-Partenkirchen, Fritz: München, Leipzig 1925

Münch, Peter: Stadthygiene im 19. und 20. Jahrhundert, Die Wasserversorgung, Abwasser- und Abfallbeseitigung unter besonderer Berücksichtigung Münchens, Göttingen 1993

Osburg, Wolf-Rüdiger (Hrg.): »Und plötzlich bist du mitten im Krieg …«. Zeitzeugen des Ersten Weltkriegs erinnern sich, Münster 2000

Panizza, Oskar: Aus dem Tagebuch eines Hundes, Berlin 2017

Ders.: Die Menschenfabrik, Hamburg 2019

Pasinger Fabrik (Hg.): Wirtshäuser in München um 1900. »Berge von unten, Kirchen von außen, Wirtshäuser von innen«, München 1997

Pauly, Maria: Das Altmünchner Kochbuch. Rezepte aus der Prinzregentenzeit für die Küche von heute, München 2015

Payer, Peter: Unterwegs in Wien. Kulturhistorische Streifzüge, Wien 2011

Pettenkofer, Max von: Untersuchungen über den Ursprung und die Verbreitungsart der Cholera, nebst Betrachtungen über Maßregeln, derselben Einhalt zu thun, München 1855

Pohl, Karl Heinrich: Die Münchener Arbeiterbewegung. Sozialdemokratische Partei, freie Gewerkschaften, Staat und Gesellschaft in München 1890–1914 (= Schriftenreihe der Georg-von-Vollmar-Akademie, Bd. 4). München 1992

Preis, Claudia: Münchner Volksleben in Lied und Wort. Volkssänger-Unterhaltung in München, Diss. München 2010

Prinz, Friedrich / Krauss, Marita (Hrg.): München. Musenstadt mit Hinterhöfen. Die Prinzregentenzeit 1886 – 1912, München 1988

Queri, Georg: Aus dem Tagebuch des großen Krieges, München 1915

Rädlinger, Christine: Geschichte der Isar in München, herausgegeben vom Stadtarchiv München, München 2012

Dies.: Vom Wasser auf die Straße. Flößerei in der Umbruchszeit. Im Auftrag des Flößerkulturvereins München-Thalkirchen, München 2016

Rauchenegger, Benno: Münchner Leben im Sommer 1898, München 1898

Reventlov, Franziska von: Sämtliche Werke, Tagebücher und Briefe in fünf Bänden, herausgegeben von Michael Schardt, Oldenburg 2004

Ringelnatz, Joachim: Das Gesamtwerk in sieben Bänden, Bd. 6: Mein Leben bis zum Kriege, herausgegeben von Walter Pape, Berlin 1982 bis 1985

Riss, Ida: Das Altmünchner Backbuch. Süße Rezepte aus der Prinzregentenzeit für die Küche von heute, herausgegeben von Stefania und Franz Peter, München 2015

Rollinger, August: Münchens Schattenseiten. Ein Mahnruf zur Reform der Verpflegung in München und im bayerischen Hochland, wichtig für Wirte, Gäste und Kellnerinnen, München 1907

Ruederer, Josef: Das Gansjung und andere Erzählungen, Dachau 1982

Ders.: München, München 2017.

Russolo, Luigi: Die Kunst der Geräusche (Manifest 1913), Mainz 2000

Schäder, Christian: Münchner Brauindustrie: 1871–1945. Die wirtschaftsgeschichtliche Entwicklung eines Industriezweiges, Diss., Baden-Baden 1999

Schiermeier, Franz: Panorama München. Illusion und Wirklichkeit, München als Zentrum der Panoramenmalerei, München 2009

Schilling, Otto: Innere Stadt-Erweiterung, Diss., o. O. 1921

Schirnding, Albert von: Die 101 wichtigsten Fragen. Thomas Mann, München 2008

Schivelbusch, Wolfgang: Geschichte der Eisenbahnreise: Zur Industrialisierung von Raum und Zeit im 19. Jahrhundert, München 1977

Ders.: Lichtblicke. Zur Geschichte der künstlichen Helligkeit im 19. Jahrhundert, München 1983

Schott Heinz / Tölle, Rainer: Geschichte der Psychatrie. Krankheitslehren, Irrwege, Behandlungsformen, München 2006

Sombart, Werner: Der moderne Kapitalismus, München 1902

Stankiewitz, Karl: Aus is und gar is. Wirtshäuser, Theater, Cafés, Nachtclubs und andere verlorene Orte Münchner Geselligkeit, München 2018

Ders.: Der Stachus. Wo München modern wurde, München 2006
Ders.: München, Stadt der Träume. Projekte, Pleiten, Utopien, München 2005
Stein, Maria (mit Karin Götze-Dreher): Edelweißstraße 7 in München-Giesing, München 2003
Stieler, Karl: Kulturbilder aus Bayern, Stuttgart 1893
Thoma, Ludwig: Münchnerinnen, München 2008
Toller, Ernst: Eine Jugend in Deutschland, Autobiographie, Amsterdam 1933
Toussaint, Angela: Der Münchner Hauptbahnhof. Stationen seiner Geschichte, Dachau 1991
Trefz, Fritz: Das Wirtsgewerbe in München. Eine wirtschaftliche und soziale Studie, Stuttgart 1899
Tworek, Elisabeth: München, Hamburg 2012
Volland, Eva M.: München – Stadt der Frauen: Kampf für Frieden und Gleichberechtigung 1800–1945. Ein Lesebuch, München 1991
Weigand, Katharina: Prinzregent Luitpold. Die Inszenierung der Volkstümlichkeit?, in: Die Herrscher Bayerns. 25 historische Portraits von Tassilo III. bis Ludwig III., herausgegeben von Alois Schmid und Katharina Weigand, München 2001, S. 359–375
Wilhelm, Herrmann: Die Trambahn ist für jeden da! Münchner Alltagsgeschichten im Spiegel der Tram, München 2001
Winterstein, Axel: München und das Auto. Verkehrsplanung im Zeichen der Moderne, Regensburg 2017

Abbildungsnachweis

Alois Dallmayr KG: S. 166, 167
Bayerische Staatsbibliothek, München: S. 113 (Hoffmann)
Bildarchiv Preußischer Kulturbesitz: S. 176
Heiner Schuch: S. 17 (Fotografie)
Monacensia im Hildebrandhaus: S. 196
MVG-Museum: S. 152, 153, 205
Privat: S. 11, 13, 15, 17 (Ansichtskarten), 19, 31, 40, 41, 45, 46, 60, 62 (oben), 65, 70, 75, 77, 80, 81, 93, 97, 98, 101, 106, 109, 111, 115, 122, 126, 127, 128, 131, 134, 136, 138, 157, 161, 164, 183, 190, 200, 207, 209 (oben), 211, 212, 221, 222, 223, 233
Sammlung Café Luitpold: S. 67, 94
Siemens Historical Institute (SHI): S. 91, 143 (unten), 144
Stadtarchiv München: S. 12 (FS-NL-PETT3-0124), 22/23 (DE-1992-FS-NL-PETT2-1239), 24 (DE-1992-FS-HB-XX-L-045), 27 (DE-1992-FS-AB-ERG-0167), 29 (DE-1992-FS-PK-STR-00908), 32 (DE-1992-FS-NL-PETT2-3816), 37 (FS-AB-STB-012-01), 44 (DE-1992-FS-PK-STR-00120), 53 (DE-1992-FS-NL-PETT2-2685), 55 (DE-1992-FS-HB-XVI-0533), 57 (DE-1992-FS-AB-ERG-0253), 62 (unten, DE-1992-FS-PK-STB-12412), 84 (FS-NL-WEIN-0358), 87 (DE-1992-FS-PK-STB-01656), 89 (DE-1992-FS-NL-PETT1-2649), 104 (DE-1992-FS-NL-KV-0995), 120 (DE-1992-FS-NL-KV-0681), 125 (DE-1992-FS-NL-KV-0379), 143 (oben, DE-1992-FS-AB-ERG-0187), 149 (DE-1992-FS-HB-XXIII-064), 154 (DE-1992-FS-NL-KV-1951), 163 (DE-1992-FS-PK-STB-13118), 179 (DE-1992-FS-PK-STB-13665), 186 (DE-1992-FS-NL-PETT1-2083), 188 (DE-1992-FS-STB-2834), 208 (unten, DE-1992-FS-STR-0411)
Verein für Stadtteilkultur im Münchner Nordosten e. V.: S. 216

Buchtipp
Aus is und gar is

Aus is und gar is
Wirtshäuser, Theater, Cafés, Nachtclubs
und andere verlorene Orte Münchner Geselligkeit
von Karl Stankiewitz

Dass die »Münchner Gemütlichkeit« ewig währe, wird immer noch gern gesungen. Tatsächlich aber sind zahllose Wirtshäuser, Bierpaläste, Cafés, Theater, Kinos, Varietés und andere Etablissements, die einst den Ruf dieser Stadt als Metropole der Geselligkeit mitbestimmt hatten, allenfalls nur noch in alten Bildern und Archiven verewigt. Viele waren einst so berühmt, dass sie längst zur Legende wurden: Redoutenhaus, Bürgerbräukeller, Apollo-Theater, Tambosi-Café, Schwabylon, Alabama und Yellow Submarine – sie alle waren nicht nur Stätten der Begegnung, sondern ein Stück Münchner Kulturgeschichte.

184 S., Paperback, ISBN 978-3-96233-023-1